堤康次郎と西武グループ

堤康次郎と西武グループの形成

大西健夫／齋藤憲／川口浩 編

知泉書館

序　文

　堤康次郎は，1889年に近江の湖東で生まれ，育った。その事業は，軽井沢・箱根の別荘地分譲から大泉・小平・国立の学園都市開発・土地分譲へと進み，所有不動産を活かすため駿豆鉄道と武蔵野鉄道，そして，郷里の近江鉄道の経営に参入した。さらに，戦争末期には旧西武鉄道を吸収し，戦後鉄道付帯事業から西武グループを築いた。土地開発から始まり，鉄道，観光・レジャー施設，旅館・ホテル，百貨店，建設，バス，運輸，化学へと事業を広げたのである。基幹となる観光・レジャーや鉄道は地域事業に過ぎないが，全国ブランドとしての企業グループにまで成長するのは，鉄道経営の多角化から群生した関係会社の事業を，連携させ，広域的に展開した康次郎の経営手腕によるものである。

　一代で成功した起業家がおしなべてそうであるように，事業展開の成功は創業者の個人的資質と事業への執念に負うことが大きく，失敗する場合も同様である。康次郎にも，事業の成功とともに多くの失敗が記録されているが，これら全てを「感謝と奉仕」という人生観であり事業観である自己の意識の問題に沈潜させることで商機を開く心の糧とする。時流を商機とする才が顕著であり，組織と資本の論理の枠を越えて商機を求め続けた。土地は，康次郎が駆け抜けた時代を通じて商機であったし，自己に最も経営を集約することができる事業分野でもあった。起業と経営にあたり，協力者・部下の心を掌握することに長けており，経営の安定を株支配と人的支配に求める強い執念が見られる。あくなき土地への執着とワンマン経営が特徴である。

　学生時代から政治家志望を口にしており，代議士生活は40年に及ぶ。戦前では，大臣永井柳太郎のもとで拓務省政務次官に就き，早稲田大学出身者として戦後最初の三権の長の一つである衆議院議長となる。政治と事業の狭間に揺れる一生であったが，晩年は民間外交に徹することで，政治家として，事業家として，自己理解を充足させる。

日本経済の高度成長の最中，展開した事業を思い半ばにして，1964年に75歳で急逝する。残された事業は多岐にわたり，関係会社は康次郎一人が指令塔として統括していた。残された関係会社とその事業は，どこまで企業グループとして相互に業務関係を構築していたのであろうか。経済論理に基づき相互に業務連携する企業グループとして存続・発展できる構造を構築していたのであろうか。康次郎が残した事業は，7回忌の1970年，鉄道グループと流通グループに分かれる。

　康次郎が築き上げ，残そうとしたのは，自らが育て上げてきた事業なのであろうか，あるいは，グループ組織だったのであろうか。康次郎を休むことなく駆り立てた事業観と関る問いである。

　本書が主として対象とするのは，土地開発に着手する時期から没時までの事業展開である。そして，没時の企業グループの構造から，康次郎の事業展開の特質と没後の企業グループの行方を見据えることができるかを課題とする。

　本書は，康次郎の生涯と人間像を描く第1章に始まり，政治から事業への転身過程を明らかにする第2章，そして，初期の事業とその経営手法を扱う第3章と機関銀行となる高田農商銀行の経営内容を分析する第4章をもって戦前編としている。西武鉄道の付帯事業から戦後生れる関係会社群が西武グループを形成してゆく。第5章は，関係会社の生成，事業連携，そして，康次郎の会社支配の実態を扱い，事業展開の資金供給源である西武鉄道の財務を分析するのが第6章である。第7章と第8章は，経営地である上信越と伊豆箱根での事業展開を詳述し，第9章は首都圏での事業の中心となるプリンスホテルの生成を扱っている。康次郎の晩年には関係会社群は西武グループと呼ばれるまでにいたっていたが，混沌とした業務関係を残して康次郎は急逝する。ワンマン経営の帰結である。残された企業グループの構造を分析するのが第10章である。

　　2005年10月

　　　　　　　　　　　　　　　　　　　　　　　　　　編　　者

目　次

――――――

序　文 ……………………………………………………………………………… v

第1章　康次郎の生涯 ……………………………………… 川 口　浩　3
　Ⅰ　八木荘村の20年　　3
　Ⅱ　野心と試行の上京後10年　　8
　Ⅲ　土地開発と鉄道の25年　　14
　Ⅳ　議員としての40年　　21
　Ⅴ　復興と成長の戦後19年　　28

第2章　康次郎と早稲田 …………………………………… 内 海　孝　35
　Ⅰ　早稲田大学時代の活動と領域　　36
　Ⅱ　ロシア研究と公民同盟会出版部時代　　44
　Ⅲ　雑誌『新日本』の経営と「土地の時代」への対応　　52

第3章　土地開発と鉄道事業 ……………………………… 大 西　健夫　61
　Ⅰ　事業展開と人脈形成　　61
　Ⅱ　土地開発　　77
　Ⅲ　鉄道事業　　84
　Ⅳ　事業展開と株式支配　　96

第4章　機関銀行高田農商 ………………………………… 藤 原　洋二　101
　Ⅰ　設立期の高田農商銀行　　102
　Ⅱ　堤グループの登場　　104
　Ⅲ　不良債権問題の深刻化　　109
　Ⅳ　戦後の高田農商銀行　　119

第5章　戦後事業の全国展開 ………………… 大西　健夫　123
　　Ⅰ　企業グループの形成　123
　　Ⅲ　事業の広域展開　144
　　Ⅳ　企業グループ経営　150

第6章　中核企業西武鉄道 …………………… 片岡　豊　161
　　Ⅰ　西武鉄道の概観　163
　　Ⅱ　西武鉄道の経営　166
　　Ⅲ　付帯事業の展開　172
　　Ⅳ　西武鉄道と西武グループ　179
　　おわりに　182

第7章　上信越開発と地元資本 ……………… 松本　和明　185
　　Ⅰ　浅間山北麓から草津・万座地域の開発　185
　　Ⅱ　草軽電気鉄道との競争・対立関係　192
　　Ⅲ　苗場・中里地域のスキー場の開発　199
　　おわりに　201

第8章　箱根紛争のディスクール ……………… 阿部　恒久　203
　　Ⅰ　箱根紛争の経過概要　206
　　Ⅱ　協定書破棄・実力遮断事件　210
　　Ⅲ　「供用約款」,「限定免許」問題　215
　　Ⅳ　箱根紛争の終結とその歴史的意味　219

第9章　プリンスホテルの生成 ……………… 大西　健夫　225
　　Ⅰ　プリンスホテル　225
　　Ⅱ　芝公園地紛争　235
　　Ⅲ　東京プリンスホテル　242

第10章　西武グループの形成とその構造 ……… 齊藤　憲　249
　　Ⅰ　堤義明の辞任・逮捕と堤康次郎　250
　　Ⅱ　「堤家之遺訓」と「家憲」　253

Ⅲ　1967年の西武グループ　260
　　　Ⅳ　戦後グループの形成　266
　　　Ⅴ　西武グループの構造　271
　　おわりに　278

後　書..281

堤康次郎事業年表..283
堤康次郎家系図...289
首都圏における西武経営地の概略（1960年代中葉）..........290
索　引..293
執筆者一覧...297

堤康次郎と西武グループ

第1章

康次郎の生涯

　本章の目的は，堤康次郎の生涯を概観することである。彼の企業活動は第3章以降で詳述されているので，ここではその人となり，社会的活動を内側から支えた彼なりの理屈といったものを探ってみたい。

　康次郎が一代で築き上げた事業は誠に巨大であり，彼は現代日本の注目すべき企業者の一人である。また，常識的な物差しでは計り切れないような行動を取ることもあり，この面ではいろいろ取り沙汰されている。しかし，康次郎という人物の中身は，程度の問題を別にすれば，さほど特別なものではないというのが，ここでの結論めいた感想である。

I　八木荘村の20年

1　憲法発布の1889年

　康次郎は，1889年3月7日，滋賀県愛知郡下八木村（現・秦荘町下八木。下八木村は1889年4月に近隣諸村と統合されて八木荘村となり，1955年4月に同村と秦川村が合併して秦荘町となった）の堤家の長男として生まれた。父猶次郎，母み[1]。堤家は，農業[2]の傍ら，麻布の製造販売を手掛けていたこともあった。康次郎は誕生からの約20年間を琵琶湖東岸の農村地帯で過ごすことになる。

---

　1)　由井常彦編『堤康次郎』エスピーエイチ，1996年，14頁。
　2)　経営規模については，「一ヘクタール未満であり，滋賀県では平均以下の自作農」（前掲『堤康次郎』23頁）という推測がある。

この地域は，京都から北または東に向かう街道筋に位置し，江戸時代には遠隔地行商で名を馳せた「近江商人」の拠点でもあり，明治維新以前から営利的な農工商業が比較的活発に営まれていた。明治になっても，もともと営利指向的であったため，維新以前との間に深い断絶は生じなかったであろう。江戸時代以来の暮らし振りや物の考え方がほぼそのまま通用し，生き続けていたものと思われる。康次郎の人となりは，先天的・属人的要素が色濃いが，このような湖東の風土とも無縁ではないであろう。

　しかし，明治になり「近代化」と呼ばれうるような変化が，大なり小なり各地に起こったことは事実である。康次郎が生まれた年の2月11日，大日本帝国憲法が発布され，翌年11月29日には，憲法施行と共に国会が開かれた。この事実は，彼が生まれた時点で，近代的な政治・経済システムの立ち上げが進行中であったことを象徴している。また，もう少し彼の身近を見ると，誕生4ヶ月後の7月1日，下八木から数km離れた所を東海道本線が走り始めた[3]。琵琶湖東岸の人々は，以前とは比べものにならないほど容易に，京阪神・中京・京浜方面へ行くことが可能になったのである。その後の日本が，近代化を推し進め，日清戦争・日露戦争・第一次世界大戦の勝利を経て「五大国」の仲間入りを果たしていったことは，よく知られている通りである。

　1909年，康次郎は八木荘村から東京に出て行く。両大戦間期に働き盛りを迎える彼の社会的活動は，良くも悪しくも，「一等国」日本とその歩みを共にするものであった。彼の人格の脊柱は，「明治」の湖東の空気の中で形成されたものであろうが，彼が実際に創り上げていった事業は，むしろ20世紀の都市的なものであった。近江における江戸〜明治の堆積の上に，「大正」という新時代が乗っかったということであろうか。彼の一生には，この明治と大正の狭間という時代性がいつも纏わり付いているように思われる。

2　諦めた中学校進学

　堤家では，1890年に康次郎の妹ふさ，93年に弟淳二郎が生まれた。ところが，93年秋に父が急逝した。このため祖父清左衛門と祖母きりは，淳二郎

---

[3]　これにより東海道本線は東京〜神戸間が全通した。

を親戚の広田家に養子に出し，康次郎の母を実家上林家に帰し，康次郎とふさを養育することにした。但し，康次郎と母との行き来が途絶えたわけではない[4]。第3章で述べられているように，後年，母方の親戚筋は，彼の事業において重要な役割を果たしていくことになる。

1894年4月，康次郎は八木荘小学校尋常科（現・秦荘町立秦荘西小学校）に入学し，98年に卒業，続いて同校高等科に進学した。高等科での成績は上位に属し，1902年3月の卒業時には成績優秀の表彰を受けた。しかも，「無試験入学というのを彦根中学から許され，入学手続きも終った[5]」。

なお，1900年頃における，康次郎とほぼ同年齢の男子の中学校進学率は4％程度であろう[6]。中学校卒業という学歴は稀少なものであり，当時，滋賀県を含め全国で，漸く県費負担による中学校設立・運営の気運が高まりつつあったとは言え[7]，村での家業を継ぐのであれば，中学校入学は必ずしも必要でなかったであろう。彼はこの時点で既に，ある程度，村外の空間に生きる自分の姿を想い描いていたのかも知れない。

しかし，祖父は「彦根のような繁華なところへやって，悪い人間にならせると大変だ。もし，そんなことがあれば，堤の家はこれでおしまいになる[8]」と，康次郎の中学校入学に異を唱えた。彼は結局「祖父に心配させないために進学をあきらめ[9]」，「百姓をはじめた[10]」。「堤の家」，そこにおける長男の立場というものに対する自意識めいたものが，少年康次郎の内部にある程度の位置を占め，それが彼の自制を誘ったのかも知れない。「家」は彼がしばしば口にする言葉である。当時の「百姓」にとっては説得力を持つ価値観であったろう。

ところで，"if" の話になるが，康次郎が中学校に進学していたら，そ

---

4) 堤康次郎『叱る』有紀書房，1964年，32頁。
5) 日本経済新聞社編『私の履歴書』第1集，日本経済新聞，1957年，103頁。なお，この中学校の正式名称は，1902年の時点では，滋賀県県立第一中学校である。これが滋賀県立彦根中学校と改称されるのは08年である（滋賀県『滋賀県史』第4巻，1928年，337頁）。
6) 1902年度における全国の中学校在学者数は約95,000，1学年当たりでは20,000人程度。これに対し，03年における満14歳人口は約948,000人，男子はその半分である（総務庁統計局監修『日本長期統計総覧　CD-ROM』日本統計協会，1999年）。
7) 菊池城司『近代日本の教育機会と社会階層』東京大学出版会，2003年，3章。
8) 堤康次郎『苦闘三十年』三康文化研究所，1952年，68頁。
9) 同上，68頁。
10) 前掲『私の履歴書』第1集，103頁。

の後どのような人生がありえたであろうか。最もありそうなシナリオは，中学卒業後の帰村・家業継承である。この場合には，「地方」在来産業の担い手としての一生が待っていたであろう。但し，こうした人生であれば，小学校卒業という学歴で事足りたはずである。これに対し想定されるもう一つの筋書きは，中学校 → 高等学校 → 帝国大学という新興学歴エリートの道であり，その先には「中央」における高級官僚ないし専門経営者としてのキャリアを望見することができたであろう。中学校進学断念は，「帝大出」を武器とした社会的地位獲得の消滅とほぼ同義である。

3　醸成する立身出世欲

康次郎は中学校進学を取り止めた。しかし，この頃の彼の行動を見ると，村外への志向のようなものが，その内側に潜在していたのではないかと思われる節がある。例えば，「肥料に，燐酸分が欠けていることがわかった。……ちょうど……大阪で勧業博覧会が開かれていた。……すぐ大阪にでかけた。……大阪硫曹という過燐酸を製造してる会社があった。社長は滋賀県の人で阿部市三郎といった。私は，『阿部さん……私に滋賀県の一手販売をやらせてくれませんか。』とたのんだ。……阿部社長は驚いた。……十四，十五才の子供が，肥料の県内一手販売をやらせてくれというのだから[11]」といった話がそれである。

　この「滋賀県の一手販売」は結局「見込みはずれ[12]」に終わったが，この出来事から，康次郎の仕事に対する熱心さとそれ故にかえって村の「百姓」という枠に収まりきれない，それを相対化し，より大きな行動の場を求めるような発想を見て取ることができるのではないだろうか。つまり，仮に彼が「堤の家」という価値観を持っていたとしても，現実の「家」とその家業は必ずしも八木荘村での農家・農業である必要はなくなるということである。実際，彼の「百姓」としての生活は「満四年間[13]」で終わるのである。

　1906年春，康次郎は，祖父の了解の下，京都にあった海軍兵学校受験の

---

　　11)　前掲『苦闘三十年』68〜69頁。なお，この「勧業博覧会」とは，1903年3月〜7月大阪天王寺で催された第5回内国勧業博覧会であろう。
　　12)　同上，70頁。
　　13)　同上，67頁。

ための予備校に入学した。ここでの学習は，速成の受験勉強であったろうが，中学校卒業資格を欠く彼にとっては，正規の就学課程に復するための第一歩であった。しかも，この京都体験は彼の村外志向を強めたであろう。翌年帰村した彼は「郡役所の雇いとなった。「月手当六円を給す」の辞令をもらって勤めた。仕事の合い間に進学の勉強をしたかったが，勉強するという気で事務をやっていては，ほんとうの仕事はできない。これは申訳ないと思って，一ヵ月ほどで辞めてしまった[14]」。受験勉強に気を取られて，役所の仕事は上の空であったということであろうか。

中学校入学を一度は諦めた康次郎が，上級学校への進学を再度決意したのはいつか。遅くとも予備校入学の18歳の時点で，彼が学歴取得に最も高い優先順位を与えていたことは間違いないであろう。中学校 ⟶ 高等学校 ⟶ 帝国大学のコースへ戻ることは無理にしても，これに近い学歴を取得することは，その気になれば可能であると彼は考えていたであろう。

では，なぜ康次郎は上級学校進学にこだわったのか。一つの理由は，農業経営の先行きが見えにくいという現実であったかも知れない。しかし同時に，村外への志向，有り体に言えば「立身出世」に対する渇望が強く作用していたはずである。そして，この立身出世欲は，「堤の家」をりっぱにするというもう一つの価値観によって，彼の内側では正当化されえたであろう。離農して八木荘村から出て行くだけであれば，例えば彦根で賃仕事を見付けることで済んだかも知れないが，それでは「堤の家」は没落したことになってしまうからである。八木荘村から出て行くとすれば，村では想定しえないような「堤の家」の繁栄を実現してこそ意味があるということである。そして，この場合の家業は当然農業でなくなるであろうから，高学歴を足掛かりとして自分自身が立身出世を遂げていくことが必須である，と彼は考えたのではないだろうか。日露戦争後の日本において，社会的栄達の道は高学歴取得に限定されるわけではないが，それが有望な方途になりつつあったことは事実であろう。「試験の時代である[15]」。彼には時代の半歩先を嗅ぎ分ける臭覚，良く言えば「先見の明」が先天的に備わっていたのではないかと思われてならないが，高学歴が持つであろう社会的

---

14) 前掲『叱る』14頁。
15) 広田照幸「立身出世の夢と現実－変わりゆく青少年の進路－」(小風秀雅編『アジアの帝国国家』吉川弘文館，2004年) 139頁。

重みを彼が察知していたとすれば、それを可能にしたものはこの天性の才であったかも知れない。

　立身出世は康次郎の飽くなき目標となっていく。が、それは同時に明治の時代精神の一つであったとも言えよう。1884年の文部省唱歌「仰げば尊し」は学童たちに「身を立て名をあげ　やよ励めよ」と教えている。

4　帰郷のない東京移住

　1907年、祖父が他界した[16]。康次郎は掛け替えのない肉親を喪ったが、この祖父の死は彼と八木荘村を結ぶ最も太い紐帯が切れたことをも意味する。

　康次郎が八木荘村で暮らした約20年間に、日本の近代的政治・経済システムはそれなりに定着・機能し、また日本の国際的地位も一定の上昇を見た。こうした情勢を感じ取り、人一倍の野心を内に秘めた青年が、故郷との絆が切れた時、政治力・経済力の集中が進む東京への転出を決意したとしても、それは不思議ではないであろう。彼は、09年3月、東京に旅立つ。最初の妻と生まれたばかりの乳飲み子[17]を残し、家産を処分しての、背水の出郷であった。その最終目標は、東京の持つ「力」への接近であったかも知れないが、差し当たりの狙い、少なくともその一つは、帝大卒に代わるべき学歴の取得であった。

II　野心と試行の上京後10年

1　「早稲田学士」という学歴

　1909年3月、康次郎は早稲田大学高等予科に入学した。当時の早稲田大学の法的地位は専門学校であり、「大学」は自称であった。但し、この専門学校は、歴とした高等教育機関であり、高等予科は中等教育と早稲田大学を結ぶ予備門であった。

　当時の早稲田大学高等予科への入学は、「中学を卒業したものなら……全部無試験入学……入学試験を行っているのは……中学の資格を認められ

---

　16)　祖母は1903年に死去している。
　17)　最初の妻は西沢こと。婚姻届は1909年10月に出されている。第一子である淑子の出生は同年1月。

ておらぬ中等学校や私塾がたくさんあり，また中学中退者や，独学で勉強したものが多かったのに，手を差し伸ばしたからだ[18]」と言われるように，至極鷹揚なものであり，康次郎にはお誂え向きであった。「早稲田の政治経済学部の入学試験に美事パスした[19]」と持ち上げられるような大袈裟な入学試験があったわけではない。

康次郎は，10年7月に高等予科1年半の課程を修了し，9月早稲田大学大学部政治経済学科に進学した。その卒業は13年7月[20]。「早稲田学士」は，帝大出には一歩譲るにしても，中学校卒業資格を持たず，裸一貫で東京に出てきた青年が獲得しうる学歴としては，最もランクの高い部類のものであった[21]。

2 下宿した早稲田鶴巻町・下落合

八木荘村を出た康次郎が真っ直ぐ早稲田大学に向かったのはなぜであろうか。一つの理由は，明治末の段階で既に早稲田大学に対する社会的評価が高かったことであろう。

しかし，世評とは別のもう一つの理由があったと思われる。これについては第3章に詳しいが，要するに康次郎が郷里のつてを利用したということである。早稲田大学の記録によれば，彼の入学した09年度の現住所は「牛込区〔現・新宿区〕早稲田鶴巻町四二番地松島館内」であり，保証人は同番地在住の「小泉林之助」である。松島館は，恐らく，学生相手の下宿屋の一軒であろう。しかし，この松島館とは別に，彼は，母の再嫁先である塚本家を頼って東京府豊多摩郡落合村下落合（現・東京都新宿区中落合）にも下宿しており，ここは，早稲田大学から北北西へ3kmほどの所である。鶴巻町のような早稲田大学の直ぐ側ではないが，徒歩で通学しうる圏内である。通学しやすいから下落合に住んだと思われるが，下落合につ

[18) 早稲田大学大学史編集所編『早稲田大学百年史』第2巻，早稲田大学，1981年，16頁。

19) 西武鉄道株式会社人事部教務課編『堤康次郎会長の生涯』西武鉄道株式会社，1973年，16頁。

20) 卒業直前の1913年6月，長男清が生まれている。清の母親は岩崎その。郷里に残してきた妻こととは，同年1月に離婚している。

21) 1910年代前半における高等教育在学率（在学者÷当該年齢人口）は1％程度であろう（天野郁夫『学歴の社会史－教育と日本の近代－』新潮社，1992年，123頁，表1）。

てがあったので早稲田に通うことにしたとも考えられなくはない。両方ではないか。

3 体認された「大正」のトレンド

康次郎が，学歴以外で，早稲田大学在学・東京在住から得たものは何であったろうか。

康次郎が早稲田大学を卒業した翌1914年，第一次世界大戦が勃発し，日本も参戦してドイツに宣戦布告した。彼が，その生涯の中で回顧談的なものではない唯一の著作である『日露財政比較論』を公刊したのは，この年の12月である。その「自序」に記された刊行の意図は次の如くである。

「著者は極めて熱烈なる戦闘論を唱道するものなり。即ち自ら最も激烈なる戦闘に生き，最も激烈なる戦闘に死せんと欲するものなり。戦闘なき個人は敗残の亡者，戦闘なき国民は亡国の民，嗚呼何人か生きて敗残の亡者たり，亡国の民たるを欲するものぞ。……各種の戦闘に対して最良なる準備を有するものが優勝者となり，然らざるものが劣敗者となるものなるを知らざるべからず。吾人日本人は個人として，国民として，其前途に間断なく現れ来るべき各種の戦闘に対する準備は如何。……大和民族はスラヴ民族とのあらゆる競争を有効に通過することに依りて偉大なる発展をなし得るものなることを確認せば即ち足矣。日露財政比較論は，此の来るべき両民族間の競争に於ける根本的動力たる国家の財政を比較研究するものにして，著者は本書を我が同胞に提供して将来に望むべき準備を要求せむと欲するものなり[22]。」

『日露財政比較論』は日本・ロシア両国の経済・財政に関する統計資料を基に執筆された，言わば硬い書物である。康次郎は，同書の公刊から見ると，早稲田大学での学習から政治経済学的な問題意識・分析方法・専門知識など，なにがしかの学知を習得していたように思われる。しかも，大切なことは，狭い意味での学識以上に，緊迫した情勢の中で，世界と日本の進路を探ろうとする時代に対する感性が，たとえ同書の中身はかなりの程度受け売りであり，もしかすると代作者がいたかも知れないが，彼の内部でそれなりに醸成されていたことではないだろうか。こうした時代感覚

---

22) 堤康次郎『日露財政比較論』博文館，1914年，1〜9頁。

は，基本的には彼の天分である可能性が大きいが，東京での生活や早稲田大学での修学は，彼の視野を広げ，その判断に情報や学知という有効な拠り所を与えたであろう。彼の生得的直感に多少なりとも磨きがかかったということである。

ところで，上の「自序」に明らかな如く，康次郎は日ロ間の「競争」関係を最も厳しいものと受け止めていたようである。但し，ロシアに対する警戒感は，多かれ少なかれ当時の人々によって共有されていた一種の国民感情であり，彼特有のものとは言えない。ただ，こうした反ロシア意識が，後年の彼の政治行動と何らかの関係を持つ可能性があることに，ここでは注意しておきたい。

康次郎が東京での生活・修学から得たものは，日本や世界の新しい動向に対する知識と感性であり，それは，田舎出の青年が20世紀初期つまり「大正」の日本で生きていく際に有効なものであったろう。彼の事業の多くは，大正という新時代の趨勢に沿うものであった。

但し，彼の人となりの骨格は明治の湖東で形作られたものであり，彼が大正的な都会人に心底転生してしまったとは考えがたい。彼における大正は，人格の深層にまで達しえなかったということである。しかし，ともかくも彼に大正の動向を見て取る先天的・後天的能力があったことは確かであろう。しかも，たとえ一時にもせよ，彼自身もまたそうした大正の都会的雰囲気になにがしかの共感を覚えていたのではないだろうか。大隈重信の下で14年に『公民同盟叢書』という政治パンフレットの編集・刊行に従事したのはその一例である。その頃結婚した二人目の妻が，当時としては珍しい高等教育修了の才媛であったことからも，彼の当時の心の内を覗き見ることができるように思われる[23]。大正のトレンドの中に身を置き，それに棹さすことができたのは，やはり早稲田大学在学・東京在住の賜であろう。

4　活用される人脈作り

康次郎が早稲田大学時代に得た財産の一つは人脈である。その中で，彼の

---

23) 川崎文との婚姻届は，1915年に出されている。文との間に子供はいない。文とは54年に離婚している。

その後の人生に少なからぬ影響を与えた人物は，永井柳太郎である。永井は康次郎より8歳年上，早稲田大学大学部政治経済学科第1回卒業生中の「秀才[24]」であり，英国留学後の1909年，早稲田大学に教員として奉職している。永井の主要担当科目は社会政策と植民政策[25]であり，康次郎のロシアへの関心の一部は永井によって啓発されたものであったと思われる。

ところが，次章にも述べられているように，17年に早稲田大学で起こったいわゆる「早稲田騒動」の際，永井は大学中枢（高田派）から「背後に後藤新平男を擁して気息を官憲に通ぜる疑あり。且つ表面的運動には多く加はらざりしかど，天野〔為之〕派幕僚中の謀士として，自己包蔵の野心を満さんが為，天野博士を使嗾し，大学の撹乱より進で破壊を企てた[26]」と見なされ，9月に馘首されてしまった。永井と親交のあった康次郎は，そのとばっちりを受けたようである。但し，康次郎と早稲田大学中枢が，その後，全く疎遠になってしまったとは必ずしも言えない。

さて，康次郎は，早稲田大学在学中に，雄弁会での活動を切っ掛けに総長大隈重信の目に止まり，関係構築にも成功していたようである。大隈との関係は，康次郎の早稲田大学卒業後の行動，特にその政治活動に無視しえぬ枠組を与えていくことになる。

5　明確化する政治家志望

康次郎という人物は，今日では実業家と見られていようが，彼自身は「学生時代から政治が好きで[27]」，「二十一才の時より政界に身を投じ[28]」たと言っている。もっとも，実際に「代議士に出たのは三十六歳のときであった[29]」。しかし，彼は代議士になることを学生時代には意識していたようである。例えば，彼が早稲田大学在学中に雄弁会に所属していたのは政治家になるための修業の一つであった。また，「大阪の大立者中橋徳五郎さんが衆議院議員選挙に立候補したとき私は二十一才であったが，その応援

---

24)　前掲『早稲田大学百年史』第2巻，98頁。
25)　同上，396頁。
26)　同上，947頁。
27)　前掲『叱る』240頁。
28)　堤康次郎『太平洋のかけ橋』三康文化研究所，1963年，3頁。
29)　前掲『私の履歴書』第1集，119頁。なお，康次郎の最初の衆議院総選挙立候補は1924年である。

Ⅱ 野心と試行の上京後10年

弁士となった[30]」というのも、広い意味での政治活動であったろう。更に、「閥族打破・憲政擁護」という批判に曝されていた首相桂太郎が、13年１月に企てた新党結成に、康次郎は学生の身で参加し、これを切っ掛けに面識を得た桂に対して「私は政治家になりたい[31]」と語っているのである。桂は結局内閣総辞職に追い込まれ、同年秋には死去してしまったが、桂が目論んだ新党は、この年の暮れに立憲同志会（総理加藤高明）として誕生した。後に康次郎が衆議院議員になった時、この縁は無駄にはならなかった。

6 手当たり次第の蓄財・起業

康次郎は、上で見た桂との会話の際、「政治家になるには金が必要である。その金をもらいに行くという事はまずいから、先ず自分で金をこしらえ[32]」たいと述べたという。如何にも出来過ぎた話だが、理由はともかく、彼がそもそもの初めから「金をこしらえ」ることに熱心であったことは確かである。実際、彼が様々な事業に次々と手を染めていく状態は、第３章に詳しいが、20歳の上京から約10年間続いたようである。

しかし、自身の思惑とは逆に、20歳代の足跡を見ると、具体的成果に乏しく、文字通り試行と錯誤の連続であった。だが、この間、康次郎は大正の大都会で生きていくための知恵や感性、手管を身に付けていったであろう。「どれもこれもみないけない[33]」中で、彼に躊躇や当惑といったものはない。このことは彼の持ち前の図太さと立身出世欲の強さを物語っており、上京後の10年は、その野心を現実化するための助走期間であったと言える。

---

30) 前掲『太平洋のかけ橋』303頁。なお、康次郎は「二十一才」の時と言っているが、中橋徳五郎の衆議院総選挙への立候補は1912年、康次郎24歳の時である。
31) 同上、303頁。
32) 同上、303頁。
33) 堤康次郎『人を生かす事業』有紀書房、1957年、14頁。

III 土地開発と鉄道の25年

1 30歳からの土地集積

　康次郎の上京後の事業は手当たり次第であったが，20歳代の終わり頃になると彼の事業展開に一つの軸が登場してくる。土地である。「康次郎は土地の天才[34]」というのは，あながち誇張ではない。彼はようやく「堤の家」の新たな家業を見出すに至った，またそれは彼にとっての立身出世の道であったとも言えよう。

　土地事業の詳細は第3章に述べられているので，ここではその概略のみを記し，むしろその時代性を探ってみたい。

　康次郎が購入した土地は，結果的には東京市内・近郊と関東地方縁辺部に大別できる。前者は，彼が上京時に下宿した落合村下落合で1914年に始まり，その後，東京市内各所，更に東京西郊の東京府豊島郡から北多摩郡小平村・谷保村，埼玉県にかけての一帯へと進んでいった。

　康次郎が関東地方縁辺部で土地買収に乗り出したのは17年，千ケ滝と呼ばれるようになる長野県北佐久郡東長倉村沓掛（現・長野県北佐久郡軽井沢町長倉）においてである。更に，19年には箱根での買収に着手し，その後，湯河原・三島・伊豆方面にまで広がっていった。

　かくして康次郎は広大な土地を入手し，彼が20年に設立した箱根土地株式会社（現・株式会社コクド）の26年における所有地登記面積は約794万坪である[35]。

2 事業主体としての自己

　第3章以下で詳述されているように，康次郎は，晩年に至るまで，家族・親戚筋や子飼いの部下など，内輪の少数者を要所々々に配置し，これらを制御する形で自己の意志を貫徹するという経営手法を取り続けていく。そして，その原型は既に20年前後の段階において見出されるが，このことか

---

　34) 原哲朗『堤康次郎言行録』1990年，39頁，非売品。
　35) 野田正穂「箱根土地と目白文化村」（野田正穂・中島明子編『目白文化村』日本経済評論社，1991年）36頁，表2-1。

ら，相互に関連した二つのこと，即ち彼の事業観と対人観を窺うことができるように思われる。

　先ず事業観であるが，康次郎の経営手法は，巨大組織には馴染まない，個人商店的「ワンマン」経営であろう。そもそも上京の当初から，彼は一匹狼であり，早稲田大学卒業時にも官庁や企業に就職を試みた様子はない。では，親の七光りなど持たない彼が，初めから月給取りではなく企業家を目指し，終世「ワンマン」であり続けたのは何故であろうか。それは，一つには，明治末・大正初頭の時点ではなお，役所や会社の組織人として生きていかくなくても済む余地が，日本社会に幾分かは残されていたということであろう。しかし，そうした社会的事情の他に，彼の内側にもその理由はあったであう。それは自己の事業を「堤の家」のものとして営もうとする意識である。そしてそうだとすると，彼にとっては，土地その他の事業は全て家業であり，従って事業の主体は，形式は株式会社であろうが何であろうが，家長たる自分以外にはないということになるのではないだろうか。全てを意のままにするというのは，企業は社会の公器であるべきだとする立場からは，会社を私物化するものと映るかも知れないが，彼自身に即するならば，もともと，組織も資産も何もかも私物以外の何物でもなかったということである。

　なお，第4章に論述されている如く，康次郎は，箱根土地設立と時を同じくして，高田農商銀行を自己の傘下に収め，同行を資金調達のための機関銀行として利用した。これも，彼の理屈から言えば，同行を食い物にしたのではなく，自分の家産を自分の家業のために使ったに過ぎないのかも知れない。

　さて，康次郎の対人観であるが，それは，例えば「基本的には底抜けのネアカ。しかし敵対するもの，裏切ったものには復讐執念の権化となった[36]」と言われるように，自分以外の者を敵と味方に峻別し，その上で，前者を徹底的に排撃する一方，後者に対しては「ワンマン」の，しかし特有の温情を兼備した命令者として臨むというものである。従って，彼をとことん憎む者も，肉親を含めて多数おり，また彼が心を許しうる他者は少数に限られたが，同時に，彼を「大将」と慕う者も少なからず存在したの

36）　前掲『堤康次郎言行録』17頁。

である。

> 「軽井沢の晴山ホテル〔現・軽井沢プリンスホテル〕は……スケート場を創る迄は，冬は赤字経営であった。また当時赤坂プリンスホテルは……遊んでいても黒字であった。自らが主宰する毎月の経理会の時，晴山の駒村支配人に堤康次郎は「駒村君，君のような誠実な男がやっていてくれるお陰で，これだけの赤字ですんでいる。本当にごくろうさんだね。」と云い同時にキッとかたわらの赤坂プリンス，竹内支配人を見据えて「こら竹内，貴様のような奴がやっているから，出るべき黒字がこれだけではないか……しっかりしろ。」と大声で叱った。黒字の支配人は烈しく叱られても予防的注意と心の中では聞き流せるが駒村は違う。会議を終えた彼は涙をこぼしながら来年はきっと黒字にしてみせる。と私に云った。そして次の冬から黒字になったのである。駒村は晴山ホテルの便所掃除の仕事の真面目さを康次郎に見込まれて，支配人に抜擢された人物である[37]。」

康次郎が人心収攬術に長けていたことは確かであろう。やはり彼は叩き上げの苦労人であったのである。

3 「新中間層」相手の地域開発

康次郎は何のために広大な土地を買い続けたのであろうか。彼の購入地は東京市内・近郊と関東地方縁辺部に分布しているが，これらを商売に結びつけるやり方には，一つの共通点があるように思われる。

事業展開の順序に従うと，初めは軽井沢と箱根であり，ここでの事業は別荘地の開発・分譲，観光，それらに付随したものである。康次郎が最初に分譲した別荘は，価格を比較的低めに設定した「簡易別荘」であった。この事実は，彼が想定した顧客の性質を示唆していると言えよう。即ち，顧客は都市住民で，別荘を購入しうる程度の所得を得ている，が，その別荘は比較的廉価であり，従ってその購買者は，最高水準の所得層ではなく，それよりはなにがしか下の，比較的な意味において高い水準の所得を稼得している階層の人々ということになろう。後に，より高額な「文化別荘」も販売されるが，開発規模が大きくなればなるほど，顧客の所得階層を上

---

[37] 同上，25頁。

表1-1 目白文化村土地購入者の職業（1925年）

職業	人数	%	購入区画	%
実業家	26	17.9	43	22.8
学者	21	14.5	24	12.7
会社員・公務員	17	11.7	19	10.1
軍人	13	9.0	18	9.5
高級官僚	10	6.9	15	7.9
医師	4	2.8	5	2.6
芸術家	2	1.4	4	2.1
家主	2	1.4	4	2.1
政治家	2	1.4	3	1.6
その他・不明	48	33.1	54	28.6
計	145	100.0	189	100.0

出典）野田正穂・中島明子編『目白文化村』日本経済評論社，1991年，88頁，表4-1

方へシフトさせ，本当の金持ちを相手にすることはむずかしくなっていったはずである。

　次に，東京市内・近郊における具体例として落合村を見てみよう。康次郎は現在の新宿区中落合に属する一画を宅地として整備し，22年以降これを分譲した。この分譲地の名称は，初め「目白不動園」，途中から「目白文化村」と改められている。購入者はこの分譲地に銘々家を建てていき，その結果，昭和にかけて「ほぼ全体の三分の二が洋風外観であり……欧米風のまちなみ[38]」を持つ高級住宅街ができあがった。表1-1が示す如く，比較的裕福な階層の人々が住んでいたようである。

　目白文化村の分譲と並んで，康次郎は東京の西部に複数の「学園都市」建設を試みた。この内，大泉学園と小平学園は必ずしも思惑通りにいかなかったが，国立には，震災で校舎を失った東京商科大学（現・一橋大学）が27年以降順次移転してきたのをはじめ，いくつかの学校が集まり，学園都市の体をなすようになった。誘致に止まらず，彼自身も26年に国立学園小学校を開設している。18年の大学令に基づく高等教育機関と住宅街の組

38）松澤貴美子「目白文化村の住宅」（前掲『目白文化村』）109頁。

み合わせという「大学町」は，目白文化村のモダンさとその揆を一にしているると言ってよいであろう。それは「大正」の都市文化の風景ではないだろうか。

　康次郎の土地事業は，少数の大金持ちではなく，さりとて庶民・大衆でもない，主として大正の都市に新たに興ってきた比較的高所得の，その背景に高学歴を身に付けた，「1910年代・20年代をつうじてその数は急速に増大していった[39]」いわゆる「新中間層」を顧客とするものであった。つまり，彼の事業は，大正のトレンドに沿った，都市に居住する，一流でも，逆に二流以下でもない，そのような人々を相手とする，言わば「一・五流主義」の新ビジネスであったのである。彼が心底大正的モダンに染まったとは考えがたいが，それにしても彼自身もまた「早稲田学士」という「新中間層」の一員であり，東京での生活から得た感性・意識が，事業のあり方を規定していたことはほぼ間違いないであろう。箱根土地株式会社設立の20年，早稲田大学が専門学校から大学令による大学へと昇格したことは，勿論偶然ではあるが，時代の趨勢という点から見れば，あながち無関係とばかりは言えないかも知れない。

4　派生する新事業

目白文化村が「目白」文化村と名づけられたのは，最寄り駅が山手線目白駅だったからである。都市に住む月給取り一家にとって，通勤通学は生活の不可欠の一部であり，「駅に近い」は土地分譲の際の説得力あるキャッチ・フレーズであったろう。そして，このことは東京西郊の学園都市にもそのまま当てはまる，と言うよりもむしろ，東京市内から離れれば離れるほど，足の重要性は高まったであろう。また，東京から約100km離れた軽井沢・箱根にとっても移動手段の確保は必須であったに違いない。康次郎と鉄道に代表される公共交通機関との関係は，この文脈において生じたものであり，その詳細は第3章に述べられている通りである。

　20年代の日本では，電車は先端的な公共交通機関であったが，それ以上に自動車は見ることさえも稀なものであった。ところが，康次郎は自動車道路建設にも力を注いだ。例えば，国立には幅員が40mを超す道路（現・

39）新保博『近代日本経済史』創文社，1995年，242頁。

III 土地開発と鉄道の25年

大学通り）を建設している。また，軽井沢と箱根においても，「すぐに採算がとれるとは決しておもっていなかった[40]」自動車道路を私設しているのである。当時の常識を上回る自動車道路建設の事実は，勿論必要であったからには違いないが，先端的交通インフラが持つ社会的意味を彼が理解していたことを示唆していると言えよう。公共交通という領域は，彼の事業の中で次第に大きな比重を占めていくことになる。

ところで，大正後期〜昭和初期は，百貨店業界にとって一つの転期であった。23年の関東大震災で被災した三越呉服店や白木屋呉服店などの老舗は，店舗を再建すると共に，販売方法や取扱商品の充実を図り，また呉服店という呼称を使わなくなった。他方，都心の老舗とは別に，郊外電車の発達に伴い，その始発駅ないし周辺に百貨店の出店が見られるようになった。いわゆるターミナル・デパートであり，その先駆として有名なのは29年に大阪の梅田に開業した阪急百貨店である。東京では，新宿で29年に三越，33年に伊勢丹，渋谷で34年に東横百貨店，品川で33年に京浜デパートがそれぞれ開店している。

康次郎は40年に武蔵野鉄道（現・西武鉄道池袋線）の起点池袋において京浜デパートの分店菊屋を買収し，これを株式会社武蔵野デパート（現・株式会社西武百貨店）とし，小規模ながら小売業の経営に着手した。しかし，翌年日米戦争が始まり，経済統制も強まり，経営には多くの制約が加わるようになった。その上，45年には店舗が空襲により焼失してしまった。従って，武蔵野デパートと戦後の西武百貨店との間には小さくない断絶が存在するが，康次郎自身に即して言えば，彼が，30年代後半くらいの段階で，鉄道と相互補完的な新事業，つまり電車の乗降客を中心的顧客とする，「デパート」というカタカナ語をその名称の一部に含む，モダンな小売業を想い描いていたことは間違いないであろう。

土地開発を康次郎の事業の基軸とすれば，鉄道はそこからの派生物，百貨店は更にその付属物であるが，戦後に西武グループの中核部分に育っていく，その芽は，彼の内部においては，40年の時点でほぼ出揃っていたように思われる。土地事業が都市の新中間層を販売対象としていたように，鉄道や小売業においても，主たる客筋として想定されていたのは，やはり

---

40) 前掲『人を生かす事業』139頁。

月給取りとその家族であったであろう。大正のトレンドを追うという点では，一貫しているのである。

5　無聊を慰める「黄金電車」

31年に日本は中国大陸で戦争を始め，41年には対米英蘭戦争に立ち至ったが，この戦争は日本経済の力量を遙かに超えたものであり，日本は，その持てる力の大半を戦争に投入しても，なお戦局が好転しないという蟻地獄に陥っていった。

　こうした事態にあって，全ての人々が崩れゆく国家に付き従っていく以外に為す術を持たなかったことは当然であり，さすがの康次郎も別荘や観光の類が戦時にそぐわないものであることを認めざるをえなかったであろう。しかし，彼はへたへたと座り込んでしまうこともなく，また43年春に発病した前立腺肥大による排尿困難にも拘わらず，自己の事業を時局対応的なものへ変化させようと試みた。この際，彼が国会議員であったことは，転進の方向を探る上で有利に作用したかも知れない。例えば，44年に彼は食糧増産株式会社なるものを創り，「社員を小作人のように扱い，沿線の土地に米や野菜を作らせ[41]」ているが，これなどは正に国策に沿うという名分を持つ事業の部分的改変であろう。また，彼は，武蔵野・西武（現・西武鉄道新宿線）の両鉄道に，東京都内の屎尿を沿線農村に輸送する「黄金電車[42]」を走らせるという離れ業も演じている。但し，戦局悪化の中では，できることはもともと限られており，これらのことは，転んでもただでは起きないという彼の執念にも似た心意気を称揚するにはうってつけの逸話ではあるが，逆に言えば，他にすることがなかったことの証左でもあろう。

　康次郎が30歳の頃から戦争が最終局面を迎えようとしていた頃までの約25年間は，彼が土地事業を自己の「使命[43]」と自覚し，それを中核とするいくつかの事業を強行的に推し進めていった，その意味で，彼のライフワ

---

[41]　中嶋忠三郎『西武王国－その炎と影－狂気と野望の実録－』サンデー社，2004年，23頁。
[42]　前掲『苦闘三十年』49頁。
[43]　前掲『叱る』88頁。

ークが形成された時期であった。そこでは、「大正」という新時代のトレンドが、それには必ずしも似つかわしくない、湖東から裸一貫で東京に出てきた泥臭い男によって追求されたのである。確かにこの時期の最後に起こった戦争がそれを一時的に中断させたが、しかし、ともかくも彼の手中に土地と鉄道、それに自己の進むべき道についての確信が残ったのである。

IV 議員としての40年

1 初めての立候補

康次郎は、事業を推し進める傍ら、1924年の第15回衆議院議員総選挙に滋賀県第5区から無所属で立候補し、初当選を果たした。表1-2が示すように、連合国軍最高司令官総司令部（GHQ）によって公職追放を受けた46年から6年余の空白を挿みつつも、その議員歴は40年にも及んでいる。

2 大正民本主義(デモクラシー)下の立憲民政党代議士

政治家としての康次郎を考える場合、彼にとっての初選挙が、清浦奎吾内閣の退陣を求める第二次憲政擁護運動の中で実施された総選挙であった事実は、一種の象徴的な意味を有しているように思われる。彼は、薩長藩閥に属さず、さりとて自由民権運動・初期議会以来の党人でもなく、また地方名望家に出自する県議上がりでもない。帝国大学卒業の高級官僚から政治家に転身した超然的牧民官でも勿論ない。むしろ彼は、13年の大正政変や14年の大隈重信の返り咲きを実見し、大衆の前には藩閥も万能でないことを感じ取り、さらに18年の米騒動から原敬内閣の成立を経て、今後はますます選挙民を基盤とする政党の比重が増大していくであろうことを察知していた、そういう世代の代議士であったに違いない。実際、彼が当選した直後に清浦内閣は総辞職し、憲政会総裁加藤高明に組閣の大命が降下したのである。政治家堤康次郎にとって、政党政治は所与の前提であったと言ってよい。

　康次郎は、初当選の時は無所属であったが、26年に与党である憲政会に入党し、文字通り政党政治に加わった。彼が立憲政友会ではなく憲政会を選んだ第一の理由は、人脈的な繋がりであろう。何よりも永井柳太郎が憲

表1-2 康次郎の議員歴（1924～64年）

年月日	事績（数え年）	所属政党	備考
1924.5.10	初当選（36）	無所属	第15回総選挙
1928.2.20	当選2回（40）	立憲民政党	第16回総選挙（初の普通選挙）
1930.2.20	当選3回（42）	立憲民政党	第17回総選挙
1932.2.20	当選4回（44）	立憲民政党	第18回総選挙
1936.2.20	当選5回（48）	立憲民政党	第19回総選挙
1937.4.30	当選6回（49）	立憲民政党	第20回総選挙
1942.4.30	当選7回（54）	翼賛政治体制協議会	第21回総選挙（翼賛選挙）
1946.1.4	GHQにより公職追放（58）		
1951.8.6	公職追放解除（63）		
1952.10.1	当選8回（64）	改進党	第25回総選挙
1953.4.19	当選9回（65）	改進党	第26回総選挙
1953.5.18	議長に就任（65）	改進党を離党	
1954.12.10	議長を辞任（66）		
1955.2.27	当選10回（67）	新党同志会	第27回総選挙
1958.5.22	当選11回（70）	自由民主党	第28回総選挙
1960.11.20	当選12回（72）	自由民主党	第29回総選挙
1963.11.21	当選13回（75）	自由民主党	第30回総選挙

政会所属代議士であり，入党申請は永井を通して行われている。また，憲政会の前身は立憲同志会であり，系譜的には1882年に大隈重信が作った立憲改進党にも辿り着く。つまり，早稲田大学の系列であり，早稲田大学総長であった高田早苗も康次郎宛書翰において「憲政会入りを支持している[44]」。そして，1927年，憲政会と政友本党が合同して立憲民政党（総裁浜口雄幸）を結党したため，彼はそのまま立憲民政党所属議員となった。政治家として康次郎は，大正民本主義下の政党政治全盛期における党人代議士だったとすることが最も適当であろう。

ところで，康次郎が憲政会 ⟶ 民政党に与した理由が，主として人脈にあったとすると，立憲政友会との政治的・思想的立場の違いといったもの

---

44) 前掲『堤康次郎』172頁

はどうなるのであろうか。もっとも，彼はもともと思想に義理立てするような人間ではなく，こうした設問自体に余り意味がないのかも知れない。しかし，理由はともかく，結果として民政党に属していたことに，彼が違和感を覚えることは余りなかったように推測される。民政党は，政友会に比べれば，都市部の商工業者や知識人を基盤とする傾向が強く，内政では「小さな政府」を指向し，外交では対米英協調を重視していたことは，彼の実業家としての側面やロシア（ソビエト）嫌いと符合していたはずだからである。例えば，彼は浜口内閣の金本位制復帰政策を支持し，また浜口の命を受けて，ロンドン海軍軍縮条約に調印して帰国の途次にあった若槻礼次郎を，統帥権干犯問題が起こっている最中，上海に出迎えに行ったりしている。与党議員であったからと言ってしまえばそれまでであるし，彼に筋金が入っていたとは思えないが，彼は彼なりに浜口内閣の政策を自己のものにしていたのではないだろうか。

3　「昭和」の中の「大正」の政治姿勢

32年の五・一五事件によって首相犬養毅が殺害され，立憲政友会内閣は総辞職，代わって海軍大将斎藤実を首班とする「挙国一致内閣」が成立した。康次郎がこうした政党内閣の終焉をどのように見ていたか，正確には分からないが，彼は，永井柳太郎が斎藤内閣の拓務大臣に就任したのに伴い，永井の下で政務次官となっており，大筋においては事態の推移を受け入れていたものと思われる。代議士としては当り前であろう。なお，康次郎は，当選回数が多い割には大臣ポストに縁がなく，行政府内の地位としては，34年まで務めたこの政務次官が最高位である。

しかし，終戦に至る時期における康次郎の行動は，全体としては情勢の推移に沿ったものであり，これが敗戦後の公職追放に繋るのであるが，それにしても，彼が立憲民政党的行動を全く取らなかったというわけではない。例えば，次官在任中の33年，満州事変との関連で日本が国際連盟を脱退した時，「若槻礼次郎，石井菊次郎らと図って極力脱退阻止に努力し……当時国際連盟事務局にいた杉村陽太郎と相通じて脱退阻止を図った[45]」らしい。恐らく事実であり，彼は彼なりに日本が対米英協調から離

---

45) 筑井正義『堤康次郎傳』東洋書館，1955年，194～195頁。

れ，国際的孤立に陥っていく事態を憂慮していたように思われる。仮に民政党員らしい感覚が彼の中になにがしか残っていたとすれば，それは「大正」の政治姿勢と「昭和」の現実との不適合とでも言うべきものであろう。

しかし，こうした行き違いを解決することは，一代議士の力を遙かに越えたものであり，時局の推移に並進する以外の選択肢は，実際にはなかったであろう。40年8月に民政党は解党し，10月大政翼賛会が発足した。42年4月にいわゆる「翼賛選挙」が行われた時，康次郎は7回目の当選を果たしたが，翼賛政治体制協議会の推薦を受けずに当選した85名の中に彼の名はなかった。

4 「戦後」民主主義下の「大正」政治家

康次郎は，戦争終結後，旧立憲民政党関係者が中心になって45年11月に結成した日本進歩党に参加した。ところが，彼は，GHQが46年1月に発した軍国主義者の公職追放指令に引っ掛かり，衆議院議員の職を失うことになった。「私は戦争協力者ではないから熱心に追放解除に努力した[46]」が，徒労に終わった。追放が解けたのは51年8月である。

52年6月，康次郎は前立腺肥大症治療のため東京逓信病院に入院した。発病以来の9年間に「前立腺の肥大はますますふとるばかりで，百五十グラムの小水を出すのに，二時間もかかる始末[47]」となったため，「イチかバチか[48]」手術に臨むことになったのである。その結果，「以前のような健康体を取り戻すことができた[49]」。

追放解除後，政界に復帰した康次郎は，旧民政党に繋る改進党に属し，52年10月に行われた総選挙で戦後初，都合8回目の当選を果たした。更に，翌年のいわゆる「バカヤロー解散」に伴う総選挙でも当選した。そして，選挙後の5月に招集された第16特別国会の開会日，彼は野党票を集めて衆議院議長に選出され，これに伴い改進党を離党した。

議長としての康次郎は，「電気事業および石炭鉱業における争議行為の方法の規制に関する法律」等を成立させるため，53年7月31日に会期延長

---

46) 前掲『太平洋のかけ橋』291頁。
47) 前掲『苦闘三十年』24頁。
48) 同上，24頁。
49) 同上，27頁。

を強行採決した。また，54年6月3日にも「警察法改正案」の衆議院通過を目指して同様の措置に踏み切った。特に後者は，国会内に警官隊を導入しつつ，議長たる康次郎がその会期延長を議長席ではなく「議場の入口で宣言[50]」したという異例のもので，議事録にも「午後十一時五十分電鈴があつた後の議事は，議場混乱と騒擾のため聴取不能[51]」としか記されていない。このような議長の行為は，議長選挙で彼に投票した左翼系野党から見れば明らかに裏切りであり，「逆コース」を地で行く「暴挙」であったろうが，彼自身に言わせれば，この「措置」は「占領下に日本を弱体化するためにできた不合理な警察法の改正が実現し……警察機能は順次回復[52]」するという「戦後改革」の行き過ぎを矯正する目的に出たものであり，「国家的信念に基〔づき〕……必要止むを得ざりし[53]」ものであった。この意味で彼は，「戦後」の政界にあっては，与党か野党かに関わりなく，「保守」であった。「戦後」からの「逆コース」は，彼にとっては，当然歩むべき内政の王道であったろう。

さて，54年12月，第五次吉田茂内閣が総辞職し，第一次鳩山一郎内閣が成立した。康次郎も衆議院議長を辞し[54]，新党同志会に加わった。この会派は保守系諸政党の大同団結を目指す少人数グループであり，彼は，議長時代に，保守政党分立の非を痛感していたものと思われる。従って，55年2月の総選挙を経て，秋に左右両派の社会党（委員長鈴木茂三郎）が統一したのに続き，自由党と日本民主党の保守合同がなり，自由民主党が誕生すると，彼はこれに参加した。この55年体制の下での最初の内閣は，自由民主党を与党とする第三次鳩山内閣である。

鳩山内閣は，成立当初から，憲法改正・再軍備，並びに，自主外交・日

---

50) 同上，118頁。
51) 国会会議録検索システム（http://kokkai.ndl.go.jp/SENTAKU/syugiin/019/0512/main.html）。
52) 前掲『苦闘三十年』123頁。
53) 同上，102頁。
54) 議長在職中，康次郎の私生活が問題視されたことがあった。このため，1954年に文と離婚し，青山操と3回目の結婚をした。操は，27年生まれの次男清二と28年生まれの次女邦子の「戸籍上の母」（前掲『西武王国－その炎と影－狂気と野望の実録－』193頁）である。また，康次郎の子供としては，石塚恒子を母とする34年生まれの三男義明，38年生まれの四男康弘，42年生まれの五男猶二がいる。「嫡出子でない子は十人近く」（同前230頁），「認知されない子供達が何人もいた」（同前236頁）という話もある。

ソ国交回復を政策目標に掲げていたが，憲法改正・再軍備は国会における勢力分野から見て不可能であった。このため，鳩山は後者の実現に政治生命を賭け，56年10月，自らソビエトを訪れ，日ソ国交正常化交渉を妥結させた。「日ソ国交回復に関する共同宣言」は国会の批准を経て，12月12日に発効し，これを受けて，18日，国際連合は日本の加盟を承認した。20日，仕事を終えた鳩山内閣は総辞職した。

ところで，この鳩山内閣による日ソ国交回復交渉に対しては，もともと保守勢力内に少なからぬ抵抗があったが，康次郎はその急先鋒であり，56年11月27日，衆議院における日ソ共同宣言批准承認の採決に先立ち，彼は議員辞職届を提出した。

では，康次郎が日ソ国交回復に強硬に反対した理由はどのようなものであったのだろうか。彼は，56年9月5日付の鳩山宛書翰において，「鳩山外交は友愛外交，ブルガーニン外交は恫喝外交，話し合いの出来るものではありません。……日本はいま悲しいかな無力です。これを有力にするには日米の提携を緊密にし，米国の実力を日本の実力としてこれに向かうべきであります。日米協調こそ，我が外交の基調としなければなりません。……今日世界は，自由圏と共産圏と真二つに割れています。貴方が訪ソのうえ妥結を急ぐことは世界の自由諸国の反感を招き，世界の共産国の侮辱を招き，百害あって一利なしです。何故貴方は妥結を急ぎますか。自由諸国の大なる反感を買ってまで妥結する必要がどこにありますか[55]」と述べている。つまり，「日米協調こそ我が国外交の大方針[56]」だというのである。

もっとも，鳩山側にも言い分はあり，その自主外交という立場からすれば，康次郎の主張はアメリカ一辺倒に過ぎると見えたはずであり，むしろ鳩山はソ連への接近を梃子としてアメリカを牽制し，占領以来の対米従属から少しでも抜け出そうと目論んだのかも知れない。しかし，康次郎は日米協調重視の立場から，少なくともこの時点での日ソ国交回復を許容しなかったのである。彼の親米＝反ソという外交姿勢は，彼はもともとロシア（ソビエト）嫌いであり，また日米協調は旧立憲民政党の対米英協調路線

---

55) 前掲『太平洋のかけ橋』38～39頁。
56) 同上，62頁。

の戦後版だとすれば、老獪さに欠けて単純と言えば単純だが、それはそれなりに筋の通ったものであったと言えなくもない。議員辞職願は後に撤回されたが、彼のソ連嫌いは筋金入りであったようである。

しかしながら、康次郎の「親米」については、彼の実業との関連にも一考しておく必要があるかも知れない。それは、一つには、所沢の米軍施設への物資輸送を西武鉄道が担っていたことであり、もう一つは、第9章に述べられているが、プリンスホテルを米軍に貸していたことである。

さて、日ソ国交回復を肯んじなかった康次郎は、以後、日米協調のための「民間外交」を自己の政治活動の中心に据えていったようである。先ずその手始めとして、彼は、国会での日ソ共同宣言批准承認直後の56年12月7日、在日米軍司令官兼国連軍司令官レムニッツアーを訪い、言わば鳩山の不始末の詫びを入れ、更に翌年2月13日には、レムニッツアーと「強い親米論者である[57]」岸信介を引き合わせた。この時、岸は、総理大臣臨時代理兼外務大臣であり、この会見の12日後に正式に総理大臣となった。

康次郎は、当然ながら、首相となった岸を強く後押しし、「池田〔勇人〕氏が岸協力の姿勢を強めることが岸内閣の強化を通じて国家に裨益し、同時に池田氏の将来に裨益すると考え……岸、池田の提携に大いに努め[58]」、また岸・吉田茂・自分の三者会談を設定し、「岸政権の強化につき……懇談した[59]」。更に、岸が日米安全保障条約の改定に乗り出すと、康次郎はこれを支持し、改定交渉が大詰めを迎えた59年10月には、岸に「安保改定の調印には総理自から渡米せられる事を強く[60]」要請し、また60年1月に調印された「日本国とアメリカ合衆国との間の相互協力及び安全保障条約」の国会審議に際しては、「総理は党内外の雑音を考慮される事なく安保批准を通じて総裁三選への目標に直進される以外になく、それが国のためです。党内派閥の政権亡者どもが、聊かでも妄動の気配を見せた場合には解散あるのみです[61]」と岸を叱咤した。

さて、曲折はあったものの、安保改定が成就し、親米＝反ソの康次郎は

---

57) 同上，97頁。
58) 同上，130頁。
59) 同上，132頁。
60) 同上，135頁。
61) 同上，156頁。

ホッとしたであろうが，そうした時，岸内閣の退陣を受けて組閣した池田勇人は，康次郎に「ハガチー事件のお詫びと国際信用の回復を兼ねてアメリカその他の自由諸国を廻ってくれないかと[62]」頼んだ。日米協調を至上とする康次郎が首相のこの要請を受け入れたことは当然であろう。彼は首相特使として61年1月2日空路アメリカに向かい，更にヨーロッパ，インドに赴き，各国要人との会談をこなして，翌月14日に帰国した。

議員としての40年間において，康次郎は，大枠的には，日本の「大正」→「昭和」→「戦後」の変容と並進し，従って，決定的に何かにしがみついたり，逆に何かに抵抗したりすることはなかった。しかし，そうした全体的傾向の枠内においてではあるが，当該期日本の振幅の大きさに比べれば，彼の政治姿勢は，思いの外，移ろいの少ないものであったように思われる。例えば，「昭和」では，時局の推移に従いつつも，それを煽動することはなかったし，「戦後」は，彼がその行き過ぎと見なした部分の矯正に努めている。つまり，彼自身は案外ぶれていないのであり，むしろ「大正」→「昭和」→「戦後」における日本社会の方が，無定見とも評しうるほどに移ろっていたのかも知れない。日本の変わり過ぎに比べれば，康次郎自身は大正民本主義下の立憲民政党代議士であり続けたし，それ以外にはありえなかったということではないだろうか。もし彼にいくばくかの愚直さというものがあるとすれば，それは「大正」の東京ではなく，「明治」の八木荘村で培われたものであったかも知れない。

V　復興と成長の戦後19年

1　成長する「戦後」の西武

康次郎は，国会議員であったので，戦局の推移を察知し，日本の意に沿わぬ形での戦争終結を予期していたであろう。もっとも，実際にどのような形で終戦が訪れるかは分からなかったであろうから，玉音放送には恐懼し，ポツダム宣言の内容には慄然たる想いがあったかも知れない。

---

62)　同上，101頁。

しかし，康次郎は，そうした戦争終結の形には殆ど影響を受けず，へこたれた様子を見せることもなく，終戦直後から事業の再建に突き進んでいる。彼の戦後における事業展開については，第5章以下に詳述されているので，ここでは簡単に触れるに留めておこう。
　康次郎が戦前に蒔いた事業の種は，戦後，全体として大きく成長した。それは，一つには，敗戦後の激しい物価騰貴のため，彼の所有地の価格が跳ね上がると共に，抱えていた負債の実質的価値が急減して，財務状態が好転したことの結果である。そしてより基本的には，1950年代半ば以降，日本経済のいわゆる高度成長の結果，国民の実質所得が大幅に増加したことが，彼の事業にとって大きな追い風になったからに他ならない。特に東京西郊での人口膨張は西武鉄道の乗降客を急増させると共に，土地・住宅に対する膨大な需要を生み出した。また，百貨店は消費の顕著な伸びに支えられ，更に観光などのサービス業への需要も人々の所得の漸増につれて著増したはずである。
　しかし，康次郎が創業時に商売相手とした「大正」の「新中間層」と「戦後」の顧客との間に，質的な相違があったであろうことに注意しておきたい。即ち，戦後の高度経済成長が，社会階層間の所得格差を縮小させ，所得と員数の両面において大正の新中間層を遙かに凌ぐ無数の「大衆」を発生させ，その結果，戦後の西武グループは，好むと好まざるとに拘わらず，この大衆に依拠せざるをえなかったということである。大正の新中間層は，上流階層ではないが，大衆よりは上層に位するという意味での「一・五流」層だったとすれば，戦後の西武は，多くの所得を手にして「中流」化したという意味での「一・五流」の大衆を基盤としたのである。

2　「感謝と奉仕」という自己認識
康次郎は，自分の「人生観と事業観」について次のように語っている。
　「ここで，私は初めて考えた。つくづくいままでやってきたことを反省してみた。そして，ひとつの人生観にいき当った。人生観は即事業観でもある。それまでに経験した失敗は，この人生観を見出すための月謝とおもえば，安いものだとおもう。もうけよう，もうけようとあせればあせるほど失敗する。……人のやらぬこと，やはりそれを自分自身の頭で考え出してやらねばウソだ。しかも，それが金もうけのた

めの金もうけでは，決してものにならない。どうしても，金もうけ一辺倒から脱却して，世のため，人のための奉仕を第一にした事業でなければ，絶対に成功しない。孔子は三十にして立つといわれたが，私も二十代に別れを告げようとして，初めて「感謝と奉仕」の人生観と事業観を得た。……新しい人生観に立ってからの事業は，順調にのびていった。もうけようと考えていないでも，自然にもうけさせてもらえる。私は，一万余りの社員に，つねにこの事業観を説いている。また，社員はそれを実践してくれている[63]。」

若い時から走り続けてきた康次郎が，ある年齢に達し，企業家としても，また政治家としても，自己の「成功」を確信できるようになった時，自身が築き上げてきた仕事の全体を自分なりに意義づけ，語り出したくなったとしても，それは不思議ではないであろう。その際，彼は知識人ではないので，彼の語彙の中に小難しい漢語や舌を噛みそうなカタカナ語は存在しなかったはずである。「感謝と奉仕」とは如何にも平凡であるし，また彼自身の言動の中にこれにそぐわないものを見出すことは簡単であるが，しかしだからと言って，これを全くの虚偽と見なすこともまた，彼の人となりの一部を見逃すことになるであろう。単なる標語であれば，言葉は何でも構わないはずであるが，やはり「感謝と奉仕」という言い方が彼にはしっくりいったに違いからである。

この「感謝と奉仕」の具体的中身はどのようなものであろうか。それを知る手掛かりは，康次郎が「感謝と奉仕」と並んでしばしば口にする「親孝行」である。その一例を挙げると，1962年に文部大臣荒木万寿夫との間で行われた「戦後教育の盲点」と題する「希望対談」の中で，彼は次のように言っている。

「孝は百行のもと，というが，わたしは親孝行という道徳律をわたしの人生の基本にした。むかしの教育は，教育勅語を基本としており，ここに人生の基本が示された。戦後はあれを反動のかたまりみたいにいって捨ててしまったが，これは間違っている。「父母ニ孝ニ兄弟ニ友ニ」からはじまるあの道徳律は，いわば自然法で，いまも厳として生きている[64]。」

---

63) 前掲『人を生かす事業』14〜15頁。

V 復興と成長の戦後19年

　では,この「親孝行」と「感謝と奉仕」はどのように関係しているのであろうか。康次郎自身の説明は,次のようなものである。

　「何故にこれだけ事業が大きくなったかと云うと常に社会,国家に奉仕するという一念が他の人よりも強かった為です。この奉仕の精神は,何によって培われたかといゝますと,これは親孝行の精神から来るのです。私は親孝行は人に負けない積りです。……親の慈悲は絶対無比なものです。私のこの親に奉仕すると云う考え方が事業を通じて世の中に奉仕するという考えに成長して来たのです。この考え方で事業も又のびて来たのです。……国の為社会の為奉仕しようと云う気持でやった仕事は,次第に後に行く程,味わいが出てくるものなのです。……金を儲けよう儲けようと云う人はかえって損をするし,他人をおしのけても出世しよう出世しようという人は出世しないものです。自分がどうする事によって世の為に尽せるかと考えている人は,自分自身も幸福になる事が出来ます。……義務と奉仕に徹した無名の偉人が増えれば増える程,日本の将来も安全になって来ます[65]。」

　これもまた綺麗事と言えばその通りであるが,康次郎が「親孝行」を言う前提には,「私は両親を失ったが,祖父母という第二の父母を得たのである。……祖父母,ことに祖父の私に対する愛情は,まったく驚くばかりであった。それが今日の私の性格を作り,私の生活信条を基礎付けたのである[66]」という想いがあったことは,それなりに事実ではないだろうか。従って,「感謝」がそうした祖父母に対する想いに発しているとすれば,それは,「絶対無比な」「慈悲」を持つ「親」の御陰で自分がここにいるのだという人倫の感覚に根差した報恩の意識ということになるであろう。そして,かかる「感謝」と対を成す「奉仕」とは,「親孝行の精神から来る」と言われるように,「親」の御陰への「感謝」を,狭い家族内に留まらず「社会,国家」へと,「事業」つまり仕事への精励を通して,拡張し具体化していくという勤労の意識なのではないだろうか。ここでは文字通り「人生観」はそのまま「事業観」に他ならない。

　但し,この「奉仕」は,必ずしも片務的な贈与ではなく,永い目で見れ

---

64) 『西武』第58号,1962年10月15日。
65) 堤康次郎「国立学園における卒業式祝詞(二七,三,一八)」,1952年。
66) 前掲『叱る』32頁。

ば，それに相応して「自分自身も幸福になる事」を期待できるという応報観を随伴したものであることも事実である。

　「金をもうけようとおもったらかえってもうからぬ。常識で判断がつかないような時には，必ず人のため，国のためになる道を選べばいい。国家，社会を考えてやれば，まことに理外の理で，けっきょくは自分も倖せになっていくものだ[67]。」

　「社会のための事業といっても，いわゆる社会事業というのとは違う。奉仕事業といっても，てんから損のいくものは，それは事業ではない。長い時間がかかるかも知れないが，どこかで，奉仕に，営利がおいつかねばならない。それが，真の事業というものだ[68]。」

　そして，「奉仕の世界に生きることが，やがて営利の道にも通じる[69]」というこの応報は，当然にも，再び「感謝」の念を呼び起こすであろう。

　康次郎の言う「感謝と奉仕」あるいは「親孝行」は，江戸時代のある時期以降，明治・大正・昭和を貫いて存在し続けた，良く言えば健全な常識，有り体に言えばありふれた通念であり，彼自身もまたそうした通俗的倫理観の磁場の中にいた一人の日本人であったということである。「感謝と奉仕」は，それはそれなりに，立身出世を成し遂げた彼の自己認識であったのではないだろうか。

　なお，康次郎の没後，この「感謝と奉仕」は西武グループの旗印となった。「私の経験で，私はこの事が間違いないと云う事を確信しております[70]」という主がこの世を去った後，「感謝と奉仕」の内実が稀薄化・空疎化し始めたとしても，それはそれで，致し方のないことであったろう。

3　東京オリンピックの1964年

1964年10月，第18回オリンピック大会が東京で開かれた。それは，敗戦国日本の復興と高度経済成長を何物にもまして鮮烈に表象する「国事」であった。康次郎もこのオリンピック東京大会の開催を慶賀し，また自己の事業の起爆剤の一つとして，心中期するものがあったに違いない。しかし，

---

67)　前掲『人を生かす事業』72頁。
68)　同上，109頁。
69)　同上，135頁。
70)　前掲「国立学園における卒業式祝詞（二七，三，一八）」

彼の健康状態は，63年頃から必ずしも万全ではなかったらしい[71]。10月10日の開会式に先立つ半年前，4月24日の昼過ぎ，彼は東京駅において倒れ，26日の朝，不帰の客となった。享年75。

　八木荘村から裸一貫で上京してきた田舎者が，以来半世紀間に成し遂げ，そして遺した事業は誠に巨大である。彼が遺さなかったものがもしあるとすれば，それは「ワンマン」に代位すべき「システム」であったろう。

(川口　浩)

---

71)　神田謹一『私の回顧録』丸善株式会社出版サービスセンター，2002年，70-71頁，非売品。

第2章

康次郎と早稲田

――――――

　堤康次郎にとっては育ての親ともたたえられるべき祖父である清左衛門が1907（明治40）年4月，死去した。康次郎は後に，その祖父の死を「一つの転機」として位置づけている[1]。

　2年後の09年3月，康次郎は妻子を残し「勉強するつもり」で，田地を「担保」にして「金をこしらえ」20歳で上京，3月27日学費納入，28日付で早稲田大学高等予科に入学した。康次郎をして，このように突き動かしていったのは，いったい何であったのであろうか。

　海軍兵学校受験予備校の卒業と愛知郡役所への就職（07年3月），西沢こととの結婚（08年3月），長女の誕生（09年1月）――1889年3月7日生まれの康次郎が09年3月の「はじめのある日」に上京するまでの経緯である。

　上京するまでの経緯を一瞥すると，このような選択を祖父の死後一直線に決断したとは思えない。地元の郡役所とはいえ，栄達は望むべくもなかった。さりとて，祖父伝来のわずかな田畑での家業にも限度があった。

　それらを凌駕するものとして政治の世界が，康次郎の脳裏によぎっても不思議ではない。つまり，村を管轄するのは郡長，郡長を任命するのは県知事，県知事を任命するのは政治家の内務大臣であったからである。

　その意味で康次郎の早稲田大学時代（1909.3-13.7）を改めて洗いなおし，卒業直後の動向（1913.7-18.12）とその事実関係も同時に，資料的な裏づけをもって，再検討することは，上記の課題とその後の康次郎の事業

---

1) 堤康次郎「私の履歴書」2回（『日本経済新聞』1956年7月30日）。

展開を考えるうえで，重要な作業としなければならない。

　康次郎がこのような時期（1909-18），自己の位相をさまざまな利殖行動から土地投資を基軸とした事業活動に傾斜，特化していく時期であったからである。

　この時期の康次郎については従来，大枠の事実とその確定作業はある程度行われたものの[2]，資料実証的には，十全に描かれているわけではなく，検討の余地はまだある。

　康次郎が行動しつつ模索し，その先に透視したのは何であったのであろうか。その行動の回路と意味するところを考えてみたい。

I　早稲田大学時代の活動と領域

東京と大阪の『朝日新聞』に夏目漱石が小説「三四郎」を連載し始めたのは1908年9月1日で，年末の12月29日に完結した。

　主人公の三四郎は熊本の高等学校を卒業し，東京帝国大学文科大学の新学期（9月11日）に間に合うように上京するところから連載が始まった。田舎出の三四郎にとって，東京は「広いばかりで汚ない」ところであったが，同時に「新時代の青年」を意識させるのには十分であった。月30円を親からの仕送りで生活していたが，それは田舎の相場では四人家族が半年食っていけると三四郎の母親は書簡で伝えている（12月4日付）。

　三四郎は1890年生まれ，堤康次郎からみると1歳年下の設定である。だが境遇としては，三四郎のように親元からの仕送りで，康次郎は東京での学生生活を送ることができなかった。田地を担保に「まとまった資金」を持って上京したとはいえ[3]，康次郎は自分自身の裁量で，東京での学費と月々の生活費をまかなわざるをえなかった。仕送り型ではなく，いわば裸一貫型の学生生活を，康次郎は東京で送ることになる。

　当時，東京での学生生活の主流が従来の「庇護型」苦学から「裸一貫

　　2）由井常彦編著『堤康次郎』リブロポート，1996年。康次郎についての伝記的事実関係は今日では，本書をもって決定版としてみなしてよいが，本章でも特に断らないかぎり本書の記述によった。

　　3）同上，32頁。

型」の苦学への質的変化を遂げつつあったことからすれば[4]、康次郎だけが強要される苦学形態ではなかったことも事実である。康次郎が『大阪朝日新聞』の連載小説「三四郎」を読んでいたかどうかは推断できないが、その連載をあたかもなぞるように、康次郎は連載の完結直後、東京での学生生活をおくるようになった。

　康次郎が上京して「勉強」の対象として選択したのは早稲田大学の高等予科で法学科、文学科、商科、理工科ではなく、先ず政治科であったことを勘案すると、康次郎の鬱勃たる揺れうごく想いを打破できるものは"政治"の世界に接近することであったと解釈することができる。それへの回路として当代のいわゆる大政治家であった大隈重信の、早稲田大学に入学することが近道であると意識したとしても納得がゆく。

　しかも、康次郎の初期事業や政治活動において交差することになる堀部久太郎が同郷彦根の出身で、早稲田大学大学部政治経済学科を08（明治41）年に卒業していたことも指摘しておく必要がある[5]。

　ところで、09年3月7日の『大阪朝日新聞』は、早稲田大学高等予科学生募集を掲載した。中学校、甲種商業学校、工業学校、その他同程度の学校卒業生は無試験入学であるが、これら以外は中学卒業程度にて3月19日に入学試験を執行すると共に、願書は入学試験の前日まで差出すよう指示されている。康次郎は、この入学試験を受けた。

　合格して、授業開始は4月10日であった。入学当初はともかく、高等予科時代後半から康次郎は講義に「あんまり」出なかった。その代わりに、ノートとか参考書の類は「実によく読んだ」。そうした方が、先生の講義を「ただ筆記して帰る」よりは「はるかに時間が有効」であったと回想する。それが「私の主義」と康次郎は解説するものの[6]、そのような学生生活をおくらざるをえなかった経済状況にあったことも見落とすことはできない。

　4）　竹内洋『立身出世主義』増補版、世界思想社、2005年、144-145頁。
　5）　『早稲田学報』1910年7月号、18頁。但し、1908年7月の卒業者名簿に堀部の名前は記載がない（『早稲田学報』1908年8月号、10頁）。『第一回乃至第二十回総選挙衆議院議員略歴』、衆議院事務局、1940年、によれば堀部久太郎の生年は1882（明治15）年7月、滋賀県犬上郡彦根町で生まれた（403頁）。康次郎の出身地、滋賀県愛知郡八木荘村は同郷でも、彦根からいえば近郷ということができよう。
　6）　前掲「私の履歴書」4回（『日本経済新聞』1956年8月1日）。

入学早々に目にしたのは柔道部の練習であった。康次郎にとって，初めて実見する柔道であったが「おもしろいもの」と感得し入部したと，後年物語っている[7]。

　次に入ったのは，雄弁会である。その時期「国家主義の勃興期」で，康次郎はその「天下国家を論ずる国士気取り」の「傾向がひどかった」との友人の観察を援用して回想している[8]。高等予科に入学したのは，日露戦後のそのような状況的風潮にも影響を受け，自身のありようへの選択肢として捉えたと見てよい。

　康次郎は高等予科時代，大学部時代を通し講義を欠席しがちであったものの，受講した主要科目の試験問題の，数多くが今日でも残されている。その一端は，由井常彦編著『堤康次郎』で最初に紹介された。だが，そこでは着目されることがなかった高等予科時代の康次郎の作文に，ここでは注目したい[9]。

　課目「作文」担当者が五十嵐力で，康次郎は「故郷の友え」と題して書く。題名の中の「え」は担当者によって「へ」と訂正がほどこされた。文頭の「去る廿四日は丁度陰暦弥生半ば」で書きだす文章からすると，この試験時期は高等予科時代のほぼ一年をすぎたころ，つまり10年5月上旬である。

　康次郎は陰暦3月24日，数人の学友と共に逗子の海岸へ「潮干狩」に出かけ，それを報告する形式の作文となっている。ことに，逗子の海岸から眺望しての風景描写は注目に値する──「江の嶋，稲村崎より箱根，富〔士〕山，真鶴崎，初嶋，若し気澄み，天朗なる日には大嶋の噴火山は線香の烟の如くに相見え申候」と描いている。

　それは，康次郎が後年に開発を手掛けた地域の風光明媚なさまを，あたかも望遠鏡をぐるりとめぐらしての広闊な空間として描写してみせた。筆

---

　7)　前掲「私の履歴書」3回（『日本経済新聞』1956年7月31日）。康次郎が高等予科に入学した頃の柔道部は早朝から道場をにぎわし「早稲田式の獰猛なる練習」をしていた（『早稲田学報』1909年4月号，16頁）。最終学年の時期では部員は400余名，うち有段者30余名を数え「日を逐ふて盛大に赴き」て，毎月一回の「例会」を開き「技術を錬磨し体育の助長」をはかったと報告されている（『早稲田学報』12年10月号，23頁）。

　8)　同上。

　9)　堤康次郎「故郷の友え」（早稲田大学高等予科課目「作文」試験問題答案。読点と〔　〕は引用者がほどこした。評価は80点である。

がそれ以上に展開しなかったのは，必要性がなかったのにくわえ，かの地域に康次郎がまだ行ったことがなかったためであろう。だが，この風景と着眼点は康次郎の後年の事業展開にとって，原風景となるような描写であったと指摘しても差しつかえないように思える。

　康次郎は10年7月3日，早稲田大学高等予科（第九回）を703名の修了生と修了，そのまま，大学部政治経済学科に進学し，13年7月5日，同大学部政治経済学科政治専攻（第三十回）を58名の得業生とともに得業（卒業）する。

　当時を知る評者によれば，康次郎は五明忠一郎とともに「早大の注意人物，不肖青年の餓鬼大将としてでなく珍無類の怪物」としてみられ，次のようであった[10]。

　　「堤君は勢力家で事業家，一介の書生ではなく郵便局長と工場主とを兼任して旦那さん気取つて厶(ござ)る所は，何としても只の狸じやない。二人は大政三年の同級生だが負けず劣らずの大胆者，策士，奔走家で有名なる程それ程学校の方の御留守なので有名，否寧ろ同級中には無名な程に御留守勝ち，其癖，雄弁会には関係を深くして置いて，聯合演説会に出たり，地方巡回演説会に加はつたり，選挙運動に奔走したり等して，以て他日――の準備を為す所は遉に策士の名に背かぬ」。

　引用文中の「大政三年」とは大学部政治経済学科政治専攻3年の意，五明と康次郎の二人の同級生を評しつつ，評者は更に舌鋒鋭く論ずる。康次郎は学校に来ないのが「有名」であったものの，だが雄弁会活動に「深く」関係し，選挙運動にも「奔走」していたことが判明する。このような康次郎の行動は，当時から「他日――の準備」と捉えられてしまうような風評があったことも分かる。それは「策士の名に背かぬ」ほどに，政治家への準備活動との評価であった。従って，康次郎の早稲田大学時代における雄弁会活動と選挙運動が，どのようなものであったのかを明らかにしなければならない。

　早稲田大学雄弁会は02年12月，学内の，主として学生の弁論修養の機関

　10）　鉄鞭子「早稲田大学雄弁会月旦」（『雄弁』4巻7号，1912年，124頁）。なお句読点は原文のままである。

として発足，雄弁会活動を学外での公開弁論の場をも提供したのが04年1月30日のことである[11]。更に，09年には夏季休暇を利用しての「地方巡回演説」を挙行し，毎年の夏に実行した[12]。学内の雄弁会活動は例会，学外のは地方巡回演説である。後者の地方巡回演説は，通常1ヶ所につき先生1名に雄弁会の学生数名が同道し，数日にわたって特定の地方を巡回して演説会を催すものであった。

康次郎は12年3月から翌年2月にかけて，10回登壇している。3月に2回，学内の例会で，12年7月以外の3回も同じく例会のものである。7月5日の東京出発から開始された第4回地方巡回演説は，23日の宇治山田を最後に，24日散会という日程であった。この時は康次郎は大津，京都，琴平，丸亀，高松で5回登壇した。

弁士一行は7月5日に東京を出発し，6日は岐阜で演説会，翌7日には大津での演説会の開催であった。巡回演説には先生弁士として青柳篤恒，副島義一，山崎直三などが同伴，卒業生弁士，学生弁士が入れ代わり登壇する形式であった。

開催地の大津は康次郎の地元と言ってよく，康次郎は一行のために，わざわざ，数日前に東京を発して大津市に先着した。そこで当市の校友西川太治郎，林寛らと「東奔西走」して，席を温める暇もなく，準備に「尽瘁」した。演説会当日は天候の急変で盆をひっくりかえしたような雨にみまわれたものの，康次郎たちの「誠意」ある準備の甲斐あって，午後1時開催の会場は聴衆800人と「予想外の成功」をおさめている[13]。

第4回地方巡回演説行程によれば，康次郎は弁士一行の全日程に参加したわけではなかった。しかし，いっしょに参加した芳賀榮造によると，康次郎は「僕等の為に大津より一行に参加し各所に大気焔を吐いた[14]」。しかも，琴平へは，康次郎は大阪，高松経由で駆けつけて登壇，その翌日，午前中は金比羅宮に参詣し，午後には琴平から丸亀に向かった。弁士一行は丸亀で下車すると，康次郎の姿がない。2時間ほどすると，康次郎は現

---

11) 安蔵秋月「早稲田雄弁会公開の回顧」（『雄弁』2巻5号，1911年，198頁）。
12) 芳賀榮造「早稲田大学雄弁会第四回地方巡回演説奮闘記」（『雄弁』3巻10号，1912年，107頁）。
13) 同上，108頁。
14) 同上，107頁。

Ⅰ　早稲田大学時代の活動と領域

われ，寝過ごして二駅先まで乗りこし，トンボ帰りしてきたが，「心配させて済まんねー」とあやまったと言う[15]。

聴衆は大津が800，京都が500，琴平が1200，丸亀が1300，高松が1800，いずれも盛会であった。特に四国での非常な盛会ぶりは副島の「赫々たる名望」と四国人の高須安一の「甚大なる尽力」があったからである[16]。

ところで，康次郎の演説はどのようであったのであろうか。内容そのものについては不明である。各地の地方新聞も演題までは報道しても，先生弁士の演説内容はともかく学生弁士のそれまで紹介することはない。

しかしながら，いくつかの演題については類推が可能である。当時の政治状況や政策，恩師の主張と演題が一致するからである[17]。例えば，7月15日に丸亀で「殖民思想養成」と題して康次郎が演説しているが，その二日後の7月17日付で，当地の新聞『香川新報』に「学生と殖民思想」と題する類似の論題が掲載された[18]。即ち

「近時，学生の風紀大に敗頽し，夏期休業を利用し各地に旅行を試むるが如き者，漸次減少し行き，唯だ無意味なる文章書類を耽読するもの増加し来りたるに依り，文部省は曽て，日露役後各関係官庁と協議を遂げ，中等以上の学生をして満鮮地方を旅行せしめたることありしに鑑み，近日，各学校に対し学生をして台湾，満州，朝鮮，樺太等に旅行せしむる様，注意書を発すべしと，右に対し当局者は曰く，夏期休暇中，俗悪なる小説雑書を耽読する学生をして，熱帯圏より寒帯地に及ぶ我殖民地の風俗習慣を初め商工業を視察せしめ，殊に旅順の忠魂碑に詣で，遼陽の古戦場に英魂を弔はしむるに於ては，教師が講読に於て数千万言を費すよりも良結果収むべし，而して学生に対しては汽車汽船等，何れも五割乃至八割の割引あると同時に，各殖民地の官庁も喜んで歓迎し諸種の便宜を与ふべければ，此際大に奨励するの方針なり，之れ学生をして僅少の旅費を以て見聞を広くし，身体を強壮に為し，更に精神の修養に資する所多ければなり云々」

---

15)　同上，113頁。
16)　同上，114頁。
17)　12年12月22日の演題「穀物関税を廃止せよ」は恩師田中穂積の論考名と一致する（『新日本』2巻6号，1912年，67-73頁）。この号の巻頭に，大隈重信も「米価騰貴と細民の救済」を掲載した。
18)　『香川新報』1912年7月17日，一面，引用者も句点を付けくわえた。

康次郎の演説がこの新聞論調と同じ内容であったかは判然としない。だが，論名にしても掲載時期にしても，両者の近似性は明らかである。その演題が康次郎の独創的な論調でなかったとしても，いくらかの影響と依存関係を想像せざるをえなく，当時の「殖民思想」への風潮の一端は知ることができよう。

　13年2月22日，康次郎は「憲政と教育」を演題とするが，学長高田早苗の論考「立憲政治と国民教育」に敷衍するならば，論旨はこうであったかも知れない。「憲政の危機は即ち国家の危機である。之を救ふには手緩いが教育に依て立憲思想の普及を計るより外に道はない[19]」と。

　従来，13年5月の学内雄弁会で康次郎は自身の「井伊直弼論」が1等を獲得したと述べるが，それは何を根拠にしているのか不明であった。私の調査によれば，時期は13年ではなく，前年の12月8日で，演題も「誤られたる国士の為に訴ふ」である。その演題の内容は，旧来伝えられているように康次郎の「十八番」の演説，つまり井伊直弼論であった。康次郎の演説に関わる当時の風評は，次のようなものであった[20]。

　　「堤君の演説は可もなし不可もなし，声の通りの善いのと容貌怪偉で押しの利くのが得だ。井伊大老論が十八番，藤樹先生論をやらぬは何うしたものか。両君は桂の偽党に左袒したと聞いて居るが，真逆と思ふけれど其策士肌の性格から推して，全く齊東野人の流言とのみ言はれぬ節もないではない，果して然らば未来の政商，第二の片岡直温か小寺謙吉か坂本金弥か根津嘉一郎か又つた岩下清周か松下軍治かな」

　井伊大老が幕末期の彦根藩主，藤樹先生は日本での陽明学派の祖で近江聖人と呼ばれた江戸初期の儒学者，中江藤樹である。評者は，康次郎が演題を井伊大老論ばかりで，近江出身の中江藤樹を論じないことを不服に思っていたようである。それは，康次郎が演題として実際に選ばなかったのは事実であろうが，同時に，当時の康次郎が"変節"して知行合一的な政治行動を取らなかったことを皮肉って間接的に批判したと理解してよい。

　上記の評言で伝聞されている「流言」――両君は桂の偽党に左袒したと聞いて居る，とのことは今日では「真」と判定できるが，当時の康次郎が

---

19)　『新日本』4巻4号，1914年，201頁。
20)　前掲，鉄鞭子「早稲田大学雄弁会月旦」。人名には圏点がついているが，引用では省略した。

いかに"策士"ふうに行動していたかが明瞭である。

　12年5月15日の総選挙にあたって，康次郎は大阪市の選挙区で初て立候補した中橋徳五郎を応援した。そのさまは，康次郎の回顧によれば「弁士は三宅雪嶺先生，京大の市村〔光恵〕博士と僕の三人だったが，この野外会場で声の透ったのは堤だけだと云われたものである21)」。この野外会場とは「千日前の焼跡」であった。大阪市選挙区は定員6名で，9人が立候補し，中橋は最下位で当選している。

　しかし，当時の新聞での「中橋徳五郎君推薦大演説会」の広告や演説会報道記事には，康次郎の名前を見つけることはできない22)。無所属の新人候補であった大阪商船会社社長中橋と康次郎との接点はどこにあったのであろうか。三宅と中橋は，金沢出身の同郷であった。中橋はこの時期，早稲田大学の評議員であったので，大隈かその周辺，あるいは，永井柳太郎からの推挙があったとも考えられる。永井も金沢出身で，柳太郎の父の母と中橋とは「又従弟兄弟」にあたっていたからである23)。

　康次郎に語らせると，「もともと私は宇治川電気の株主であった関係から中橋さんとは面識があった」と24)。だが中橋がこの選挙後，康次郎に送った礼状では「小生は唯に政党政治を実現するには真面目なる人物の一人にても多く議院において議席を有することを必要と存ずるもの」と書いていることから判断すると25)，中橋と康次郎の関係がそれほど懇意であったとは感じられず，しかもこの応援演説の際に康次郎は中橋に政治家志望を伝えたことを推察することができる。

　そのような経緯以降の，翌（1913）年の1月頃，康次郎は桂太郎の桂新党，つまり立憲同志会の設立運動に「創立委員」として参加したと述べる。だが，創立委員は衆議院に議席をもつ代議士であって26)，学生の康次郎が

---

　21)　八十年史編集委員会編『早稲田大学雄弁会八十年史』雄弁会OB会，1983年，45頁。
　22)　『大阪朝日新聞』1912年5月14日六面欄外記事「中橋徳五郎君推薦大演説会」によると，「其他名士数名」とあるので，その中にふくまれていたのであろう。
　23)　中保与作『永井柳太郎』同編纂会，1959年，8頁。
　24)　堤康次郎『叱る』有紀書房，1964年，142頁。
　25)　筑井正義『堤康次郎傳』東洋書館，1955年，45頁。
　26)　各県に支部設置準備委員ができるが，東京では蔵原惟郭，松下軍治，山梨は根津嘉一郎，兵庫は小寺謙吉，高知は片岡直温が名をつらねる（「立憲同志会関係」資料『後藤新平関係文書』R47，国立国会図書館所蔵マイクロフィルム版）。

加わったのはその下部組織の，青年部でのそれと判断してよい。

　その中で，上記の評言後半に揚言されている人物たち，片岡直温，小寺謙吉，坂本金弥，根津嘉一郎，岩下清周，松下軍治のいずれもが，実業家で国民党あるいはその系譜の政治家から立憲同志会の創設へ転身，脱党した政商的な代議士であったことからすると，康次郎は五明忠一郎と共に，早稲田大学3学年の最終段階で，早稲田派＝国民党の意向から逸脱して，立憲同志会創設に脱党したこれらの人物に連なるように奔走した「策士」的な学生であると見なされても否定することができない。

　大隈重信は桂新党の発表後（1月28日），後藤新平を使者とした説明を受けて「桂公が非政党超然主義を捨て政党を基礎として政治を為さんとすることに至りたるは実に憲政の一進歩」であると答えたものの[27]，翌29日に国民党脱党組の「新政党に投ずるを肯んぜず」との方針を明白にした[28]。早稲田派の文脈からすれば，桂太郎はかつて（1898年），大隈重信憲政党内閣を「毒殺」した「非立憲政治家の典型」であって，その別名は「陰険姑息，不公明不正大」の語をあてるにふさわしかった。だが立憲政治家は「公明正大」さが「第一要件」で，桂太郎のような人物が政界にあって「立憲政治」を実現することはできないという早稲田派の論理から見れば[29]，桂新党は「偽党」そのものであったのである。

　その意味では，桂新党創設に奔走した康次郎は「他日──の準備」をなす学生，つまり政治家をめざす「策士」として，あるいは「政商」の資質を持つ人物として存在していた。

II　ロシア研究と公民同盟会出版部時代

　康次郎は1913年7月5日，早稲田大学大学部政治経済学科を卒業した。同学科卒業生の雄弁会仲間は五明忠一郎，大木康孝，幹事の北澤平蔵が名をつらね，文学科英文学科には谷崎精二，廣津和郎がいた[30]。

　27）『東京朝日新聞』1913年1月31日，2面。
　28）同上，1913年1月30日，2面。
　29）中野正剛「新首相桂太郎論」（『新日本』3巻2号，1913年，127-134頁）。
　30）『早稲田学報』1913年8月号，8頁。

卒業式直後の7月19日,「早稲田実業会」の発会式が上野精養軒で開かれた。この会は早稲田大学,早稲田中学校,早稲田実業学校,早稲田工手学校の各卒業者と早稲田関係者の「親睦」をはかるために組織された[31]。発会式当日は総長大隈重信,学長高田早苗,大学部各学科長が出席,だが"事業"を手掛けていたはずの康次郎は出席していない(雄弁会仲間の高須安一は出席している)。

　同年10月20日に第二回早稲田実業会の会合が開催されたが,この時も康次郎は出席していない。同会会則第二条によれば「実業に従事する者を以て組織する」とあるので,康次郎は確たる「実業」に従事していなかったとも言える。この会合で,学長の高田早苗は次のように演説した[32]。

　　「早稲田が言論文章を以てのみ鳴れるは,固より言ふを待たず。然れ
　　ども最近の早稲田は,必しも言論文章を以て鳴れるに非ずして,実業
　　界にも尠からざる勢力を有せり。換言すれば,実業の早稲田と称する
　　も,過言に非ざるなり。故に諸君は此の生気ある早稲田実業会をして,
　　益々光輝あらしむるを要す」

　時あたかも「早稲田三十年紀念祭」にあたっていたが,高田学長をはじめ早稲田関係者は,従来のように早稲田を"言論文章の早稲田"だけでなく,"実業の早稲田"としても「世間」に大いに売り込もうとの本音も,早稲田実業会には込められていたのである。このような会に康次郎が参加していなかった。

　早稲田大学卒業直後から数年,康次郎の行動とその基軸的事業活動がどこにあったのかは明確ではない。前後関係で類推できることは,この時期,康次郎が永井柳太郎のもとで雑誌『新日本』の編集手伝いをしていたのではないだろうか。

　康次郎の口伝に基づく伝記で,康次郎もその後の自著で,文章表現までもこれを底本としている『堤康次郎伝』で,著者の筑井正義は次のように,当時の推移を解説している[33]。

　　「学校を卒業してからは雑誌『新日本』をいっしょにやった関係で,
　　とくに永井と親密の度をました。日露戦争後のことで,日本の関心が

---

31) 同上,1913年9月号,19-20頁。
32) 同上,1914年2月号,20頁。
33) 前掲『堤康次郎傳』,47頁。

ロシアに向けられているときだったので，ロシアの研究を志し，それにはロシア語がわからなくては駄目だというので，永井と二人でロシア語の勉強をはじめた。先生には神田のニコライ堂にいた日本一のロシア通をたのんできて一年半ほど習った。ところが，永井はどんどん上達するが，堤は一向にうまくならない。足並みがそろわないのでとうとうあきらめてやめてしまった。しかし，ロシアの研究はつづけてやった。『日露財政比較論』という一書をものして……」

　事実関係として整序するならば，康次郎が『日露財政比較論』を出版したのは15年12月14日で，その「一年半ほど」前は13年6月，更にロシア語の学習を「一年半」した以後も，ロシアの研究は継続したというので，康次郎のロシア語学習開始時は早稲田大学最終学年も半ばを過ぎ，13年7月の卒業にはまだ時間があったころと考えてよい。

　桂の新党創立に参画し，長女淑子と故郷に残してきた妻との協議離婚を成立させるのは13年1月で，6月には後藤毛織会社株の利益を元手に購入した日本橋蛎殻町郵便局の局員岩崎そのとの間に長男清をもうけた。このような多忙な時期に，康次郎はロシア語学習を開始した。その意図がロシア語への関心であったのか，あるいは永井との一層の関係構築であったのかは更なる考察に待つことにしたい。

　筑井正義の伝記と前後関係から類推して，康次郎が雑誌『新日本』に関与し始めたのは早稲田大学を卒業してからと考えるならば，『新日本』の主筆兼編集長であった永井が，大学の用務をおえると，雑誌発行元である神田神保町の冨山房に，13年3月からは飯田町5丁目12番の『新日本』編輯局（冨山房仮編輯部）に人力車で通う日々に追われていたので，ロシア語を一緒に学び気心が知れ，しかも身近で，気楽に補佐してくれる人材として康次郎を"雇った"と考えられる。筑井のさきの伝記引用で，康次郎が雑誌『新日本』を永井と「いっしょにやった」というのはそのような関係を指してのことであろう。

　ロシア語は一年半で放棄したが，康次郎はロシア研究について，成果を生み出した。博文館が発売元の『日露財政比較論』（230頁）である。邦書12冊，英書10冊が参考文献として掲載されている[34]。大部分が最新文献で，10年以前のものは，邦書，英書とも4冊のみである。これらの文献収集について，康次郎は「自序」で「多大なる助力を与えられたる」人物として

「筆者の畏友」興梠杢太郎を挙げた[35]。

興梠杢太郎は，今日ではほとんど忘れられた人物である。しかし，経済学原論ないし会計学の著書を言文一致体で数多く，分かりやすく著述できる素質をそなえていたが故に，興梠の存在を無視しては康次郎の著作活動を考えることができない。興梠は同時に康次郎の卒業直後に発足する早稲田実業会の幹事であったことから，学内では知られた存在であったと思われる。

興梠は1884（明治17）年12月生まれ，宮崎県高千穂村の出身，1911年7月に早稲田大学大学部商科を卒業した後，三越呉服店に入るも「数月にして辞去，一たびは保険会社に入られしも年余にして退き」，数多くの著作を発表して「江湖の好評を博し」たからであろうか[36]，18年5月，関西学院高等学部商科の「商業学，簿記」教授として着任した[37]。だが着任してまもなく，当時猖獗した流行性感冒にかかって急逝した（同年11月13日）。同僚であった福田弥一郎によると，興梠は「壇上にあつて講ぜらるるや諄々として飽かしめず，文を行るや措辞平明にして容易周到，読む者をしてさながら膝下に教を乞ふの感あらしめ給へり」と[38]。

杢太郎と康次郎がどのような経緯で知り合ったかは不明である。だが，この人物の協力なくして，康次郎がこの一書を上梓することは不可能であったと思われる。

永井にしても，康次郎にしても，何故に，ロシア語あるいはロシアを研究の対象としたのであろうか。考えられることは，一つは永井と後藤新平との接点である。当時，後藤新平は「日露協会」の会長が寺内正毅で，その副会長の任にあった[39]。

しかも，日露協会規約の目的は「露国の学術及事情の研究を奨励し且日露両国の交誼を増進する」ことにあったので，永井と康次郎のロシアへの

34）堤康次郎『日露財政比較論』博文館，1914年，7−8頁。なお，本書の「参考書」一覧に，鈴陽生「露国の財政及外交」（『政友』第165，167号，1914年3−4月）が記載されていないのは掲載誌が政友会の機関誌であったためであろうか。

35）前掲『日露財政比較論』，「自序」9頁。

36）関西学院高等学部商科会雑誌『商光』1919年3月15日号，146頁。なお生年は注37の文書中からである。

37）関西学院所蔵文書による。なお逝去日は『神戸又新日報』1918年11月15日，八面。

38）前掲『商光』，146頁。

39）『読売新聞』1911年8月7日，二面。

学習傾斜はこの時期の日露協会の目的と合致する。永井の最初の著書がイギリス留学中に手掛けた訳書『英国殖民発展史』であるが，大隈重信の「序」，その次に置かれた「序言」で，本書への「推薦の辞」を書いたのは後藤新平である[40]。永井と康次郎がロシア語ひいてはロシア研究を手掛けたのは，後藤との接触で慫慂された可能性もある[41]。

　もう一つ考えられる可能性としては永井の先輩同僚，浮田和民が11年の段階で「今日に於て日露両国の事情並に両国の関係を比較研究することは興味ある問題であるばかりでなく両国相互の利益にもなり又た世界の平和の為めにもなる」と積極的に論じていることから言えば[42]，浮田からの影響も大いにありうる。

　そのような背景の中で，永井と康次郎，そして後藤との関係を示しているのが，浮田和民，新渡戸稲造，慶應義塾塾長鎌田栄吉が出席した「公民同盟会」発会式での後藤新平の挨拶文である[43]。

　後藤はこの挨拶で，自身が活版にしたパンフレット『千九百九年設立独逸国ハンザ同盟大要[44]』を頒布したことに触れ，永井の公民同盟会設立への賛同を表した。この「ハンザ同盟」とは09年6月，ドイツにおいて「大地主が旧来の官僚と結んで専横を極めつつある現状に憤慨して興るもの」で，この「横暴偏頗なる農業政策を打破」するために誕生した組織のことである。それは「一階級にのみ特殊の利益を与ふる」政策ではなく，「万人をして公衆の福利の為に喜んで共同せしめん事を期するもの」であったと，後藤は評している。そこで課題となるのは，永井の公民同盟会設立時期と，その後の展開である。

　後藤のこのパンフレットが「大正二」年（1913年）秋に活版にされたのは，後藤が桂新党つまり立憲同志会を退党した時期にかさなる。13年10月31日，後藤が立憲同志会幹部と会い，その脱党は「確定事実」となり，翌

　　40）永井柳太郎訳『英国殖民発展史』早稲田大学出版部，1909年，「序言」4頁。
　　41）後藤新平原稿「日露親善論」（前掲『後藤新平関係文書』R64，24-2-2）を参照。年月が欠落しているが文中に「昨大正四年以降」とあるので，大正五年（1915）とした。
　　42）浮田和民「露西亜と日本との比較研究」其一（『太陽』1911年7月号，1頁）。其二は次号（11年8月号）に掲載された。
　　43）後藤新平原稿「公民同盟会に於ける挨拶（腹案）」（前掲『後藤新平関係文書』R68，24-31-3）。
　　44）前掲『後藤新平関係文書』R73，30-4-2。このパンフレットはその後，後藤の著書『自治生活の新精神』に全文が所収された（同文書，30-4-1）。

II ロシア研究と公民同盟会出版部時代　　49

日付で関係者にそのことを書面で通知したからである[45]。更に，後藤が上記挨拶の中で述べている文言「未熟政党凋落」の頃と言えば，山本権兵衛内閣がシーメンス事件で追及を受け，それと提携した立憲政友会は窮地に陥って「凋落」した時期と思われる。14年3月前後の時期であろう。

　公民同盟会が設立され，その直後の活動は不明である。だが，公民同盟会が母体と考えられる公民同盟出版部から，「公民同盟叢書」を設立の翌年（15年）早々から，主に大隈重信を述者として次々と出版し（15年1月から16年4月まで），15冊のうち康次郎が編纂者となっていないのは2冊に過ぎない。その点から考えると，その主宰者が康次郎であったことは明白である[46]。しかも，公民同盟出版部の住所は当初，恵比寿駅下と言われた渋谷町下渋谷1278番地の康次郎の自宅であった。

　設立当初から半年以上にわたって，公民同盟会の動向が表面に露出するほどに活発でなかったのは設立直後の第二次大隈重信内閣の成立と深い関係があったと推断される。そのような中，14年12月25日に衆議院が解散になったのを受けて，永井は翌26日付の書簡で康次郎宛に「公民同盟が奮闘すへき時期も愈々到着志たり」と書く[47]。

　康次郎が著書『日露財政比較論』を上梓しおえたので（12月14日刊），公民同盟会を預る永井とすれば，康次郎をして，次は総選挙も十分に視野にいれての出版活動を活発化させ，それが呼び水となって公民同盟会の運動が高まり，広まる企画として「公民同盟叢書」を出版，位置づけたと理解してよいだろう。永井からの付託を受け，康次郎は公民同盟会の編集業務に邁進するほかなかった。康次郎は14年12月頃から，公民同盟会の出版業務として「公民同盟叢書」を立ち上げたのを受けて，編集作業にあけくれた。

　翌15年の1月25日に，最初の編纂物である第1巻と第2巻を2冊同時に刊行したことから当時の出版活動への意気込みと選挙がらみの思惑とが伝わってくる。だが，2月20日に第3巻を出版すると，6月末の第4巻まで

　45）『横浜貿易新報』1913年11月2日，二面。
　46）『京都日出新聞』1915年3月15日（三面）によれば，康次郎の肩書きは「大隈伯後援会本部公民会同盟会主」（原文のママ）と紹介され，康次郎が公民同盟会の「会主」的存在であったことが推察できる。
　47）前掲『堤康次郎』，67頁から再引用。

は空白が続く。それは，来る第12回総選挙（3月25日）に向けて，康次郎をはじめ早稲田派（大隈伯後援会）の選挙運動に忙殺されたからである。

第二次大隈内閣が成立するや，早稲田派は14年6月17日，大隈伯後援会を発起していたが，この期に及んで，大隈伯後援会全国大会が15年1月18日，大隈邸で開らかれた。その席上，早稲田大学雄弁会出身者が当面の問題として現内閣を擁護するために「大隈伯後援会遊説部」を組織することを発表した[48]。

しかも，都下各大学出身者からなる青年団体「丁未倶楽部」も，非政友の気勢を上げ，大隈伯後援会応援部の主張と「異なる所なきを以て」，共同して相提携することに決した。そこで，遊説部としては丁未倶楽部の応援をえて，現内閣与党候補者を声援することにした。

一方，雑誌『新日本』は，15年2月号を「総選挙号」と名づけて特集記事を組む。大隈重信の巻頭論文「解散に臨んで国民に訴ふ」の余白に，15年1月付の「大隈伯後援会宣言」を掲載し，今や「国民的神経中枢の一大病患」を「救療」するがために立つ「近八旬の老軀」大隈への支持を訴えた[49]。永井柳太郎も同号で，論考「『新日本』の檄」を書く。大隈は「八旬に近く，隻脚」杖によらなければ歩くことが「頗る難し」という状態の中で，何を「貪る所」があろうか。ただ「官僚，政党多年の弊風を一新して，立憲の大義を確立せんがためのみ」と揚言して，舌鋒の矛先を転じ立憲政友会を論難した[50]。

早稲田派＝大隈伯後援会の選挙活動は開始され，康次郎も，大隈伯後援会の発起人会の一人として参加していたので[51]，遊説弁士として各地の選挙区に出かけ活動した。その中で特筆すべきは，康次郎の個人応援部における故郷，滋賀県選挙区での新人候補者で大隈伯後援会候補者西田庄助への突出した応援ぶりである。定員5人のところ7人が立候補し，その内元議員が5人（国民2，政友2，中正1），前議員が1人（国民1）で，新人候補者は西田ひとりであった[52]。しかも，西田は康次郎の地元，彦根町に

48）『新日本』1915年5月号，48-49頁。但し，左の文献で大隈伯後援会全国大会の日付は1月12日となっているのが，次号で1月18日と訂正された（162頁）。

49）同上，1915年2月号，12頁。

50）同上，19頁。引用文は22-23頁で，政友会と大隈の文字には強意の印がついているが省略した。

51）前掲『堤康次郎』，62頁。

選挙事務所をかまえ[53]，大隈伯後援会幹事康次郎にとっても，負けられない激戦区の一戦であった。この滋賀県選挙戦は，さいわいにも，新人の西田庄助が最高点で当選を果し，康次郎の胸中にもいかばかりかの感慨と地元選挙への想いが沸きたったことであろうか。

　総選挙がおえると，康次郎はふたたび公民同盟会出版部での業務にたずさわる。それは主として公民同盟叢書の更なる続編を編纂する作業であった。その刊行は順調であるようで，そうでもない印象である。この時以降に作成されたであろう「公民同盟会員募集」によると，本会員は公民同盟叢書を平均「毎月二冊の割合」（1年で24冊）で配付されることになっていたことからすれば（叢書第11巻附録），刊行は思うようには進展しなかった。その原因がどこにあったのかは判明しない。ただ，この時期，公民同盟会出版部としては叢書だけでなく，一般の出版物も手掛けるようになったことである。久米邦武『裏日本』（1915年11月），島谷亮輔『現代米国外交論』（16年2月），長澤倉吉『新極東主義』（16年4月）[54]，永井柳太郎訳『独逸富強論』（16年7月）である。

　16年初頭と思われる時期に，公民同盟会出版部の事務所は旧来の豊多摩郡渋谷町下渋谷（康次郎自宅）から，先進的なビジネス街の麴町区内幸町1丁目5番地に移転した。その意味で，康次郎の出版編集業務は15年下半期，大戦景気と大隈内閣人気に支えられ，本業として本格的に認識され始めた。出版業という知的な事業が，康次郎の事業分野に明確な形をもって登場した。

　それは，翌16年11月の『大正五年早稲田大学校友会名簿』職業欄に康次郎が「出版業，千代田護謨会社専務取締役」と卒業直後最初に報告したように[55]，康次郎にとって「出版業」は，学生時代からの一攫千金的な利殖活動とは違って，地道に築き上げてきた最初の正業としてあったと理解することができる。

　このような背景と自負心があり，しかも千代田護謨会社の専務取締役に

　52）『大阪朝日新聞』1915年2月27日，三面。
　53）『京都日出新聞』1915年2月19日，三面。
　54）著者の「序言」によれば，本書の「著作に当り貴重なる援助を与へられたる畏友興梠杢太郎君に対して深き謝意を表するものである」と（18頁）。長澤は福島出身の1883年（明治16）生まれ，早稲田大学商科を1908年卒業し，出版当時は衆議院議員であった。
　55）同資料，98頁。

7月には就任していたからこそ，康次郎は16年10月，大隈や永井からの指名もあった中で，経営が「困難」と言われた雑誌『新日本』の編纂と経営を冨山房から一手にひきうけた[56]。それは，17年11月の『大正六年早稲田大学校友会名簿』に至っても，前年と同じように「新日本社長，千代田護謨会社専務取締役」と出版業の職業を先に記載したことにも現われている[57]。

III　雑誌『新日本』の経営と「土地の時代」への対応

1916年10月の冨山房と康次郎との経営譲渡「覚」の締結を受け，直後の『新日本』12月号が，冒頭に「大抱負の実現には大組織を伴はざる可からず」で始まる社告「本誌の大発展と新日本社の創設」を掲載している[58]。この社告でも言及しているように，11年4月3日の創刊以来「五星霜」を経たが，17年1月からは新しい社長康次郎のもとで再出発することになった。それは新会社「新日本社」として発足させ，雑誌『新日本[59]』「第二の発展」期にすると位置づけられたのである。この新しい事態に伴なって，従来の公民同盟会出版部は新会社に吸収合併された。主宰者を大隈，主筆を永井柳太郎と樋口秀雄とし，高田早苗と冨山房社長坂本嘉治郎を顧問としている[60]。

　康次郎が社長就任後の『新日本』の特徴は，以下のように要約できよう。
　(1)　主宰者大隈重信が，創刊当初から毎号のように巻頭論文を掲載して，雑誌『新日本』は"大隈さんの雑誌"と呼ぶにふさわしい実態をそなえていた。だが，康次郎社長時代の後半期になると，その傾向は一変せざるをえない状況に追い込まれていった。

---

　56)　前掲『堤康次郎』73-74頁。
　57)　同資料，101頁。
　58)　『新日本』第6巻12月号，1916年12月，「社告」，目次頁数なし。
　59)　雑誌『新日本』の原本所蔵確認は，早稲田大学中央図書館，東京大学法学部附属近代法政史料センター明治新聞雑誌文庫，国立国会図書館であった。
　60)　『新日本』創刊号，「『新日本』編輯顧問会議」（巻頭部分，頁数なし）。なお創刊時の顧問は青山胤通，有賀長雄，加藤弘之，阪谷芳郎，櫻井錠二，澤柳政太郎，渋澤榮一，坪内雄蔵，坪井九馬三，富井政章，横井時敬，渡邊渡，の12名であった。

(2)　主筆永井と樋口が創刊当初から共に補佐する態勢であったが，しかし，樋口は15年3月の総選挙で長野県選挙区から立憲同志会の新人候補者として当選したので，その半年ぐらい前から主筆を降板したと思われる。14年10月の『新日本』誌面からは樋口の名前を見出すことができないからである。

　(3)　康次郎社長の時代になると，執筆者構成が変貌する。"大隈さんの雑誌"からの脱色化である。牧野義智，原月舟，田中貢太郎，清水文之輔は初登場で，執筆頻度の上位者にあがっているのが特筆される。それは，康次郎が大隈から『新日本』の経営を依頼された時「雑誌の個性をもっとハッキリ出したい」と言われたと伝え語られるが[61]，その結果のみであるとは思えない。

　『新日本』の表看板である新渡戸稲造は，当然にも執筆頻度が9回で高い。だが頻度数は低いので，上位者となっていないものの，康次郎社長時代で最も注目すべき特異な執筆者は山川菊栄（4回）と，山川均（3回）である。特に山川均は，『新日本』18年10月号誌面において，従来からの匿名の筆名『無名氏』が「山川均」であることを明示し，論考を寄せ始めているので，実際の執筆頻度は更に高くなる（8回）。その意味では，山川均は康次郎社長時代『新日本』の"蔭の主筆"であったと言わねばならない。

　山川均は実名を挙げて論じ，急先鋒のペン先が大山郁夫，とりわけ吉野作造の「民本主義」の欺瞞性を突いてやまなかった。18年11月号の論考「軍服の政治よりフロツクコートの政治へ」で，山川均は政党政治の歴史的意義を説く。内閣は軍服の寺内正毅から「フロツクコート」の「平民内閣」原敬が出現し，それを歓迎しつつ，この「フロツクコートの民主主義に対して本能的の疑惑と不信を有することを忘れてはならぬ」と[62]。

　康次郎はかつて山川均と山川菊栄に執筆させ「デモクラシーという言葉を世間に紹介」したので，「俺がデモクラシーの元祖だ」と言っていた[63]。康次郎の言葉をそのまま受け取れないが，山川夫妻に執筆の機会を積極的に与えたのは事実である。山川夫妻を登用して，起死回生の挽回策を講じ

---

61)　前掲『堤康次郎傳』，40頁。
62)　『新日本』18年11月号，21頁。
63)　前掲『堤康次郎傳』，41頁。

たものの，経営的に破産してしまったことが実名「山川均」登場の直後であったことを考えると，雑誌経営のむずかしさを「しみじみ悟った」と何年たっても康次郎が語っていたのは興味深い。

　（4）　康次郎社長時代になると，執筆者だけでなく雑誌の増頁数をうたったが，それは当初だけで，頁数の不規則化と減少化が特徴となった。更に18年9月号で編集者の「編集の顔」によれば，来月号から「時代要求」に応じて，雑誌の内容も，体裁も「全く刷新」，その「面目」を改めると予告した。実際の体裁は従来の判型（タテ24.5cm，ヨコ17.8-18.0cm）から縮小サイズ（タテ21.0cm，ヨコ14.0cm-14.1cm）に変更，3号分だけで終刊した[64]。

　（5）　従来，『新日本』の刊行で着目されることがなかったことは，「発売禁止」の処分を3回，当局から受けていたことである。更に禁止の警告を受けたのが1回ある。最初の発行禁止処分は14年3月と4月（第4巻3号と4号），2回続けてのものであった。それは，14年1月のシーメンス事件に端を発した海軍収賄問題＝山本内閣糾弾運動を報道した号で，この直後の4月13日，大隈重信に組閣命令が出されたことを考えると，当時の雑誌『新日本』が果した役割と意義は大きかった。

　3回目の発売禁止処分が康次郎社長時代の17年12月（第7巻13号）で，この時の事由は，寺内内閣の失政問題を糾弾する報道であった。いずれの発売禁処分も，政党内閣ではない官僚超然主義内閣の政策的失政を糾弾するところが共通項で，雑誌『新日本』の旗幟と存在価値は鮮明であった。当時の雑誌ジャーナリズム界の中で，『新日本』は政治的に非官僚超然主義，非政友会で，明治時代以来の"民党"的で立憲的な政治思想を確立し，発展させる方向性にあったことが分かる。

　次に発売禁止の警告を当局から受けて，論考の継続を「中止」せざるをえなかったのは主筆の永井である。それは15年8月のことで，該当論考は2か月前の第5巻6号から連載を開始した「訴ふる能はざるものに代りて訴ふ」である。それは副題に「殖民政策の一大錯誤」と「台湾政庁の人権蹂躙」をかかげ，台湾総督府の政策が「根本的誤謬」を犯していると糾弾するものであった。だが，時は大隈内閣時で，首相で主筆の大隈重信への

---

　64)　国立国会図書館所蔵本で，同館のご協力で測定した。

III 雑誌『新日本』の経営と「土地の時代」への対応

配慮もあって,永井は連載論考の中止を決定したのであろうか。

(6) 『新日本』は創刊当初から,どのくらいの発行部数を誇ってきたのであろうか。

冨山房時代における創刊初年の部数は,記録が残されている[65]。第1巻第1号は4万部を印刷し,3万8,008部を売り上げているが,第5号になると2万8,000部の印刷で売上部数は2万3,501部と減少した。

その1年後の状態について『新日本』編輯室からの報告によれば,こうである[66]。つまり「本誌創刊以来,盛んなる世間の歓迎を受け,忽ちにして都下雑誌界第一の発行高を有するに至りたるは,記者のむしろ意想外に感ずるところ,従来一挙にして十万以上の読者を得たるは殆んどその例を聞かず,しかも一年後の今日に至りて盛況これに二倍し三倍せんとする勢いあるは記者の喜悦に耐えざるところなり」と。

このような「盛況」なる状態は,ほぼ大隈内閣の後半期頃まで続くと思われるが,それは状況証拠的な推測でしかない。そのころの調査と考えられる後藤新平資料「雑誌創立に対する愚見」によると[67],雑誌に「重きを置き出来る丈け良好のもの〔を〕なし大規模に経営」することは,「一大難事」である。収支として「相償はしむるには四五種の雑誌を同時に経営せざるべからず」,しかも,これを「独立の事業」として経営しようとすれば,少なくとも10万円の資本と4-5年の歳月を必要とする,と診断している。

この資料によれば,その頃の『新日本』は売れ行き「五千部位」に過ぎなく,一般に「失敗」と見なされていたことが分かる。同時期の『実業之日本』は最盛期は12-3万部であったものが,今や7万部ぐらいの発行で,『日本及日本人』は「真面目の読者」を得て発行部数1万2-3000であった。

(7) 康次郎は経営状態の悪化を改善すべく,さまざまで手をうって経営努力をしていたと思われる。それは論文の執筆者構成だけでなく,岡本一平の挿絵を多用し,表紙裏の広告を書籍広告から「建物興産合資会社」のものに変更したり,18年1月号には社長堀口末一郎の名前で「建物興産株式会社創立趣旨」を掲載もした。建物興産の事業は,株式会社として広

---

[65] 「新日本部数調書」年月欠(「大隈文書」A4697,早稲田大学中央図書館所蔵)。
[66] 『新日本』1912年4月号,271頁。
[67] 後藤新平稿「雑誌創立に対する愚見」(前掲『後藤新平関係文書』R68, 26-38)。

く資本を集め，大衆に賃貸住宅を提供するものであった。雑誌『中央公論』に倣うがごとくに通し頁から分野別頁にしたり，雑誌『外交』を吸収合併した。しかし，17年夏から秋にかけて，編集者が2回ほど立て続けに変更になっているのは明らかに，この年の6月から始まる早稲田騒動の影響である[68]。しかも，17年10月には大隈が主筆を辞任し，それに随伴するように主任編集者の相馬由也も進退を同じくした。

『新日本』17年11月号で，反高田早苗派つまり天野為之派重鎮の元教授伊藤重治郎が論考「本邦私学難問の代表としての早大騒擾」を寄せ，それを掲載したことに象徴されるように，雑誌『新日本』の立場は早稲田主流派ではなく，それに反する天野為之派に与していたと解釈してよい。その意味で，早稲田大学中央図書館（本館）に早稲田騒動時期の『新日本』がまとまって欠号になっているのは故なしとしない。早稲田騒動以後の『新日本』は，次第に高田早苗派＝早稲田本流派から離れ，経営基盤をいっそう脆弱にし，早稲田本流派からの論陣を張ることをむずかしくしたと言える。

康次郎はその後，視線を早稲田本流派から離れたところの，新しい事業領域と事業活動に転ずるに至る。その伏線は，康次郎が17年1月から社長に就任する直前の，『新日本』16年12月号において，野澤源次郎の談話「株式熱より土地熱へ」と，神田駿吉の論考「田園都市問題」が掲載されたことにある[69]。

野澤は1864年生まれで，慶応義塾を82年に卒業して，貿易商として野澤組をかまえ，東京織布株式会社取締役でもあった[70]。雨宮敬次郎について，

　　68）　早稲田騒動は一言でいえば，早稲田大学学長の地位をめぐって，天野為之派（現学長）と高田早苗派（元学長）との「内紛事件」である（『東洋経済新報社百年史』東洋経済新報社，1996年，171頁）。永井柳太郎はこの騒動がもとで，伊藤重治郎らと共に早稲田大学教授職を解任され，『新日本』への執筆も途絶えがちになってゆく。

　　69）　野澤の談話記事は「株式熱より土地熱へ――最も確実にして有利なる投資法――」(122-123頁)で，神田の論考はサブタイトルがなく「田園都市問題」(124-125頁) である。なお，更に留意しておきたいのは，紐育土地建物株式会社社長の岡本米蔵が1916年4月号の『新日本』に掲載した論考「将に起らんとする土地熱と最も見込みある米国の土地購入――人は土地を離れて生存し得ず――」である。そこでは，ニューヨーク土地事情について「中央は売る時であり，郊外は買ふ時である」と説明しつつも（151頁），「借金して投資をせよと勧めるのではない」と釘をさしている（153頁）。

　　70）　野澤の事歴については「野澤源次郎」（『人事興信録』第五版，人事興信所，1918年9月，の之部，の20頁）によるが，神田のことは不明である。

旧軽井沢地域の開発に大きな足跡を残した人物である。

時はまさに大戦の好景気中で,「毎月二三千万円宛も正貨が流入して来るといふ日本の経済界未曾有の現象」のもとに株価上昇が著しかった。「株式熱が最高潮に達する時は, 即ち急転直下, 人気の中心が土地に移って, 非常なる地価の昂騰を見る時である[71]」。株式投資より土地投資の方が利回りが良いと, 野澤は強調した。

株価が3倍4倍となり, 配当が3割4割となっても, 結局利回りは3分4分にしかならないのに対して, 地価が高い日本橋や京橋はともかくとして, 少し場末に行けば5分以上になる。ことに「近来著しく開け」た渋谷で, 貸家を建てればその賃貸収入は優に1割以上の利益になるので, 土地投資が「最良」であるとする。

千駄谷, 渋谷, 大塚, 目白, 目黒, 田端, 巣鴨などの既成の土地ではなく, 市街地からやや遠ざかった北多摩郡, 更に鉄道で4-5時間の「他人の顧みない処女地」に目を着けることが必要で, 田園都市として「誠に適合」な, 自らが開発中の, 地価が坪50-60銭から1-2円である軽井沢を推奨する。これからは「土地の時代」であると, 野澤は語気強く位置づける。ここでの軽井沢とは旧軽井沢地域で, 康次郎が手掛けることになる当時未開の千ヶ滝地域ではない。

他方, 神田が推奨するのも, 土地が狭隘で地価が高くなっている箱根, 日光, 塩原ではなく, 日本アルプスの「偉観」を望め, 夏には「日本に於ける唯一の西洋」と化す軽井沢であった。地価も逗子, 鎌倉が坪20-30円であるのに対して, 安い所で10銭から20-30銭, 高くても1-2円である。500-600円で和洋風の建物が建てられ, 地価と共に1,000円から2,000-3,000円もあれば「全家族のために」別荘が持てる。

都会は「大なる墳墓」であって, 田園(軽井沢)は「生の揺籃」であると, 神田は説く。著名人が続々と別邸を構え, 大隈重信も近く計画があり, 早稲田大学では「鴻池の好意」によって約2万坪の「大運動場」を設けようとしている[72]。

このように早稲田騒動を大きな要因の一つとして, 雑誌『新日本』の経

---

71) 『新日本』1916年12月号, 123頁。
72) 同上, 124頁。

営が不振の度を深めると、康次郎は次第に事業活動の方向性と領域を早稲田本流派＝高田早苗派とは離れたところに模索し始める。それは、利回りが良いと力説する野澤源次郎の土地投資談話へと傾斜していったと推断することができる。

早稲田騒動直後の17年の夏に、康次郎は旧軽井沢に隣接する沓掛の奥、千ヶ滝での土地取得に動き出す。早稲田本流派とは関係がない、千代田護謨会社取締役で「財界の奇才」と言われた藤田謙一と共にである[73]。

17年12月23日、夏から交渉してきた沓掛地区60万坪の買収案件はようやく許可された[74]。それを受けて、翌年8月号の『新日本』は「避暑地としての軽井沢——軽井沢を凌ぐ千ヶ滝遊園地——」と題した記事を掲載し、浅間山の降灰があり、かつ温泉場もない従来の旧軽井沢に対して、降灰もなく、温泉を含めて全てを備えている千ヶ滝地域を開発しているのが「千ヶ瀧遊園地株式会社」であるとの記事を掲載した[75]。

康次郎の視線は早稲田騒動以後、早稲田本流派を離れた言論界にも視野を広げつつ、土地投資をめざす事業活動に本格的にそそがれた。つまり、従来とは違う方向性と領域の中で、康次郎が新たな人脈形成をめざしていたと考えられるのは『新日本』18年の誌上で、近江の先輩である吉村鉄之助を紹介する記事「新江州商人の代表者」（7月号）と、藤田謙一を紹介する記事「屠龍の技、搏虎の略」（9月号）を掲載したことに明瞭に見て取れる[76]。雑誌『新日本』は、この年の12月号をもって終刊となった。

換言すれば康次郎に開かれた方向性は、唯一の資産と思われる学生時代に取得した下落合の土地活用と、早稲田本流派の外側で築いた事業活動の人脈を生かして土地投資をすることにあった。早稲田本流派のいないところ——それは千ヶ滝の軽井沢であった。しかも、土地へのこだわりは元来、康次郎には人一倍あったのである。

---

73) 藤田は青森出身の1873年（明治6）生まれ、明治法律学校を94年卒業し、台湾塩業株式会社専務取締役をつとめ、千代田護謨会社など数多くの会社取締役を兼任している（『人事興信録』人事興信所、1915年版［ふ14頁］、1918年版［ふ18頁］）。

74) 『信濃毎日新聞』1917年12月25日、二面。

75) 『新日本』1918年8月号、70頁。

76) 吉村の紹介記事が長門三郎「新江州商人の代表者——電気界の英雄吉村鉄之助——」で、藤田の紹介記事は音羽九郎「屠龍の技、搏虎の略——財界の奇才藤田謙一——」で、いずれの記事執筆者名も筆名らしく感じられる。それは、恐らく康次郎が執筆し、紹介した記事かも知れない。

康次郎は,この到来した「土地の時代」に新たな活路を見出していった[77]。

(内海　孝)

---

77) なお,本稿の裏づけとなる資料と典拠は,拙稿「堤康次郎の青年期と転機の回路」上下(『東京外国語大学論集』第71,72号,2005〜06年)を参照されたい。

第3章

土地開発と鉄道事業

―――――

　康次郎は，自分の初心は政治にあり，そのための事業であると折に触れて語っている。裸一貫同様で上京し，政界への登竜門である早稲田の雄弁会，公民同盟から『新日本』と言論界に足場を築いてゆく過程がこれを物語っている。しかし，少年時代から見せる事業好きは近江の風土だけのものであったのであろうか。早稲田時代においても株と事業から離れることはなかったように，政治と事業は康次郎の本性の両面であり，合一を求める思いは生涯を通じている。

　早稲田を基盤にしての政界・言論界への途が絶たれるやいなや，宙に浮く政治への夢を引きずりながら，唯一の資産である下落合の土地を梃子に不動産事業に傾斜していく。人生観と事業観の合一を土地に求め，政治と事業の狭間に揺れながらの「感謝と奉仕」であったことは，常に時流を追い求めたことからも見て取れよう。康次郎が駈け抜けた時代の時流こそが土地であり，商機であった。康次郎の事業経営の特徴は，時流を敏感に読み取り，事業協力者と部下を人間的に掌握する才にある。起業，事業展開，そして，その手法を明らかにすることを本章の課題とする。

I　事業展開と人脈形成

　康次郎はその没年，「私の関係している会社は，事業面からいうと相当大きくなっているが，どうしてこのようになったのか，自分でも不思議に思うことがある」，「しろうとの社長がしろうとの社員を集めて，よくやって

きたと感無量である」と語っている。事業家としての生涯は，20歳のとき，「郷里の田地を抵当にいれ，5千円の金を持って」東京へ出て学問をして堤の家を再興しようとの意気込みから始まるのであるが，晩年徳川夢声との対談で，「若いころは金を借りにいくのが私の商売なんです。それで，森矗昶君が昭和電工を作ったとき，どこでも一緒に成るんだな，銀行で。……今日では私が借りにいかんでも事務になって……[1]」と自負するまでに事業の基礎を固めることができたのは，康次郎自身の事業家としての果断なまでの判断力や時代の潮流を常に先取りする時代感覚とともに，協力者と部下を掌握する天賦の才を持ったからである。

　事業への関心は，祖父に育てられている頃からのものであり，15歳で滋賀の同郷人である阿部市三郎大阪硫曹社長を単身訪問し，肥料販売を始め，更に，祖父とともに彦根で米相場に手を出して失敗している。16歳で八木荘村での耕地整理を成功させているが，この機会に土木工事と土地の縄延びを学んだと推測できよう。18歳で後藤新平が初代総裁に就任した南満州鉄道の株で儲けたが，すぐに日本水電株で失敗し，「株など買うものではないとこれが教訓になった」と語っているが[2]，株との関係は生涯を通じて付いてまわる。

　祖父は，同郷を頼って丸紅や伊藤忠に奉公に出た村人の消息を教訓を交え度々語り聞かせており，康次郎自身も「ずいぶん多くの村の若い者が，デッチ奉公する風習があった」ことを知っていたし[3]，19歳で海軍兵学校受験のための予備校終了後直ちに郡役所の雇いとなっていることから，祖父から田畑を継いで農業に専念することは考えていず，むしろ，専念できるほどの田畑を所有していなかったと考えた方が妥当であろう。また，小学校卒業後祖父母のもとに留ったことから，10代の早い時期に村を出た近隣の若者達と同じように丁稚奉公で大阪や東京に出るには年が行き過ぎてもいたのであろう。1909年，20歳での上京は地縁・血縁を頼ってのことであったことは，上京後の生活基盤とした下落合が，塚本家所有地ないし隣地であること，高田馬場が日本橋に次ぐ同郷の近江商人達の拠点の一つであったことから推測できるし[4]，また，彦根の名家出身で早稲田の政治経

---

1) 堤康次郎『叱る』有紀書房，1964年，63頁，65頁，242頁。
2) 筑井政義『堤康次郎傳』東洋書館，1955年，32頁。
3) 堤康次郎『人を生かす事業』有紀書房，1958年，98頁。

I　事業展開と人脈形成

済学科政治専攻を08年に卒業した先輩に堀部久太郎がいた。

　10年7月，早稲田の高等予科修了とともに，大学部政治経済学科に進学するが，本人が度々語っているように，他の学生よりも年齢が高かったこともあり，授業や学友との交流よりも，その生活は事業と雄弁会での活動に向けられており，雄弁会を通じて永井柳太郎や大隈重信の知遇を得るにいたる。大学部進学の21歳，時の桂内閣が関税改正を行うとの見通しから後藤毛織の株を買い，株主総会で経営陣を擁護したことから後藤恕作専務の信頼を得，会社の株買い集めに働くが，その際「先代の伊藤忠兵衛さんにも応援を頼んだ」とあるから[5]，ここでも同郷人のつてを頼っていたことが見て取れる。最終的に後藤毛織株で6万円の利益を得ており，これを元手に後藤を身元保証人として蛎殻町で郵便局の権利を1万円で購入する。「私が初めて人を使ったのは，二十三歳の時だ。この時の局員が八人。全部前任者時代の者ばかり[6]」であった。局員の一人が岩崎そので，15年に養子縁組する長男清を得ている。24歳で，大阪の実業家中橋徳五郎の選挙で応援演説に参加するが，「もともと私は宇治川電気の株主だった関係から中橋さんとは面識があった[7]」のである。また，選挙後の中橋からの康次郎宛礼状に「小生は唯に政党政治を実現するには真面目なる人物の一人にても多く議院において議席を有することを必要と存ずるものにて」とあるように[8]，この時点で政治家志望を表明していたことが推測できる。

　株投資への関心が強かったのであろう，この頃「ウオール・ストリート50年」という，ロスチャイルドやロックフェラーが登場する米書の翻訳を思い立ち，たまたま書店で知り合った早稲田商科の学生山名義高に翻訳の協力を依頼している。「翻訳をやらせてみると，語学はあまり達者ではないが，才気煥発の青年である。翻訳などの地味な仕事よりも，私の事業の方を手伝ってもらいたいと思った[9]」とある。「協力者」を得ることができなかったからであろうか，翻訳出版は実現していないが，第2章で詳述したように14年に『日露財政比較論』を上梓しており，この時には「良き

---

4)　新宿区教育委員会『新宿区地図集』1979年。
5)　前掲『人を生かす事業』164頁。
6)　同上35頁。
7)　前掲『叱る』142頁。
8)　前掲『堤康次郎傳』45頁。
9)　前掲『叱る』193頁。

協力者」に恵まれたのである。

　12年にはまた,「小樽木材会社の清算人になった。大倉喜八郎翁の推薦によるものであったが,私も小樽木材の株を相当持っていた[10]」と語るように,さまざまな事業に手を出しているが永続きしない。後藤毛織での利益を元手に渋谷の鉄工所にも手を出すが失敗し,「郵便局やら,鉄工所の損失で,せっかく後藤毛織の株で儲けた六万円をきれいに使ったしまった[11]」ように,実業の実務は康次郎の性ではなかった。

　大学部卒業の13年,桂太郎の立憲同志会設立運動に参加し,桂を通じて後藤新平,後藤を通じて藤田謙一を紹介される。藤田は,12年に鈴木商店系列に入った後藤毛織の取締役でもあったことから,既知であったとも考えられる。藤田は,13年に日本活動写真相談役,千代田護謨取締役,15年に千代田護謨社長,後藤毛織専務取締役と活発な財界活動を行っており,康次郎も藤田の勧めで千代田護謨の株主となり,16年に藤田社長の下で専務取締役に就任したのが,「私が実業界に出たはじまり[12]」であり,渋沢栄一の女婿である「小高次郎という人と2人で経営することになった[13]」のであった。藤田は弘前藩士明石栄吉の二男として1873年に生まれ,5歳で親戚藤田家の養子となり,青森県庁雇いの給仕となるが,19歳で養家から無断で150円を持ち出して上京し,明治法律学校に入学する。卒業後,弁護士試験に不合格となり,栃木県庁,大蔵省専売局に勤めるが,業務関係のあった煙草製造販売業岩谷商会に引き抜かれたことから事業家へと転身し,成功する経歴を持ち[14],堤にとっては,自分の人生と重ねあわせて,憧憬の的であったのであろう。

　卒業とともに大隈重信が主宰し,永井柳太郎が実質的に運営していた雑誌『新日本』の経営に関るとともに,大隈からその手腕を買われ公民同盟叢書の編集者となっている。永井とともにロシア語を学び,康次郎の最初の著作となる『日露財政比較論』を14年に刊行する。第一次世界大戦末期の頃と思われるが,大隈から「ロシアのルーブルを買え,いまルーブルの

　　10）　同上,184頁。実母が再婚する塚本金兵衛の本家,日本橋本店の塚本商店が小樽に支店を持っていたことも関係していたかとも思われる。
　　11）　前掲『堤康次郎傳』39頁。
　　12）　前掲『叱る』163頁。
　　13）　前掲『人を生かす事業』213頁。
　　14）　弘前商工会議所『藤田謙一』1988年による。

相場はいつもの半値になっている。ロシア大帝国はまもなく立ちなおるにちがいない」，更に，「土地を担保にして金を借りてやる」と言われ，東京府農工銀行頭取中山佐一を紹介されている。下落合の土地2万坪を担保に，坪5円の評価で10万円借りようとしたが，銀行がこの評価をしてくれなかったこと，「ウオール・ストリート50年」の翻訳を通じて知った世界の金融資本が何故動かないのかとの疑問から，大隈の助言を断ったことと，「大隈さんはロシアにレーニンの革命が近づいていることに気づかれなかったのだと思う[15]」と語っている。下落合の土地を康次郎が最初に購入するのは14年で，この土地に下宿していた時代からの知合いである宇田川家から買取り，2,267坪の登記を行ったことから始まり，次第に買足していった。下落合時代に知合った者に，後に康次郎の事業に協力し，忠実な部下となる小野田耕作や廣田光次郎がいる。こうした協力者のつてによって，後に大泉の土地買収が可能となったのでもある[16]。

　17年には，大隈主宰，永井主幹の『新日本』の社長に就き，下落合の自宅に事務所を移すなど，雑誌経営に専念する姿勢が明白となる。この年，妹ふさを永井の異母兄の長男永井外吉に嫁がせているし，康次郎自身も，落合在住の医師の養女で，平塚らいてうなどとも親交があり，当時女子にとって最高学府であった日本女子大学校卒業の川崎文と再婚する。文は，堤の2人の子供叔子と清を引き取り，養育する。文との関係も大隈・永井を取り巻く人脈を通じてのものであり，永井が実質的な仲人であったように，政治家への志望を強め，早稲田関係の言論の仕事を基盤とする将来設計を考えていたと思われる。

　大きな転機となるのが，17年6月の早稲田騒動である。永井が早稲田を放逐され，『新日本』からも去る。『新日本』の経営が，広告と寄附によって支えられていたことは，康次郎自身が三井からの寄付金500円の件を例に述べているのであり，大隈あっての『新日本』であった。早稲田関係者からは，当然康次郎も永井に連なる人脈と目されたであろうから，社長を続ける『新日本』も早稲田から疎遠となっていき，論説の中心を新渡戸稲造とするなど編集方針の転換を図るが，雑誌としての自立を達成すること

---

15) 前掲『叱る』148頁。
16) 野田正穂・中島明子編『目白文化村』日本経済評論社，1991年，54，56頁。

ができず，販売も低迷し，18年12月号をもって廃刊となる。

　この時期について康次郎自身が繰り返し述べているのは，祖父の遺訓である。「失敗に失敗を重ねてどうにもならぬ瀬戸際に押しつめられ，はじめて事業の神聖さに眼がさめてきた。そこで祖父の遺言を思い出した。それは，堤家を復興させることは金を儲けるばかりではない。正しく人から尊敬される行いをして家を興してくれねばならぬということである。…そして一つの人生観に到達したのだ。人生観は即事業観でもある。金もうけ一辺倒から脱却して，世のため人のための奉仕を第一とした事業でなければ絶対に成功しない。二十代に別れを告げようとしてはじめて「感謝と奉仕」の人生観と事業観を得た17)」。政界への登竜門としての雄弁会，そして新日本社長就任と早稲田を起点としての言論界，政界への夢の挫折であり，宙に浮いた夢を抱えたまま辿りつくのが軽井沢の土地事業である。しかし，事業家としての康次郎から政治が離れることはなかった。

　康次郎が自ら語るところによると，「永井柳太郎から「軽井沢に良い土地がある。買わないか」と言われたのは，大正七（1918）年，私が三十歳になったときである。さっそく見に行ったところが，わずか五万坪たらずのせまい土地であった。いまの星野温泉のところである。……村の人にもっと広いところないかと聞いた。すると，七十万坪の村有地がすぐうしろにあるという」。ところが，「村有地を手に入れるには，当時郡長の許可が必要であった」ので，後藤新平を頼り，「なんとか閣下から長野県知事赤星典太に連絡して乾郡長に，堤に軽井沢を開発さすべく村有地売却のための許可を与えるように頼んでくださらないでしょうか」と訴えたところ，「もし監督官庁の許可を得ない場合は，いっさい他の者に土地を売り渡さない」の一文を土地売買契約書に付記するべく示唆をもらい，土地取得の許可を得たと語っている18)。

　これに対し，『信濃毎日新聞』17年12月25日付の記事は，「沓掛の公有林野六十万坪売却の件は其目的と其面積の膨大なるとの二点に於て行政上の処分案件として県下に前例無く従つて県郡監督官庁の考慮を要する処多くさる八月に開始されたる問題が今日に及び堀江北佐久郡長は之が最後の指

　17）　前掲『叱る』57頁。後に触れる中嶋忠三郎は，18年の初見の折康次郎が「奉仕と感謝」について縷々と語ったとしている。『奉仕』，1973年5月号。（本書136頁参照）
　18）　同上，84頁。

I 事業展開と人脈形成

揮を仰ぐべく本月十六日に出県し二十日をもつて帰郡したるが愈愈二十三日東長倉村長土屋三郎氏を郡役所に招致して売却の件を許可したり」，更に，「北佐久郡役所の調査に依れば藤田謙一，堤康次郎，森退蔵，中山佐一，岩本重四郎，辰巳一等東京の実業家相集まり資本金百万円の沓掛遊園地株式会社を設立しここに第二の軽井沢を建設せんとする」，と伝えている。ここで名前が挙がる森，中山，岩本は東京府農工銀行関係者であり，辰巳は千代田護謨取締役である。即ち，6月の早稲田騒動の直後に，早稲田関係以外に協力者を求め，事業の途を歩み始めていたのである。更に，この年の4月に藤田が千代田護謨を退き，12月に同じ亀戸で設立した東京護謨の社長に就くのであるが，康次郎も行を共にし，永井外吉を実務に当てている。これに先立つ11月に，藤田が駿豆鉄道の取締役を兼ねるようになると，康次郎も「藤田にすすめられ株を持つ」のであった。新日本の経営に不透明さがます18年9月には，戦後の郵船ブームに乗るべく浪越汽船を買収し，藤田を監査役に迎えているし，真珠養殖などに手を出すが，いずれも失敗している。残されていた事業の可能性は，下落合の土地と既に開発に着手している軽井沢での別荘地開発のみであった。

　箱根開発の契機として，康次郎は，19年，30歳の時，大木遠吉伯爵，永井柳太郎などと一緒にゆき，「地元の協力を求め」ると共に，「開発の必要性を力説した[19]」ことから始まるとされている。地元有力者の一人が，芦ノ湖の箱根遊船を取り仕切ることになる大場金太郎である。しかし，他の箇所で，「軽井沢に開発の手をのばした大正7年の冬，私は熱海に出かけた。翌朝ワラジをはいて，白一色の箱根に登った。……案内人の話だと，ここでは霧にまかれて毎年死者がでるという。今日のような観光地を予想する者など，だれ一人いなかった[20]」と述べているように，『新日本』が12月号で廃刊となる18年の冬，傷心を抱え一人で熱海に行き，地元の案内人とともに視察しているのである。軽井沢開発資金と箱根の土地取得資金を確保するために設立されるのが箱根土地会社であり，同時に高田農商銀行の経営権を握る。そして，事業支援者として糾合するのが同郷の人々であった。

---

19) 前掲『堤康次郎傳』55頁。
20) 前掲『叱る』88頁。

20年3月設立の箱根土地会社（資本金2,000万円，500万円払込）の役員は，社長藤田，専務堤で，取締役として若尾璋八，吉村鉄之助，前川太兵衛と財界の著名人が名を連ね，監査役は九鬼紋七と永井外吉であったとされているが[21]，箱根土地会社営業報告書によると，3月25日の創立総会で選任された役員に堤と吉村の名前はなく，4月20日の臨時株主総会での役員増員でこの2名が選任されている。

第一次世界大戦末から戦後は土地ブームの時期であり，不動産会社が群生した時期でもある。野田正穂が整理した大正時代の主な土地会社は表3-1の通りであり，この中で払込資本金が500万円であったとは言え，箱根土地の資本金の大きさが群を抜いており，康次郎の資金調達と出資者獲得の方法が検討されねばならない。

山梨出身の若尾は，若尾銀行頭取若尾民造の養子で，東京電燈社長であり，藤田が取締役をしている駿豆鉄道が東京電燈から分かれた会社であることから見て，志摩出身の実業家九鬼同様，藤田人脈に連なる名目だけの役員であったと思われる。吉村は，明昭電機・江若鉄道社長などを歴任する同郷近江出身の実業家であった。この中で，山梨出身の前川太兵衛は，滋賀県高宮出身の前川呉服問屋前川太郎兵衛の養子で，二代目当主として，親類の塚本家とともに初期の康次郎の事業に名を連ねる近江人脈の中心人物であった。下落合の下を流れる神田川が清流であったこの頃，また，繊

表3-1　大正時代東京の主な土地会社

	設立年	資本金(万円)
東京信託	1906	500
東京土地	1908	150
田園土地	1918	500
東京土地住宅	1919	150
大日本信託	1919	250
箱根土地	1919	2,000
帝都土地	1919	136
中央土地建物	1919	150
荏原土地	1919	150
第一土地建物	1924	100

国立市史，第3巻79頁（1990年）が，野田正穂「多摩の開発と土地会社」（多摩の歩み，41号）より転載している。

21）由井常彦編著『堤康次郎』エスピーエイチ，1996年，102頁。

維の町川越を西武鉄道が高田馬場駅で東京と結ぼうとしていたこの時期，多くの繊維関係業者が高田馬場周辺に支店ないし居宅を構えていた。近江商人関係だけでも，下落合には塚本家の居宅があったし，高田馬場には前川商店，作家外村繁の父が開いた外村吉太郎商店などの支店があった。前川家は，2代にわたり川越出身者を嫁に迎えているのは，取引関係からのものであろうし，また，前川は自ら起こした近江商人系の東京銀行の頭取でもあり，同じく近江商人系の日本共立生命（後の朝日生命の前身の一つ）の取締役でもあった。後に触れる高田農商銀行でも主要株主となるのであり，箱根土地の資金調達にとって欠かせない接点でもあった。不動産との関係では，不動産担保貸付けと土地売買を業務として設立された東京土地の設立委員であり，初代取締役社長に就任している[22]。その後東京土地の経営にあたっていたのが七十八銀行出身の青山芳三であり，操と二郎の父である。前川は，後に触れる高田農商銀行同様，設立時には株主であったかも知れないが，26年の株主名簿に名前がないのは，この間に身を引いたのか，康次郎が近江人脈を動員するにあたって一時的に名前を借りたものと思われる。前川の東京銀行が，27年3月14日の片岡直温蔵相発言に始まる金融恐慌で，村井銀行などと共に休業に追い込まれるのは3月22日である。

26年の株主名簿で箱根土地の主要株主を見ると，母の実家上林家，母の再婚先の塚本家，父猶治郎の妹すまの嫁ぎ先廣田家，そして，塚本家の係累である川島与右衛門の名前が連なっている。川島は，37年に没するまで堤の腹心の一人であり，箱根自動車専用道路建設のための視察では，予備歩兵少尉の経験を買って同行させ，霧に巻かれて道に迷っている[23]。同じ株主名簿に，永井外吉，山名義高，小高義一，中島陟，岡野関治，前田留吉，小野田耕作，廣中光次郎などの名前が見られることから，この時期には部下というより康次郎の事業の出資者ないし協力者であったことが見て取れる。また，堀部久太郎も株主として名を連ねているし，川崎文の名前がない一方，岩崎その90株となっている。

先に見た山名は和歌山県出身であり，12年に早稲田の大学部商科卒業後上海取引所理事を勤め，帰国後堤の事業に参加するのであり，埼玉県出身

---

22) 神田彦三郎編『傑商　前川太（郎）兵衛』共盟閣，1936年，非売品。
23) 前掲『叱る』70頁。

の小高も同じ商科卒業後武蔵野鉄道に入っていた。川崎文の妹婿である中島は1889年生まれで，東京外国語学校ドイツ語科卒業後帝室農務局に勤めたが，1922年に箱根土地に入社し，23年から2年間欧米諸国への留学に出ていることから，康次郎の学園都市開発と自動車道路建設構想のために引き抜かれたものと思われる。58年2月，国土計画興業社長在職のまま没しており，その長男渉は川島与右衛門の長男一郎同様国立学園小学校出身で，早稲田大学商学部卒業後同社に入社した。永井道雄を甥に持つ前田は，北海道出身で，やはり22年に箱根土地に入社している。1882年生まれの堀部は，彦根藩家老伊井家の係累で，康次郎の早稲田進学に影響を与えたとされている。また，康次郎が衆議院議員選挙に初出馬し当選した際には，同じく立候補して地元で本命と目されていたが敗れている。岡野は近江の出身で，康次郎が衆議院議員に初めて立候補し，当選した24年に，「一緒に仕事をしないか」と康次郎に誘われ，卒業とともに箱根土地に入社した。学生であった岡野にとって康次郎は，「百姓の出で地盤も看板もない大将がなぜ当選できたのか不思議でならなかったことを覚えている[24]」と語っている。岡野が入社したのは戦後の土地ブームが去りつつあった時期であったとは言え，この時期は，市内の土地分譲・仲介に続き郊外では大泉学園都市から国立開発へと事業を展開するとともに衆議院議員であり，康次郎の初期の事業家生活における盛期であった。国立大学町開発のために国立学園小学校設立を申請するが，北多摩郡長は，申請書に添付した東京府知事宛26年3月15日付小学校設置願副申において，設立者の信用程度として「設立者ハ箱根土地株式会社専務取締役ニシテ有産階級ニ属シ社会的ニ信用アルモノナリ」と記しているように社会的には成功者と目されるまでになっていた。また，この副申に「設立者ノ資産程度」が添付されているが，これによると，設立申請者堤康次郎は北多摩郡国分寺村字花澤2826番地を住所とし，財産の一部として所有株券のみを記載しており，その内訳は表3-2の通りである。既に小田原電気鉄道への触手を伸していたこと，また，土地ブームが去ったこの時期，土地会社の株価が下がっていることと，康次郎が機関銀行化した高田農商銀行株の市場価値が低下していることが見て取れる。

---

24) 西武鉄道『堤康次郎会長の生涯』1973年，非売品，88頁。

Ⅰ　事業展開と人脈形成

表3-2　堤康次郎所有名義株式価格表

（財産の一部摘録）　　　　　　　(円)

		株数	時価	価格
駿豆鉄道		1,760	20	55,200
小田原電気鉄道	旧券	1,703	40	68,120
	新券	2,058	15	30,870
東京土地	旧券	550	25	13,750
	新券	550	8	4,400
高田農商銀行	新券	100	17	1,700
箱根土地		7,050	13	91,650
勧業銀行	旧券	70	70	4,900
	新券	70	30	2,100
合計				272,690

出典）東京都公文書館307-D3-55　設置　国立学園小学校。

　目白駅前に1店舗のみであった高田農商銀行支配は，康次郎が関わる最初の大規模な会社乗っ取りであり，箱根土地設立と同じ20年3月，資本金を15万円から100万円に増資した際，箱根土地設立に参加した康次郎関係者が大量に株主として登場する。20年上半期株主名簿にあるように前川，上林，山根，川島など，箱根土地設立に関わってくる近江人脈がここでも株主として登場するし，箱根土地と同じく小野田耕作が株主となっている。康次郎個人の持株は600株に過ぎなかった。しかし，後に見る23年の株主名簿では，箱根土地におけるのと同様，前川の名前がない。また，この時株主となる秋月種英，大鳥居弁三，東方友次郎の持株は，20年下半期に全て康次郎が堤合名会社として引き取ったとされている[25]。直後の20年下半期の株主名簿では，康次郎個人500株，堤合名会社（代表取締役堤康次郎）が4,270株となっている。（第4章参照）

　更に興味深いことに，第4章が扱っている高田農商銀行28年と36年の債務者一覧に，後に触れる強羅土地会社に関係する杉野喜晴（82,500円）と栗原善太郎（177,760円）の名前がある。いずれも箱根土地の26年の株主名簿で675株と1,210株を所有しているのは，25年に箱根土地が強羅土地を吸収したからであろう。更に，高田農商での上記債務者で水谷廉次郎（18,500円）の名前があるが，やはり上記の箱根土地株主名簿で水谷慶之

---

25)　前掲『堤康次郎』125頁，表8，9。

助（愛知）が3,000株を所有している。これらは，第4章の表4-4にある割引手形振出人として挙がっており，しかも，全てその裏書きが箱根土地であるのは何を意味しているのであろうか。

　康次郎の最初の起業である沓掛遊園地は払込資本金5万円であり，箱根土地の払込資本金は一挙に500万円となっている。高田農商銀行支配は，軽井沢と箱根の開発のため500万円の資本金では足りず，これを補う資金源として機関銀行とするものであったとされているが[26]，千ケ滝での分譲開始は19年であり，開発地の別荘分譲のため道路建設などの大規模設備投資をするのは関東大震災以降である。金額については，駿豆鉄道が30年着工，32年完成の箱根峠・熱海峠間十国線の費用は，康次郎自身が語っているように，駿豆鉄道資本金に相当する150万円であったし，「私の履歴書」で岡野喜太郎は駿河銀行が融資したとしている。むしろ，箱根土地設立と高田農商銀行支配が同時期であることから，箱根土地の起業資金を調達したと想定した方が妥当ではないであろうか。確かに箱根土地設立に財界著名人が名前を連ねているが，後に見るように，26年に箱根土地が破産状態に陥った際，個人資産の提供を申し出たのは藤田一人であり，神田銀行はその他の役員の無責任を指弾しているのは，藤田以外の著名取締役は名目上の役員であったことを物語っている。箱根土地，更に，強羅土地の設立にあたり，一部財界著名人達の持株資金を高田農商銀行を通じて調達し，著名人を名目的に役員として並べることで協力者達の出資を得る一方，更にこの払込資本金をもって高田農商銀行の株を買い増した疑いが残るのである。23年の株主名簿によると，発行総株式数2万のうち箱根土地が1万1,723株所有している。

　高田農商銀行乗っ取りでは，箱根土地の株主でもある福室郷次が役員としても株主としても康次郎支配下に残っている。福室家は，醬油醸造を営む下落合の素封家の一族であるから，康次郎をはじめ前川，塚本とも旧知の関係と考えて良いであろう。また，福室自身も，16年に共同商事，21年に共立建物を起こしていることから，不動産事業に関わりの深い人物であった。康次郎が，会社乗っ取りの際に見せる特徴として，最初に従来の大株主の数名と経営陣の中の実務家を取り込み，役員の多数を自身の関係者

26）　同上，126頁。

とし，次第に支配株式数を増やしつつ，子飼いの実務家を育て，登用する。高田農商銀行支配では，銀行・不動産業務の実務家として福室が堤の経営陣に残ったのである。

第一次世界大戦後の好景気の下で，軽井沢と箱根の別荘地分譲は順調に売上げを伸ばすと，箱根土地の営業報告書に見られるように，21年には湯河原，三島，伊豆へ土地取得の手を広げてゆく。しかし，21年後半には，株式・商品市場とも下落傾向に向かい，社会は「消費節約運動」の時期に入る。22年には，別荘販売も不振となる。事業逆境時の堤の対応は，常に積極策であり，別荘地分譲では，別荘地の付加価値を高めるための開発投資を積極的に行うことと，利益が見込める関連事業への進出である。軽井沢と箱根では，交通アクセスの改善と付帯娯楽施設の充実が図られたし，そのための開発費用調達のため，下落合の所有地を目白不動園として分譲し現金化する一方，新事業として東京市内の土地売買仲介益を求め，更に，大邸宅の区画分譲に着手する。この時の金策のため，下落合の土地1万坪を担保に日本勧業銀行に5万円の融資を申込んだが，5万円の価値がないとして拒絶されたとされている。原因は，土地の担保価値にあるのではなく，大隈信常が，早稲田騒動のことから「永井の政治資金の財源は堤から出ているので永井の勢力が伸びないようにこの源を絶たねばならぬ[27]」と働きかけたと康次郎は受け止めていた。

康次郎は自分の不動産事業について「土地開発」という言葉を用いており，軽井沢と箱根を念頭において，自著『人を生かす事業』で「わたしの土地開発は，まず土地を買い，道路をつけ，電燈をひき，そしてホテルや別荘をたてて分譲するというやり方で進めてきた」と語っているが（134頁），22年以降の事業の中心は別荘地経営から東京市内と郊外に移るのであり，関東大震災以後，事業の中心は完全に郊外開発となる。

郊外土地分譲事業の展開の契機は23年9月の大震災以降の，住宅郊外化と学校の郊外移転である。市内の土地取引をますます活発化するとともに，そこから得た資金を郊外の土地取得と開発に向ける。大泉，小平，東村山，狭山，国立，武蔵境と続くが，大泉，小平などは武蔵野鉄道沿線開発であり，狭山では，後藤新平市長の東京市が2つの貯水池建設を構想したのを

---

27) 野馬剛『巨星堤康次郎』若樹出版，1966年，69頁。

先取りして周辺土地を取得し，交通手段として中央線への接続を確保すべく28年に村山貯水池・国分寺間の多摩湖鉄道を設立している。国分寺に隣接する谷保村，後の国立の土地は，多摩湖鉄道用地買収の過程で視野に入ってきたものと思われる。全くの異業種である多摩湖鉄道設立にあたっては，駿豆鉄道の業務経験が活かされたものと見てよいであろう。

康次郎にとって，「もともと駿豆鉄道は，それほど成績をあげている会社ではなかったが，将来伊豆箱根の発展のためにはなくてはならない交通機関[28]」であった。23年に経営介入を試みるのは，震災によって箱根への交通機関の復旧が遅れたことから箱根経営地への交通路を新たに開拓する必要に迫られたからであろう。大株主である藤田と駿河銀行頭取岡野喜太郎の支持を取りつけ，専務に永井を据えた25年の臨時株主総会で箱根への自動車専用道路建設を決定し，直ちに道路建設申請を行っているのは，別荘地へのバス路線の確保を目指したものであった。

別荘分譲，郊外の住宅分譲とも不振となる大正末から，箱根土地は資金難に陥り，短期社債発行を繰り返し，26年3月，国立大学町開発を目的に発行していた200万円の社債を償還するため新たに200万円の社債を発行するが，応募額がこれに及ばなかった。受諾銀行である神田銀行の債権者会議での説明に，「以前の重役たる責任者藤田謙一の如きは16万円の私財の提供を申し出でて奔走せられるに他の重役は之を顧みず[29]」とあるように，康次郎の事業活動は財界に支持者を広げることができていなかったのであるし，「他の重役」はもともと名目上の存在であったのである。箱根土地の資産処分は必至となったが，結局受諾銀行たる神田銀行自体，27年の日本銀行特別融通及損失補償法に基づき日銀支援を受けるが，28年6月倒産し，日本興業銀行が受諾業務を継承することで事態は先送りとなった。しかし，箱根土地はこれにより破産状態となるのであり，一般金融機関との関係が絶たれたことから，第4章が扱う高田農商銀行のみが頼りとなるのであった。この時期の箱根土地の経営については，先に触れた岡野が，「半年から1年近くも給料が払えない時期があった」と国立市の箱根土地関係者への聞取りで語っている。（後掲注52『会長の生涯』88頁でも同じこ

---

28) 前掲『叱る』103頁。
29) 前掲『堤康次郎』130頁。

とを述ている。）26年4月開校の国立学園小学校でも同様で，教職員の給料に代るものとして，山本丑蔵校長が郷里の相模原から米などを大八車で運び，配布していたこと，生徒募集のビラを家族で貼ったことなどを山本の遺族が伝えている。

藤田は，26年に東京商業会議所，28年に東京商工会議所，更に，日本商工会議所会頭と財界での重鎮となるが，翌29年に発生する売勲疑獄で財界を去る。これ以降，康次郎は，財界からの明白な後ろ盾なしで事業を進めたのであった。

別荘分譲が膠着状態にある中，大泉や小平などの土地を活かすため武蔵野鉄道の経営への介入が不可避となる。東大泉（現・大泉学園）駅舎寄附から始まり株取得を進めており，「全株の三分の一を私の会社が持ち，他の三分の一が浅野，残りの三分の一が安田という比率で三者互いにどこにも株を手離さないという約束で経営をしていた[30]」のであり，30年には浅野系の経営陣に山名を取締役に送りだしていた。経営が流動化するのは，安田信託銀行が受託業務を受け持っていた社債償還が不能となり，遠藤柳作社長をはじめ浅野系役員が総退陣する31年末である。遠藤は，内務官僚であり，青森，三重，神奈川などで県知事を歴任しており，28年に衆議院議員に転じた後は弁護士となり，武蔵野鉄道社長に就いていた。神奈川県知事の時代に箱根神社御遷宮を一緒に参拝するなど，康次郎とは箱根を通じて関係があった[31]。経営陣総入替えの背景には，31年7月に第3回新株払込失権株を康次郎が大量に競落で取得したことがある。31年下半期には，山名が専務取締役に就くが，取締役は小熊五郎，金子忠五郎，柏木代八，伊原五郎兵衛の計5名と前期の10名から半減しており，監査役は大野謙三，高橋文太郎である。康次郎の女婿小島正治郎が取締役に就任するのは，34年下半期からである。

31年下半期の役員の内，36年の株主名簿で見ると，柏木は役員だが株主でないことから鉄道実務出身者と考えられる。高橋を除く，他の全ては，36年においても株主であることから，堤の武蔵野鉄道掌握にあたり協力した人々であったと思われる。監査役として残る高橋文太郎の父親源太郎は，

---

30) 前掲『叱る』194頁。
31) 同上，99頁。

武蔵野鉄道設立時に出資し，取締役に就くとともに，保谷駅設置，駅周辺地域の計画的開発に力を尽くした素封家で，後の保谷駅近くの料亭武蔵野は，保谷御殿と呼ばれた源太郎の自宅であった。03年，この家に生まれた文太郎は，明治大学政治経済学部を卒業し，父の仕事を継ぐとともに，学生時代から師事した柳田国男，その後兄事する渋沢敬三などにつらなる民俗学研究者でもあった[32]。高橋の名前は，35年上期の役員名簿から消え，36年の株主名簿にも載っていないことから，この間に株を手放し，経営から退いたものと思われる。

康次郎は32年6月には永井拓務相の下で政務次官に就任するが，この時の事務次官河田烈を推薦したのは自分であり，また，後に大蔵大臣に就任した河田に勧業銀行理事の大橋信吉を副総裁へと推薦し，感謝されたとも語っている[33]。河田は，16年銀行局普通銀行課長，24年から日銀融通及損失補償法の時期にかけて大蔵省主計局長，29年大蔵次官であり，40年に大蔵大臣となっている。大蔵官僚として高田農商銀行との関連でも康次郎と接点があったと思われる。大橋は，勧銀貸付課長を経て，28年に理事，36年に副総裁就任であるから，河田大蔵大臣以前のことである。大橋とは引退後も康次郎と親交を続けていることから，勧業銀行との接点となっていたことと思われる。

山名が専務に就くと，武蔵野鉄道における康次郎の積極経営が始まり，32年以降，沿線土地売買仲介とバス事業拡大を進め，収益向上に寄与するが，財務の改善は進まない。37年の強制和議で武蔵野鉄道再建に目途がつくと，39年には多摩湖鉄道を合併するとともに，豊島園を買収し，安田信託銀行出身で後に敵対関係となる小川栄一を取締役に迎えている。

43年3月に前立腺肥大で発病するが，その直後の5月に近江鉄道社長に就任している。前立腺肥大が手術で完治するのは52年6月であり，行動範囲が限られていたこの約10年間の事業活動は東京に集中することになる。

43年にはまた，興銀をメインバンクとする西武鉄道の6万株を取得し，6月に康次郎が社長に就任するが，この株取得の時期については，42年12月，「明朝，社長印をもって，ワシのところへきてくれ給え[34]」と命じら

---

32) 日本常民文化研究所『武蔵保谷村郷土資料』1973年。
33) 前掲『人を生かす事業』169頁。
34) 前掲『堤康次郎傳』111頁。

れたことを，安田信託銀行時代小川栄一の部下であった宮内巌が証言している。千葉県出身の宮内は，和歌山高商卒業後安田信託銀行に入り40年に武蔵野鉄道総務部長として移っていた。この6万株は，京浜急行の大株主である穴水熊雄が東武鉄道社長原邦造に譲渡したが，交通統制でのブロック割原則を盾に康次郎が異議をたてたものである。

45年2月に武蔵野鉄道株主総会は，西武鉄道と食糧増産の吸収合併決議し，3社合併を申請するが，許可が降りず，合併認可は終戦後の9月で，武蔵野鉄道を存続会社として西武農業鉄道が誕生し，46年11月に西武鉄道と改称する。

この時点で堤の身内を中心とした事業支配体制が完成するのであるが，これを役員の構成で辿ことができる。西武鉄道を買収した後の43年7月の役員は，根津嘉一郎などを含めた旧経営陣の中から，堤社長，小島常務，中島，永井取締役の新経営陣に残ったのは山崎覚太郎，斉藤長太，岡本一の取締役3名と渡辺新監査役である。45年の武蔵野鉄道役員構成は，康次郎が社長で，常務に小高と永井，中島取締役，小島監査役であった。43年の箱根土地では，中島常務，小島取締役，永井監査役であり，康次郎は相談役であった。

II 土地開発

沓掛区有地取得の経緯については，既に触れた1917年12月25日付『信濃毎日新聞』の記事が正確であろう。「新軽井沢－六十万坪買収決定－」の見出の同記事は，堤の開発構想と土地売却資金について以下のように伝えている。監督官庁が考慮の対象とした事業目的は，「星野温泉付近と沓掛停車場間14町に幅7間の大道路を開削し電燈点火及公衆電話の設置を為し，3万余坪の小湖水を造りて沿岸に軽井沢三笠ホテルに対比すべき大ホテルを建築し」（原文は漢数字）と伝えている。また，売却代金3万円については，「沓掛区をして農工銀行に右現金を預託せしめやがては国庫債権に代えて蓄積せしむる」のであり，「5分利公債毎半年複利を以て30年間蓄積する時は金13万1,861円87銭と成る可く幸いに開発の暁は同郡随一の貧村部落たる210戸の沓掛は大避暑地と化して殷賑を極め一方に金13万円の

共有財産を持するに至る計算なり」とあるように，土地売却代金3万円が預託される農工銀行の立場から見ると，康次郎の下落合の土地を担保に取り，開発費用を負担する沓掛遊園地の取締役に名前をつらねてもリスクのない融資であった。17年12月に設立された沓掛遊園地は，「銀行会社要覧」に基づき，資本金20万円，払込資本金5万円であった[35]。実際に動いたのは，土地代金3万円を含む払込資本金5万円であったとすれば，康次郎の下落合の土地の評価の範囲であったことが見て取れる。

　60万坪3万円は坪単価5銭であり，実測面積80万坪で換算すると3銭7厘であるように，後に千ケ滝と呼ばれるこの地域は本来の軽井沢別荘地と考えられてなく，記事にあるように「第二の軽井沢を建設」が目標となっていたのであり，第2章で見た『新日本』での記事にある軽井沢の地価50銭から2円と比較しても明白である。本来の軽井沢開発が本格化するのは，1893年の碓氷峠アプト式採用による信越線開通によってであり，旧軽井沢と呼ばれるようになる地区が中心であり，1894年の万平ホテル，1902年の軽井沢ホテル，06年の三笠ホテル開業と避暑地として整備されていた。15年には，野沢源次郎が雲場池から三度山にかけての地域を開発し，ポプラ並木の道路を整備し，分譲地にアカシアや唐松を植林し，林間に別荘が点在する避暑地の景観を整えている。皇族・華族をはじめ大隈，後藤，加藤といった政治家が，野沢が開発した地域に別荘を構えるなど，上流階級の避暑地として定着していた[36]。これに対し，康次郎が取得した沓掛地区は，星野温泉に隣接する地域（千ケ滝）で開発の手が入っていない，当時としては不毛の土地であった。

　康次郎の土地開発の特徴がここにあり，次の箱根においても見られるように，既に開発され，一定の評価を得ている別荘地と比べ単価の廉い隣接地域で，また，実測面積との差が大きい公有地を対象としている。それだけに，道路新設，電燈・水道の施設など土地の付加価値を高めざるをえないという課題を常に抱えることなる。

　道路建設に始まる開発は直ちに着手され，19年には分譲販売に移るが，「〔大正〕8年8月24日，当時憲政会総裁であった加藤高明さんを軽井沢の

---

35) 前掲『堤康次郎』85頁。
36) 永井弘『戦後観光開発史』技報堂，1998年。

温泉開きに案内した。長野県知事の赤星典太氏も出席してくれた。赤星知事は，「昨日はこの千ケ滝に熊が出たということで大騒ぎをした。大隈内閣ができたので熊がわが世の春を寿ぎ，たまたま挨拶にでてきたのであろう」と一席ぶって参会者を喜ばせた」，と自ら語るように，対外的にはまだ大隈－早稲田の堤康次郎であり，雄弁会以来の政治家人脈を十分に活用している。赤星に続く挨拶のなかで，加藤は「この先に鬼押出しというところがある。……数十年の後にはりっぱな観光地となる。……堤さんぜひこの鬼押出しを手に入れて保存しておきなさい」と奨められ，康次郎は，「ところがここを見にいくのに道がない。とても収益にならないと思ったが，見ないで買ってしまった。…鬼押出しを世に出すため，また交通の便を良くするために，鬼押出しを通って万座にいく五十キロにわたる専用道路を建設」したと振り返っている[37]。『嬬恋村誌』によると，時の村長松本藤平の斡旋で，19年6月，鉱泉地（温泉湧出口）12坪の湯畑敷を3万5,000円で地元の所有者から箱根土地が買収したとなっているが，後に見るように箱根土地の営業報告書に計上されるのは21年であるから，康次郎個人が先ず取得したか仮手付けであったと思われる。その目的として，松本村長に，「万座温泉を軽井沢に引湯して世界一の温泉避暑地にする」と語っていた[38]。

　20年の南軽井沢西長倉村発地区有地126万4000坪を坪5銭で，同じく坪5銭での鬼押出し一帯80万坪に続き，21年には嬬恋村村有地232万坪と温泉の採取権と借地権を取得する。21年下半期の営業報告書に記載されるのは，鹿沢温泉借地権44坪，同採取権29坪，万座温泉採取権12坪，湯の花採取権1,209坪，硫黄採取権15,170坪である。万座温泉への進出に関しては，『嬬恋村誌』は興味深い事実を伝えている。万座温泉一帯は国有地であり，1873年開業の日進館，1897年開業の常盤屋とも借地として営業していたが，1929年秋に東京営林局の役人が実地調査に現れ，翌30年2月に草津営林署が「万座地域の現借地及びその周辺の土地を縁故払下する。希望者は2月20日午前10時，署で，借地人に特売，その周辺地は一般入札によって競売とする」との通知を出す。日進館，常盤屋，それに27年開業の豊国館は急

---

37)　前掲『叱る』155頁。
38)　『嬬恋村村誌　下巻』2290頁。

遽金策を行うが，この内常盤屋は金策のため別館大和屋を箱根土地に譲渡し，後に百草園となる。当日，署の担当者は，「今日は借地だけ特売する。単価は坪当たり2円50銭，希望者は1週間以内に指定銀行に払込むこと」と伝えたので，周辺地に関して質問すると，「それは一昨日全部入札すみ」と，突然「万座の土地特売入札は都合により2日繰上げる」とした官報の号外を示すのであった。入札者は箱根土地で，落札価格は坪7銭で予定価格に達したので全部売却済みとの説明を受けるのであった。借地の坪単価が高すぎるのではとの質問に対し，「無理に買えとは言わぬ，箱根土地が全部買うと言っている[39]」，と答えたという。戦時中，常盤屋は，箱根土地と共同で燃料・食料生産を行うが失敗し，49年に国土計画興業が買取り，万座温泉ホテルと改称した。

『新日本』が12月号で廃刊となる18年冬の熱海旅行に始まる箱根開発は，19年以降，強羅の山林10万坪，仙石原70万坪，芦ノ湖畔の箱根町100万坪，そして，元箱根，湯の花沢へと広がってゆく。箱根を開いたのは，1878年開業の宮ノ下の富士屋ホテルである。1900年に湯本・国府津間を電化し，19年に湯本・強羅間に登山鉄道を開通させた小田原電気鉄道は，既に12年に強羅で15万坪の別荘地に温泉・電灯・水道を施設して分譲を行っていた[40]。康次郎は，開通した登山電車沿線の地域を取得するのである。

当初は，小田原電鉄の沿線およびその強羅経営地に隣接する土地の販売が好調であったし，また，戦後の土地ブームが残っていたので，21年12月，強羅土地会社を箱根土地の払込資本金と同額の資本金500万円で設立するのであり，発起人代表として山一合資会社の杉野喜晴が積極的に関与するなど，新たな資本家グループへと支持者層を財界に広げたとされている[41]。箱根土地は，新会社の発行株式の半分を引受けるとともに，強羅の土地と自社での平均簿価坪1円以下の芦ノ湖畔の土地を抱合わせる形で37万5,500坪を500万円で譲渡することで，資金調達の手段としたのである。箱根土地本体での資本金充足という方法を取らなかったのは，商品価値の高

---

39) 同上，2292頁。
40) 地域開発と鉄道の結合は，1908年に乗客確保のために沿線分譲地を開発した阪神電気鉄道と09年の路線開業に先立ち沿線に分譲地を確保した箕面有馬電気鉄道に始まる。小田急の強羅延線は，別荘分譲を目的とした最初のものである。『京浜急行八十年史』1980年，31頁。
41) 前掲『堤康次郎』106頁。

い強羅の土地を梃子に一挙に資本調達を図ったためと考えることができよう。景気に陰りが見え始める21年前半においても，所有地に沿って走る小田原電気鉄道がケーブル鉄道の建設を開始し，その停留所の設置位置に恵まれたことから，強羅の分譲地販売は順調であった。しかし，同年後半に入ると販売が一挙に落ち込み，芦ノ湖畔に売残りの土地を抱えこむ。強羅土地は25年には箱根土地に吸収され，箱根土地の資本金は2,200万円，44万株となる。

　康次郎の経営手法の特徴の一つは，事業不振の時期に積極的に打開策を求めるとともに時流を逃さず関連事業を拡大するという点にあるが，22年からの別荘地の販売不振が転機となっている。所有地の大部分が，旧来の避暑地の周辺に位置しており，既存の交通機関から離れていたので，千ケ滝では道路建設が大前提であった。箱根においても，分譲が好調であったのは小田原電気鉄道の開発地に隣接した強羅であった。売れ残った地域の売却のためさまざまな付加価値を添える必要があった。千ケ滝では，20年から夏季に沓掛駅からの循環バスの運行を開始していたが，沓掛駅からの2キロの電気鉄道施設・運行許可を申請し，21年12月に許可が下るが着工していず，23年9月から直営バスとしたのは資金調達の問題であったと思われる。土地開発に道路建設とバス運行を組合せる康次郎の経営手法の最初であるし，別荘客の利便を図る目的で，日用品マーケット，運動場，プール，児童遊戯場などを付設するとともに，23年にはグリーンホテルの営業を開始する。開発当初の19年に売り出した別荘は，100坪の土地にＡ型は7坪の建物付きで500円，Ｂ型は11坪の建物付きで800円であったが，22年上半期になると文化別荘と称して，12坪の洋式別荘を付け2,000円で売り出している[42]。箱根においては，23年に駿豆鉄道への経営参加に始まり，25年に経営を手中にすると直ちに熱海峠・箱根峠間の自動車専用道路建設申請を行う。この25年には，富士屋ホテルも同じ路線で道路建設申請を行っていることから，康次郎が対抗策を講じたものと思われる。

　軽井沢と箱根の別荘地分譲から始まった康次郎の事業であるが，別荘地分譲が停滞し始めると，開発投資資金に逼迫したのであろう，個人の唯一の資産である下落合の土地を整備し，宅地として22年6月から分譲を始め

---

42) 同上，95頁。

る。ここにも、「事業も活発にやっていた。私にとっては強敵と思われていたくらいで、提携していったら互いに事業も発展していくだろうと交際をつづけていた[43]」東京土地住宅会社の三宅勘一という先駆者がいた。22年4月、目白駅近くの近衛邸17,200坪を、坪54円50銭で買取り、道路・下水道の施設をほどこして坪68円50銭で分譲したところ、直ちに完売している[44]。三宅と東京土地住宅は、先に触れた高田農商銀行の債務者一覧に挙がっており、後に箱根土地に吸収される。これにあやかったのであろう、下落合の土地は当初「目白不動園」として売出している。最初の宅地分譲の成功に味をしめ、以後箱根土地名義で隣接地を買足して分譲する際に「第二目白文化村」としたので、その後最初の分譲地を第一目白文化村と称するようになる。また、22年12月からの目白不動園隣接地買収の際には、堤の個人資産現金化のためと思われるが、前年の秋に早稲田大学に坪22円50銭で売却していた5,046坪を23年3月に坪37円ないし38円で再買収しており、23年5月4日付『国民新聞』は、「早稲田大学が土地の思惑を試み[45]」と報道している。下落合の土地と早稲田との関係では、戦後市島謙吉から「下落合の立派な建物付きの5千坪の土地が買手がつかないので、私に引き取ってくれんかとの話があった。私は買い受けた[46]」と語っているように、下落合の最初の土地の現金化のため目白文化村としての開発以前に分譲地購入を早稲田関係者に働き掛けていたものと想定される。なお、売却地を大規模開発のため再取得する康次郎の手法は、湯の花沢や大磯でも見られるものである。

　22年下半期になると営業方針に明白な転換が見られるようになる。同年下半期の営業報告書から現れ始める麻布の桜田町、宮前町に始まる市内の大邸宅分譲である[47]。康次郎が最初に手掛けるのは22年11月の麻布桜田町の柳原伯爵邸で、2,243坪を、17区画に分割し、坪168円で売り出すのであるが、委託とあるから仲介業務であったと思われる。康次郎にとって不安を抱えての初めての仕事であったからであろう、「私が書生で鞄をかかえ

---

43) 前掲『叱る』17頁。
44) 前掲『目白文化村』23頁。
45) 同上、58頁。
46) 前掲『叱る』28頁。
47) 前掲『堤康次郎』141頁。

て堤といっしょに麻布一本柳の柳原伯爵邸に行った」前田留吉によると，「玄関先で取次ぎに出た書生や女中に対しても堤はていねいに頭を下げて取次ぎをこい，帰るときも同様であった[48]」という。

これ以降市内での土地分譲を積極的に進めたことが，終戦後宮家邸などの取得の布石となる。23年9月の関東大震災以後の箱根方面の交通機関復旧の遅れ，東京郊外への住宅地拡散，学校の郊外移転がこの傾向を加速させる。市内開発では，宅地分譲に商店街と娯楽産業を結び付けた渋谷百軒店や遊園地施設を持つ新宿園が新たな事業分野に加わるが，経営的に成功していない。武蔵野鉄道の24年上半期営業報告書が述べるように「四月より中村橋に富士見高等女学校，石神井に商科大学予科開校」するなど，学校の郊外移転が始まるのを目にすると，24年下半期には，大泉学園都市開発に着手し，11月に駅舎を寄附することで東大泉駅の新設を得ている。引き続き小平学園都市開発に着手するが，当初は国分寺大学都市と称していた。後藤新平市長の東京市が，市民の上水確保の目的で村山貯水池と山口貯水池の建設との情報に基づき，宅地分譲と観光開発を目的として用地を確保し，28年から30年にかけて，村山貯水池・国分寺間9.2キロの多摩湖鉄道を完成させる。東京商大の移転では，25年9月の土地交換契約に基づき，谷保村の土地約100万坪を確保し，国鉄に国立駅舎を寄附することで，小学校設置申請書にあるように「大学町」として国立を開発する[49]。

事業の重点を別荘分譲から市内・郊外開発に向けたことは，箱根土地会社の土地資産の構成からも明白に見て取れる。21年5月における土地資産は，箱根方面269万坪（実測約450万坪），軽井沢方面371万坪（実測約500万坪）の計640万坪であるが[50]，24年11月のそれは，箱根方面286万4000坪，軽井沢方面381万5000坪と大きく変わらないが，これに東京市内2万3000坪と郊外6万坪が加わるようになり，計686万2000坪となっている。営業報告書で資産目録が掲載される最後の年である29年になると，この傾向は一層鮮明となり，土地資産約800万坪の内，箱根約308万坪，軽井沢約380

---

48) 前掲『堤康次郎傳』67頁。
49) 東京近郊において，住宅開発目的で鉄道敷設したものとして，1918年に渋沢栄一が設立した田園都市会社の子会社として22年に設立され，五島慶太が経営にあたった目黒蒲田電鉄があるが，27年10月，親会社を合併する。
50) 前掲『堤康次郎』表11。

万坪，東京郊外約102万坪，東京市内8万坪となる。別荘分譲地の販売が進んでいない一方，郊外・市内を買足しており，国立と大泉・小平などの武蔵野鉄道沿線分譲地での営業成績に箱根土地の経営が依存する体質になっていた。

　康次郎の事業基盤である箱根土地会社の当期利益を営業報告書から辿ってみると，事業展開の経緯を浮き上がらせることができよう。軽井沢開発が本格化する20年下半期のそれは457,463円で，翌21年下期には594,565円に上昇するが，以降は減少の一途を辿っている[51]。軽井沢と箱根を中心とする営業の減少傾向を下支えしたのが，大震災後の時流に乗っての市内・郊外への方針転換であった。大正末に始まる不況は，しかしながら，営業内容の改善を許さず，29年下半期の当期利益は323円に過ぎない。既に見たように，資金繰りの困難を克服すべく，新規社債で既発社債の償還を行うという自転車操業を繰り返すとともに，高田農商銀行を機関銀行として利用するのであった。

　狭山，小平，大泉を含む武蔵野鉄道沿線の遊休土地を商品化するために鉄道経営そのものに関与することにより，鉄道に接続するバス交通網を整備し，付帯事業を充実することで土地の付加価値を高めようとするのであり，同時に鉄道事業の一環としての土地分譲仲介を鉄道に請負させることが次の事業対象とならざるをえなかった。

III　鉄道事業

1　駿豆鉄道

駿豆鉄道は，康次郎が最初に手掛けた鉄道事業である。1922年までの社長は地元出身の白井新太郎であり，主要株主は，駿河銀行頭取としての岡野喜太郎，白井，藤田謙一，安田銀行頭取安田善五郎などであった。17年に藤田が取締役に就任した際，勧められて康次郎も株を持ったと語っているが，21年の株主名簿に堤の名前はない。康次郎関係者が登場するのは増資する23年である。白井が持株を3倍以上に増加させ，安田の株数が変わら

---

51) 同上，表10。

III 鉄道事業

ない一方, 岡野と藤田の持株が大幅に減少し, ほぼそれに見合う株数を箱根土地社長, また, 個人としての堤, 山根定, 小高などが所有している。箱根土地の23年下半期有価証券所有に, 額面20円払込済みで駿豆鉄道2,531株が記載される。7月31日の臨時株主総会で22年には取締役であった藤田と岡野が退任し, 康次郎と岡野の長男豪夫が取締役増員選挙で当選する。藤田と岡野が康次郎の協力者であったことは明白である。岡野喜太郎は, 駿河銀行創立者の一人であり, 戦後にいたるまで頭取を続けた。同年11月10日再度の臨時株主総会では, しかしながら, この2人とも役員として選出されていず, 佐藤重遠社長, 白井取締役の体制となっている。この年の株主名簿に佐藤の名前がないことから, 妥協の人事で白井の経営体制が康次郎の介入を一先ずは抑えたものと思われる。24年上半期になると佐藤社長が残り, 岡野豪夫が監査役として再登場するが, 24年の「ピストル堤事件」を経た25年下半期になると, 白井の株数は大幅に減少し, 堤系の永井, 川島, 中島, 東方友次郎, 山名などが株主名簿に登場するのであり, 箱根土地の持株も37,246株に増え, 専務取締役に永井, 監査役に小高が就き, 経営を完全に掌握している。

駿豆鉄道からは, 後に康次郎の事業を支える人脈も育っていた。東方友次郎が28年下半期から, 山名常務の下で取締役兼支配人となるのであり, 小島正治郎も, 29年下半期から, 東方取締役とともに取締役兼支配人に就任している。小島は, 栃木県出身で, 25年早稲田の商学部を卒業し, 小島自身が語るところによると「私が堤会長にお仕えしたのは昭和四年四月, 駿豆鉄道－現在の伊豆箱根鉄道に入った時からである[52]」。経理担当者としてその実直な性格を買われ, 堤の長女淑子を娶るのが入社した年の12月である。東方と小島が, 駿豆鉄道の実務出身者であったことが見て取れよう。

駿豆鉄道の営業は, 三島・修善寺間鉄道, 三島市内・沼津間軌道, 修善寺・伊東間, 修善寺・湯ヶ島間, 伊豆長岡・三津間のバス路線であった。25年以降バス路線の拡充が進み, 修善寺・熱海間, 伊東・熱海間, 沼津・三津間の路線が追加され, 営業報告書にも鉄道, 軌道と並んで自動車が独立した項目として記載されるようになる。25年の株主総会では反対を押し

---

52) 前掲『堤康次郎会長の生涯』86頁。

切る形で熱海峠・箱根峠間自動車専用道路建設を決定し，直ちに建設申請をしている。29年の建設許可に続き30年に着工した専用道路は，「許可から完成までの工費はざっと百五十万円，これは，伊豆箱根鉄道の当時の資本金に等し」かったのである[53]。同じ時期に富士屋ホテル二代目山口正造が，芦ノ湖・箱根峠・熱海間自動車専用道路建設を申請し，認可されているが，着工にいたっていない。25年以降の営業報告書には，旧経営陣の時代にはなかった，土地取引が財産目録に記載されるようになる。25年下半期には，「修善寺駅前市街地売却代金」が未収金として，また，26年下半期には，「大仁土地代金」が仮払い金として，それぞれ記載されるが，この記載はその後も引き続き継続しているのは，購入土地を保有し続けていることを表している。

　道路建設申請認可の見通しが立ったからであろう，駿豆鉄道は定款変更をしている。28年下半期までの定款では，「地方鉄道法及軌道法に依る運輸交通に関する一般の業務」，更に，「附帯の事業」となっているので，それまでのバス事業はこの付帯事業という位置づけであったのであろう。29年上半期の定款変更で，運輸交通に関する一般の業務に加えて，「自動車運輸業並びに附帯の事業」とする。29年下半期の定款変更では，会社目的として以下を列挙するようになり，不動産・観光事業を行うとともに住宅・別荘への電力供給を加えた。

　　1．鉄道及軌道を敷設し旅客貨物運輸
　　2．電力，電燈，電熱の供給並びに電気機械機具の販売及貸付
　　3．自動車による一般の運輸業
　　4．娯楽機関の経営
　　5．会社の目的達成に必要なる事業に投資
　　6．必要な附帯事業

　箱根自動車専用道路開業でバス運行を開始する37年以降，営業報告書はバス営業部門を長岡自動車部と箱根自動車部に分けて記載するようになるが，ここから，後者の大幅な赤字が経営を圧迫している状態が明白に見て取れるし[54]，また，箱根の土地経営が駿豆の経営資源利用によって成り立

　　53）　前掲『人を生かす事業』141頁。
　　54）　前掲『堤康次郎』表14。

っていたことも明らかである。

　32年の役員構成は，後に見る武蔵野鉄道とほぼ同様で，常務取締役山名義高，取締役中島，東方，小島，監査役仁田大八，小高と人事的にも完全に掌握している。仁田は地元静岡出身の株主である。

　交通手段を確保すると，これを基軸として伊豆・箱根の土地の付加価値を高めるのであり，更なる熱海，伊豆進出への梃子とする。沿線の土地開発に武蔵野鉄道の経営資源を全面的に活用する原型がここに見られるのである。37年には，芦ノ湖の箱根遊船を合併し，翌年から大場金太郎が取締役に就く。康次郎が，興銀の融資で新たに早雲山・小涌谷間自動車専用道路建設を計画した際，駿豆鉄道経営と収益性の観点から反対したことから[55]，東方は39年以降役員から外され，武蔵野鉄道監査役へと移されている。41年には，小田原の大雄山鉄道を吸収する。東方なきあと大場は，特に，康次郎が43年に発病した後は，伊豆箱根方面事業の実質的責任者として一切を仕切るようになるし，その業務は大場の長男朋世が引継ぐこととなる。

2　武蔵野鉄道

康次郎は，その経営に参画した頃の武蔵野鉄道の経営状態について，次のように述べている。「昭和七〔1932〕年，私が武蔵野鉄道（いまの西武）の経営を引き受けた時，この鉄道は借金だらけのボロ会社だった。……給料の切り下げと，昇給をやめることに決めたのだ。……その代り，整理はしなかった。この措置は，それから七年間も続いたが，みな我慢して，再建に努力してくれた[56]」。事実，29年上半期以降無配となっており，損益計算書で損失金を計上する状態になっていたが，本業である鉄道関係の営業収入と営業費では黒字であった。経営を圧迫していたのは貸借対照表に見られるごとく，社債と借入金であった。取締役社長遠藤柳作が退任し，山名義高が専務取締役に就任する31年下半期について見ると，貸借対照表の貸方で，資本金1,200万円（未払込資本金480万円あり）に対し社債が630万円，借入金290万円となっている。この結果，損益計算書における鉄道

---

55)　同上，220頁。
56)　前掲『人を生かす事業』46頁。

営業収入は55万9,183円，営業費39万4,023円で鉄道経営自体の経営には問題がなかったのに対し，借入金利子28万8,069円，社債発行費償却17,047円となっているように，借入金利子負担が経営圧迫要因となっていた。

　原因は，過剰投資にあった。同社は，武蔵野軽便鉄道として09年2月に巣鴨・飯能間軽便鉄道免許を申請し，10月に認可を受ける。その後，社名を武蔵野鉄道と改称するとともに，起点を池袋として15年4月に開業している。第一次世界大戦後の石炭価格高騰への対策と輸送時間短縮を目的として20年に電化に着手し，23年12月には池袋・飯能間の電化営業を完成した。また，関東大震災以降の郊外化の進展に対応して江古田，椎名町，中村橋，田無町，清瀬，東大泉などの駅を新設した。更に，27年に練馬・豊島園間，29年に西所沢・村山公園間の支線，大株主浅野セメントの要求に応じた飯能・吾野間延長線を開業した。しかし，既に不況に入っており，旅客・貨物輸送の減少が続き，収入減の状態に陥る一方，設備投資のための借入金利子負担が重しとなっていた。

　康次郎は，震災の23年以降大泉で土地取得を開始し，東大泉駅舎を寄附していたことから，関係者の株取得がなされており，24年の株主名簿に川島与右衛門（20株），小高義一（10株），山名義高（1株）の名前が見られ，康次郎自身が株主として登場するのは25年である[57]。更に，30年下半期以降競売に付された割当新株未払込分を関係者に新株分散所有させたと思われるのは，この期から山名義高が取締役に就任していることからも見て取れよう。30年下半期営業報告書によると，30年8月20日に第二新株（1株につき10円）の失権株3,066株が競売され，同時に，第三新株（1株2.5円）の払込期限を31年1月20日までの延期が決定されている。更に，この失権期日も3月20日まで延長された後，7月15日に発行数12万株の内払込失権株式3万2,603株が競売に付されると康次郎関係者が大量取得したと見られ，31年下半期に山名が専務に就任し，32年上半期に小高義一が新任取締役となる。また，前期まで監査役であった高橋文太郎も取締役に就任する。33年上半期からは，山名社長・小高常務の体制となり，34年下半期での小島正治郎取締役，川島与右衛門監査役就任で，完全に支配下に置く。

　康次郎の武蔵野鉄道経営再建は，過剰負債という財務と鉄道事業の両面

---

57) 前掲『堤康次郎』235頁。

で進められた。債権者としての，金融業者馬越文太郎や東武鉄道の根津嘉一郎との交渉，33年の社債償還不能から始まり，34年の鉄道財団の強制管理，36年の強制和議成立と減資，そして，38年9月26日の臨時株主総会で増資新株全額払込完了を報告しており，これにより会社整理の完了を見，39年上期には利益を計上し，6％配当を復活するまでになった。業績回復を背景に，康次郎自身39年下期に取締役，40年10月社長就任し事業活動の中心を鉄道に移している。

　山名専務，小高取締役の体制となると，32年下半期の営業報告書にあるように，「沿線の開発と乗客の増加を図る目的をもって」沿線地主の委託を受けて土地売買・賃貸借の仲介事業を開始し，更に，「電車線とあいまって青梅，奥多摩方面の遊覧客に対し新規経路を提供」すべく青梅自動車会社買収し，その営業を継承して青梅・豊岡間9.7キロ，青梅・飯能間9.5キロ，青梅・御岳間6.4キロ，合計25.6キロのバス運行事業に参入する。33年上期営業報告書によると，更に吾野自動車（飯能・畑井間4.2キロ）と武蔵自動車商会（飯能・豊岡・入間川間7.7キロ）を買収するとともに，バスと鉄道との運賃通算割引を導入しているし，不動産仲介としては，江古田・東久留米間各駅付近と豊島園付近で約15万坪余りの分譲委託を受けているとしている。営業報告書には，32年下半期から自動車部門が計上されるようになり，33年上半期まで赤字であるが，同年下半期から黒字に転じている。営業報告書が従業員数を掲載している34年上半期までについて見ると，30年上半期には取締役，監査役の役員及び支配人18名を含む632名であったのが，33年上半期には役員を含め486名に減少している。しかし，同年下半期には，自動車関係33名を含めて522名，34年上半期には自動車関係51名を含めて576名と増加に転じているのは，一時的に人員削減があったものの，康次郎の経営再建方針である給与引下げによる雇用確保と経営多角化の成果であろう。

　36年下半期営業報告書によると，1,200万円（720万円払込）から72万円（全額払込）への資本金減資と1株50円の総株数を24万株から1万4,400株とする定款変更には，同時に業務目的に「土地建物の所有売買賃貸」を付け加える。

　この36年には，武蔵野鉄道への五島慶太の介入があったとされている。根津系資本の東電が，電気代不払を理由に電車への送電を止めたので「幽

霊電車」と呼ばれ，社員の給料不払いが続いた頃であり，また，康次郎が腸チフスで生死の境をさまよっていたことから，五島が，「堤には多摩湖鉄道の経営がやっとだから，武蔵野鉄道の経営は無理だ。社員が困っているのだから，株を手放してしまえと言うと，みなすぐ共鳴するわけだ。……当時の重役の一人，中島陟君が大いにがんばってくれたので，ことなきをえた[58]」と語っている。康次郎に株式支配強化の必要性を痛感させた事件である。

　事業多角化の過程を営業報告書によって辿ってみると，39年下期に多摩湖鉄道の合併と日本企業（豊島園）の買収決定を行っており，不動産関係では，菊屋の土地・建物の取得，石神井，大泉，東大泉の土地分譲を行っている。武蔵野鉄道と多摩湖鉄道の合併は，両線の相乗効果をもたらすとともに，バス事業の展開を一層効果的にするものでもあった。鉄道旅客収入は，39年上半期において，武蔵野鉄道本線が81万9,000円，多摩湖線が1万4,000円であったものが，42年下期には，それぞれ192万6,000円，3万9,000円，計196万3,000円となっているし，バス旅客収入も，本線関係路線が6万3,000円，多摩湖関係路線が3万3,000円であったものが，40年下期には，9万7,000円と8万3,000円に増加した。また，この期には，秩父自動車を合併しており，ここでも相乗効果が見られ，秩父自動車旅客収入が同期5万2,000円であったものが，42年下期には8万5,000円となっている。この結果，バス3路線合計の旅客収入が31万1,000円となった。

　不動産関係事業が，箱根土地所有の沿線土地仲介業務であったことは，箱根土地の営業報告書から見て取れる。39年上半期営業報告書によると，前期末に大泉学園都市の第二回分譲を終了し，今期に入り「第三回分譲を開始するや旬日を出でずして売却済みとなり予期以上の成績」を収めたとしている。この結果を反映して，箱根土地所有の東京郊外の土地面積は，38年下期の381万5,000坪が39年上半期には65万5,000坪へと激減している。鉄道と土地分譲の相乗効果が現れたのである。分譲地仲介は，その後も積極的に行っており，40年下期の，大泉，田無町，富士見台，練馬春日町，41年下期の石神井，42年上期の西所沢，同年下期には上記の地域に加え，練馬南町，朝霞，小手指，中村町，所沢町と広がっている。

---

58) 前掲『人を生かす事業』76頁。

III 鉄 道 事 業

多角化の一環として，付帯事業がある。38年下期までの損益計算書は，鉄道，自動車，電灯電力の3区分であったが，39年下期からこれに遊覧場が加わるようになり，石神井プールとボートならびに正丸峠更生道場であった。41年上期から，これに吾野石灰場，大泉市民農園，直営駅構内売店が加わり，同年下期に豊島園が加わる。

豊島園は，安田信託銀行が，担保流れとなったものを，引き取り当初分譲地とする計画で貸付課長小川栄一を派遣したが，小川は35年に個人の資格で日本企業を設立し，遊園地として再建していた。小川は，日本経済新聞『私の履歴書』で，康次郎が武蔵野鉄道再建期に安田信託銀行貸付課長であり，この時期の武蔵野鉄道は「資本金払込720万円に対し700万円を安田信託を始めとする多くの銀行から借金していたボロ鉄道」で，額面50円が1円20銭となっていた株式を買い集めたのであり，減資にあたり，「株券を十分の一にするので債権も十分の一にしろ」と安田に申し入れし，結局，銀行上層部に康次郎の圧力があったとして，債権の8割を切り捨てた，と語っている。更に，自分が経営を再建した豊島園との関係では，武蔵野鉄道が「20分おきにいちばん小さな電車しか出さないようにした。こうして豊島園の経営を追い込んで合併しようというハラである」と言う。同じ頃，資本金100万円の日本沃土（後・日本電工，昭和電工）社長の森矗昶も担当しており，社内の反対を押し切り，「森という人は世論の要求に向かってものをつくっている。しかも，私心がないから必ず成功する。森という人が担保だ」として融資を決定している[59]。「ものつくり」は，しかしながら，康次郎が求めるものではなかった。小川は，日本企業の持株を全て武蔵野鉄道に売却し，武蔵野鉄道の取締役に就任する。

菊屋は，武蔵野デパートと改称され，社長に鉄道の専務藤田秀倫をあて，鉄道が営業資金を提供していたことは，貸借対照表に40年上期から貸付金が計上されるようになることから見て取れる。しかし，経営が順調でなかったことは，同期の貸付金が33万4,000円であったのが，43年上期には164万円に膨れ上がっていることから推測できよう[60]。

康次郎による西武鉄道買収の伏線に東京市の地域交通政策がある。38年8月，東京市の地域交通一元化案を議すべく，「交通事業調整委員会」が

---

59) 小川栄一『私の履歴書』日本経済新聞，経済人，7，1980年，97頁。

発足する。委員長には永井柳太郎が就き，衆議院議員としての堤，利益代表者として五島慶太などが委員となった。堤，五島とも一元化案に反対し，40年末に地域別小統合案が決定されるが，それによると東京の地域交通は，中央本線以南，中央本線と東北本線の間，東北本線と常磐線の間，常磐線の東南の4ブロックとなった[61]。これにより，西武線，武蔵野線，東武東上線が同一ブロックとなり，東武鉄道は池袋を起点とする東上線と浅草を起点とする伊勢崎線が異なったブロックに分かれる。西武鉄道のメインバンクは興銀であり，主要株主は，根津嘉一郎の東武と穴水熊雄の京王電軌であったが，42年，穴水が東武に所有西武株を譲渡したことにより，東武東上線と西武線の統合の可能性が生まれた。穴水の妻は岡野喜太郎の三女で，大震災で亡くしている。先のブロック割を根拠としてこれに異議を唱えたのが康次郎であった。東武の主体が伊勢崎線であったことから，最終的に康次郎が西武株を引き取り，43年1月，小島正治郎が常務取締役，中島と永井が取締役に就任する。康次郎は，営業面で競合するとともに所沢駅の共同使用など施設面で共存する武蔵野・西武両鉄道の経営一体化を考えることになる契機として，40年1月2日の事故があるとしている。所沢飛行場駅で，両鉄道の電車が正面衝突し，死者7名，重軽傷者75名の大惨事を引き起こした。更に，この事故の余談として，「いつのまにか社長になった」山名義高が同じ頃に没した東武の根津嘉一郎に取入ろうとしていたことが明らかになったが，「山名社長のもとで専務をしていた小高君が忠誠そのものであったので，武蔵野鉄道を他人の手に渡さずにすんだ[62]」と回顧している。康次郎が関係会社に身内以外の「社長」を置かない契機であろう。先に触れた『私の履歴書』で小川栄一は，豊島園買収のため武蔵野鉄道の妨害的運行を独断でした責任を取らされ，「堤氏は泣く泣く山名氏を切った」と語っているのは，歴史的事実の解釈が各人固有なものであることを示すものとして興味深い。豊島園買収の39年下半期に，山名社

　　60）　ターミナルデパートを鉄道が経営する初めは，小林一三の阪神急行電鉄であり，ターミナルステーションに店舗面積を見込んだ建物を建設し，20年の白木屋出張所出店に始まり，29年に本格的ターミナルデパート第1号阪急百貨店が開業している。その後，南海鉄道の難波，東武鉄道の浅草などが続くが，いずれも建物は鉄道が所有・監理するが，百貨店事業者とは資本関係を持たなかった。前掲『京浜急行八十年史』31頁。
　　61）　前掲『堤康次郎』287頁。
　　62）　前掲『叱る』195-98頁。

長の下で小川は取締役に就任しているが，上記の事故の責任を取らされたのであろうか，40年下半期に山名が常務に降格され，康次郎が自ら社長に就き，小川は取締役に留まっている。そして，42年下半期になると，康次郎社長の下での取締役から山名と小川の名前が消えるのは，両者を同時に切り捨てたことを意味する。

西武鉄道株の引き取りの形としては，貸借対照表での有価証券所有額が，箱根土地では42年下期の1,540万円が43年上期に2,223万円となっており，また，同じく武蔵野鉄道では42年6月末現在で帝都高速度交通営団株40万円が42年12月末現在でこれに西武鉄道株式会社が加わり376万円となるように，支配下の2社が引き取ったと見て取れよう。

2つの鉄道会社の43年上半期損益計算書の営業収入を，鉄道，自動車，附帯の3項目で比較してみると，武蔵野鉄道が本業としての鉄道収入で優っているとともに，康次郎が進めた経営多角化が総収入の相違として決定的となっていることが見て取れる[63]。

44年6月から東京都の糞尿処理を引受けている。44年7月に食糧増産株式会社を，資本金3,000万円を全て両鉄道が引受ける形で設立する。食糧増産の名目で，多摩湖周辺や両鉄道沿線の農地2,000haを買収し主として野菜を耕作し，農林省の協力で学徒動員の学生や多摩湖周辺では修養団の労働奉仕を受けている。農地の耕作には両鉄道の職員を動員していたのであり，康次郎が自ら語るように「食糧増産という会社は，西武鉄道の傍系として創立したばかりで，専属の社員は一人もいなかった。合併も経理上の理由からだった[64]」のである。これに先立つ41年に設立した東京耐火建材は，戦後の46年に復興社と改称されるが，同時に西武鉄道から移譲された吾野の石灰事業を基盤に「復興建設と建設材料生産」に着手するのであるから，これ以前に生産活動を行っていたかは，疑わしい。むしろ，食糧増産同様，戦時下の物資統制の中で資材配給を受けるための窓口であり，設立資本金借入れの名目にされたと想定できる。

---

63) 前掲『堤康次郎』288頁，表22, 23。
64) 前掲『人を生かす事業』78頁。また，中嶋忠三郎は，次のように語っている。「堤は，西武鉄道の沿線等に，沢山の地所を所有し，「農業の会社」を経営していて米を作っていたのである。……西武農業鉄道は，一事業として小作制度に類するような事業を経営し，後に随分問題となった」。(中嶋忠三郎『西武王国』サンデー社，2004年，22頁)。

3社合併での西武農業鉄道を経て，46年に西武鉄道と改称するが，両鉄道の鉄道営業キロ数は，武蔵野鉄道が73.6キロ，西武鉄道が67.5キロの，計141.1キロであり，食糧増産は沿線農地取得という役割を終了したのである。西武農業鉄道合併時の資本金は，3社を対等合併させたので，武蔵野鉄道1,394万8,000円，西武鉄道780万円，食糧増産3,000万円の5,174万8,000円であった。

　終戦直前の時期に申請した3社合併に当初認可が下りなかった理由に，鉄道と食糧会社では所轄官庁が異なるという点があった。合併認可が下りた時点でも，食糧増産がほぼ幽霊会社であったことから問題が生じている。それゆえ対等合併としたものの，食糧増産の株式は5年間無配当とし，以後も配当率3％の後配株とされているし，運輸省に提出した念書で，食糧増産の経営の運輸省管理，払込資金使用の運輸省承認，統合会社の配当率5％以内などの条件が付けられていた。食糧増産の後配株募集を西武農業鉄道全株主3,500名に対して45年10月30日付で行うが，買入れ希望者13名，申込株数1,086株に過ぎず，額面50円に対し申込価格が10-30円であったので，大和証券に40円で60万株を一括処分として引き取ってもらったとされている[65]。

　資料的に確認できないが，この時期の康次郎の資金調達に関して以下のような報道が残されている。「三社合併の際，食糧増産が持っていた三千万円の手持ち資金はそのまま西武鉄道に吸収された。都の糞尿処理やその他の資産処分で，終戦後の西武鉄道は四千数百万円の資金を手持ちし，戦後の積極経営に利用された[66]」。「東京市から再三の懇請で引受けたとき，康次郎は，糞尿の利用や建設資材の確保という目的で，……食糧増産と耐火建材を設立し，……銀行から五千万円を借り，……この資金が敗戦であらかた残り，その後の資金となった[67]」。

3　近江鉄道

1940年10月に大政翼賛会が結成されると，東条英機首相の意思で，翼賛政治体制協議会が創設され，この協議会が母体となって選挙の推薦候補を決

---

65)　前掲『堤康次郎』329頁。
66)　『キング』1952年1月号。
67)　成瀬忠昭『西武グループのすべて』1983年，63頁。

定すべしとなった。42年4月の衆議院選挙にあたり，滋賀県知事並川義隆が，安定した選挙地盤を持つ康次郎以外の推薦候補では責任を持てないとの意向を示し，推薦受諾を働き掛けた。この時の選挙では，強力な対抗馬がいなかったことから，康次郎は推薦を受ける必要を認めなかったが，知事の要請でもあることから，推薦を受けた。これが46年の公職追放の原因となっている。

　43年3月の前立腺肥大発病の直前，滋賀県知事から業績不振の近江鉄道経営再建の要請を受け，5月に近江鉄道社長に就任したとされている。しかし，滋賀県知事の要請が，翼賛政治体制協議会推薦受諾の条件として堤の提案であったのではないかとの疑念は，康次郎のそれまでの事業展開の手法から，再検討できるものと思われる。箱根土地の所有有価証券として，既に27年下半期から，一株50円全額払込済みで近江鉄道株を200株所有しているからである。この時点での武蔵野鉄道株は，一株50円，10円払込で135株所有しているに過ぎない。そして，43年には近江鉄道の経営参加に留まらず，直ちに株支配に乗り出している。知事要請は康次郎にとって一つの商機でもあった。

　近江商人出資で1898年開業の近江鉄道は，既に触れたように，康次郎との関係が深い近江出身で大阪硫曹の阿部市三郎が1912年には社長をしており，26年から宇治川電気の経営下に入るが，選挙で応援演説をした中橋徳五郎が宇治川電気を経営しており，康次郎もその株を所有していた。彦根・八日市・貴生川をつなぐ近江鉄道の営業地域である湖東は，康次郎の選挙地盤であった。38年成立の電力統制令は，41年7月に公布され，これを受けて配電統制令が公布されると，9配電会社体制が確立し，42年3月31日をもって関西配電に宇治川電気も統合される。宇治川電気傘下各社は宇治川電興業（社長林安繁宇治川電気社長）に移され，近江鉄道もその管理下に置かれたが，知事推薦と鉄道省監督局の仲介で，43年5月10日をもって康次郎が社長に就任するのである。

　43年の株主名簿では，長男清が筆頭株主，中島陟が大株主として登場するとともに，林社長の下での旧経営陣からは，専務矢部友雄と常務秋田寿雄を残すが，44年の増資で更に小島，中島，小高が大株主となり，旧経営陣から残るのは秋田のみであるから，秋田が鉄道実務の継続者であったことが分かる。康次郎の積極経営は直ちに始まり，44年には八日市鉄道を買

収し，更に，戦時中の国策の要請による交通統制の流れに乗り，沿線の自動車会社を次々と合併または買収していくのである。

IV 事業展開と株式支配

無原則とも見える広がりを見せる鉄道付帯事業とともに，組織の枠組にとらわれない康次郎の事業展開は，関連会社の株式支配の固定化と全てを康次郎個人に集約する経営・人事管理手法を特徴としており，このワンマン経営は初期からのものであり，没年まで変わることがなかった。

　西武鉄道を中核として戦後に顕在化する事業の広がりの方向性を最もよく表しているのが，武蔵野鉄道での業務目的の変遷である。1936年までの会社業務目的は，1）鉄道・軌道による旅客貨物運輸，2）土地経営・電灯電力供給，3）石灰石・砂利の採取販売，4）会社経営に必要な他会社の株式所有，5）自動車による運輸の5項目であったが，幾度かの定款変更を経て一挙に事業の幅を広げるのであった。既に見た36年改訂での「土地建物売買賃貸」に続き，39年に多摩湖鉄道と豊島園の合併と菊屋デパート買収を機に定款を大幅に改訂する。ここで新たに業務目的に加えられたのは以下の通りであるが，鉄道と鉄道関連事業を専業とする他の私鉄の定款と比べ著しい業務の広がりを見せている[68]。

- 一　一般貨物の運送営業
- 一　土地建物の所有売買賃貸及び土地建物を抵当とする金銭貸付け並びに住宅地経営
- 一　食堂の経営
- 一　物品陳列販売業（デパートメント・ストア），輸出入業，卸売業，薬品，売薬など
- 一　営業診療所の経営

---

68) 道の業務多角化と定款変更について京浜急行の例を見てみる。1898年の大師電気鉄道発足時の定款は「電気鉄道を敷設し，一般運輸の業を営む」とするのみであったが，1900年にはこれに「並びに電力電燈事業」を加える。京浜電気鉄道となる10年の定款でも業務目的は変わらず，17年に「土地経営運河事業」，27年に「自動車」，31年に「自動車道の施設」を加えた。「土地建物の売買」と「娯楽機関の経営」が入るのは48年である。前掲『京浜急行八十年史』参照。

IV 事業展開と株式支配   97

表3-3 康次郎の関係会社株支配

	箱根土地 (1926)	高田農商 (1923)	駿豆鉄道 (1926)	高田農商 (1935)	駿豆鉄道 (1932)	武蔵野鉄道 (1936)	箱根土地 (1926)
総株数	440,000	20,000	75,000	20,000	50,000	240,000	440,000
重複株式数	193,612	14,693	32,678	17,101	28,640	55,519	235,755
比率（%）	43.9	73.4	43.6	85.5	3.8	23.2	53.5
重複株主数（人）	45	21	33	71	63	65	56

出典）各年株主名簿。

一　娯楽機関の経営
　一　旅人宿業
　この定款での業務目的は，康次郎が戦後展開する事業の範囲を網羅しており，後に西武グループの中核・準中核企業となる関係会社は，国土計画興業から分かれる化学を除き，全て鉄道の付帯事業から派生したものである。会社組織の枠にとらわれず，関係会社の採算を無視しての事業展開は，康次郎のワンマン経営であったからこそ可能であったのであるが，同時に，康次郎が関係会社の株式と人事を掌握していたことが前提となる。派生会社の株式は親会社が支配するのであるから，ここでは，康次郎の事業展開の初期において関係した会社の支配を株所有形態から概観してみる。
　先ず，康次郎が事業活動初期に関わる会社，即ち，箱根土地，高田農商，駿豆鉄道の20年代中頃の株主で，複数の会社の株主となっている者を重複株主として，入手できた株主名簿に基づき一覧にし，その株数の全発行株数における比率を算出してみる。そして，同じ一覧を，30年代中頃について，新たに支配する武蔵野鉄道，高田農商，駿豆鉄道，そして，時期はずれるが箱根土地（1926年）を加えて表3-3作成した。下落合の土地を除けば，人間関係を唯一の資産として事業を展開する康次郎であるから，出資者として事業協力者，知人，同郷人を動員している。言うまでもなく，重複株主以外にも出資者，協力者がいたことは明らかであるが，全ての関係者を識別することは困難なので，ここでは重複株主の支配比率を算出し，これに加えて康次郎の協力者として知られているそれ以外の者を別途解説するものとする。
　この一覧と株主名簿にある株主と照し合わせると次のように言うことができよう。

1．康次郎は，あらゆる人脈を動員して出資者を糾合しているのであり，康次郎の初期の事業からの協力者である山名義高や小高義一などの早稲田同窓生，下落合時代の小野田耕作や廣中光次郎，近江人脈から姻戚の塚本金兵衛，上林国男，川島与衛門，山根定，東京での姻戚関係では永井外吉や中島陞，そして，高田農商銀行での福室郷次や駿豆鉄道の東方友次郎などの実務者が名を連ねている。そして，重複株主として挙がってこないが，康次郎の姻戚関係者が株主となっていることから，実際の支配比率は表3-3よりも高くなる。

2．事業初期の20年代において，最も重複株式数比率が高いのは高田農商銀行であり，筆頭株主が11,723株の箱根土地で，個人株主として最大なのが1,600株の福室郷次であった。重複株主に挙がってこないが，塚本金兵衛の2,100株と母方の実家に養子となった廣田淳二郎10株もある。箱根土地の大株主は全て個人で，筆頭が康次郎の27,050株でこれに次ぐのが永井外吉の14,050株である。これに，上林，川島，山根，山名，小高，小野田，廣中が続いている。正妻の川崎文の名前がない一方，岩崎そのが90株となっているし，堀部久太郎も7,120株所有している。また，この時点では，岡野関治（2,000株）は重複株主一覧に挙がってこない。箱根土地には，藤田，若尾，吉村，九鬼などの財界人も株主となっているが，康次郎の後援者であった藤田を除き名目的なものであったと見てよいであろう。駿豆鉄道の重複株式数比率が最も低い。最大の株主は康次郎と対立する白井龍一郎の13,002株であり，箱根土地と康次郎個人の持株は3,960株と2,540株に過ぎなかった。ここでは，箱根土地100株所有で重複株主として現れている丸水水産の渡邊善十郎や重複株主ではないが協力した駿河銀行の岡野喜太郎の支援を受けての駿豆鉄道支配であったことが明かである。

3．30年代になると，機関銀行として箱根土地を支えた高田農商銀行を除いて重複株式数比率が大正末と比べて低下している一方，重複株主数が増大しているのが特徴である。武蔵野鉄道については，経営再建にあたり安田信託銀行と浅野セメントの支援を受けたことは既に述べた通りである。駿豆鉄道は，十国線の自動車専用道路建設など完全に康次郎の支配下にあったにも拘かわらず大幅に重複株式数比率が低下しているのは何を物語っているのであろうか。32年における最大の株主は，依然として13,114株の白井であり，箱根土地は6,450株に過ぎないし，僅かな例外を除き協力者

達の持株数を減じている一方，20年代に見られた丸水水産などの大株主はいなくなっている。康次郎は，重複株主として現れてこない関係者に株を分散所有させたか，既にこの頃から（架空）名義株操作を行っていたと考えてよいであろう。

　4．康次郎の初期の事業展開においては，人脈を動員して協力者を獲得できたことが決定的であった。協力者に出資をあおぐ一方，同時に事業の実務者として経営陣に残し，大株主を役員として遇した。最初の起業である箱根土地，更に強羅土地の設立にあたって著名財界人を役員としている。しかし，前川太兵衛が典型的な例であるように，一時的な名義借りであった。また，杉野喜晴の場合のように，その持株の資金手当に高田農商銀行を利用している。そして，高田農商銀行の最大株主が箱根土地であったことは，箱根土地払込資本金をこれに利用したことを窺わせる。

　康次郎は，身近の協力者の中から忠実な部下を育てていった。株式支配とともに，自らがワンマンとなることによる人的支配が不可欠であったのである。下落合の土地を担保とした，資本金5万円の沓掛遊園による軽井沢での土地取引を実績とし，出資者を募ることで起こすのが払込資本金500万円の箱根土地であり，その資本金を利用しての高田農商銀行支配であった。これが起業の実態であったとするならば，康次郎は無から事業を起こしたと言うことができよう。

　　　　　　　　　　　　　　　　　　　　　　　　（大西　健夫）

第4章

機関銀行高田農商

　高田農商銀行は，現在の豊島区高田に1900（明治33）年に設立され，そのその名称が51年に消滅するまで遂に一度も支店を持つことがなかった。この小さな銀行が本書で扱われるのは，康次郎が20年に設立した箱根土地会社の機関銀行として利用したからである。本章では，それ故，康次郎がこの銀行を支配し，機関銀行として利用する時期を中心として，銀行の経営内容を分析するものとする。

　経営分析のための資料については不十分なところが多い。財務諸表の内片方だけしか，対象にしていないものも，ままある。また両方揃っているのも「日計表」（後述）から作成し直したものである。これは，記録保存が不十分だったこと，更には筆者の怠慢による見落とし，あるいはその双方が理由だと考えている。しかし，収拾した資料だけでも，堤グループが高田農商銀行の経営を握っていた時期に抱えていた問題のかなりの部分を浮き彫りにすることができたとも考えている。

　使用する資料は特に断りのない限り，財団法人金融経済研究所所蔵の一連の同行資料を利用している[1]。なお，高田農商銀行に関しては，野田正穂の手になる先行研究が存在していることを特に記しておく[2]。また原資

　1）　高田農商銀行は，第二次世界大戦後，いくつかのプロセスを経て，1966年に三井銀行（現：三井住友銀行）に吸収された。そのためその資料は三井銀行と深いつながりを持つ上記研究所が所蔵・保管していた。資料活用にご協力頂いた同研究所に対し感謝の意を表したい。但し，同研究所は，2002年11月をもって解散となり，所蔵していた書籍・資料はアメリカのメリーランド大学に収容されている（金融庁にて確認）。従って，この章の記述を支える資料の内容とその意義について再確認することは現在では容易でないことを記しておく。

　2）　野田正穂「高田農商銀行覚え書」，『金融経済』，199号，財団法人金融経済研究所，

料からの引用に当たっては努めて当時の表現を生かしているが，旧字などが一部新字に代替されている場合もあることも併せて記しておく。

I　設立期の高田農商銀行

高田農商銀行は，1900年5月13日に設立されて，同年7月11日に営業を開始している。同行の第一期営業報告書によると資本金は5万円（内　払込金3万7,500円）で[3]，設立時の株主数は156人であった。設立時の取締役会は，頭取に大塚藤平（所有株式数〈以下同じ〉150株），専務取締役に篠五郎作（150株），取締役に新倉徳三郎（100株）・並木仙吉（75株）両名，取締役兼支配人に福室錠之助（75株）という構成になっていた。なお，頭取の大塚は質屋を経営しており，銀行の建物は大塚が保有している家屋を賃貸で使用していた（所在地　東京府北豊島郡高田村大字高田303番地）。株主には大塚姓を名乗る男性4名が名を連ねていることもあり，同行は大塚家の個人銀行的色彩の強いものだったと推測される[4]。

その後約20年間にわたって役員名簿に必ず大塚姓が掲載されていた同行であるが，その後変化が生じる。第三十九期決算書（1919年下期）は役員名簿に大塚姓が掲載されている最後のものである。ただ，新しい役員は全て設立時から関わりを持っていると思われる人達である。頭取には新倉徳三郎（設立当時も役員）が，専務に一杉平五郎（設立当時同名名義で70株保有）が，取締役に大塚藤作（設立当時大塚藤平名義で50株保有）が，常任監査役に足達安右衛門（設立当時足達和市名義で30株保有）が，監査役に篠房輔（設立当時篠五郎作名義で150株保有）がそれぞれ就任している。苗字から見る限り，「創設者たちの後継者による代変り」と推測される。

表4-1は，20年の同行の貸借対照表である（表中に○○という表記があるがこれは引用者に解読不能であったことを示している。以下の引用文中にもいくつかこうした箇所があることをお断りしておく）。先ず，資産の部であ

1983年。

　3)　「資本金15万円」と記している資料も存在しており，次の節で述べる増資との平仄を考えるとこちらの数字が正確なのかも知れないが，それを裏付ける資料は未見である。

　4)　初期の同行の経営陣のプロフィールの紹介などは野田の論文に依拠している。

I 設立期の高田農商銀行

表4-1 高田農商銀行貸借対照表（1920年6月）

(単位：円。1円以下切り捨て)

資　産	金　額	負債及び資本	金　額
〈資産の部〉		〈負債の部〉	
現金・預け金	287,015	預金	1,570,424
現金	70,146	当座預金	78,351
預け金	216,869	特別当座預金	524,978
貸出金	1,510,228	定期預金	878,160
証書貸付	200,131	普通貯金	26,147
当座貸越	11,431	定期貯金	12,888
割引手形	1,298,666	貯蓄部よりの	
有価証券	30,292	預かり金	54,000
公債証書	28,160	その他の負債	10,937
社債券	2,132	未払配当金	310
動産不動産	47,463	未払利息	1,751
営業用土地建物什器	25,158	未経過割引料	8,876
所有動産不動産	22,305	○○補填備金	78
		〈負債の部合計〉	1,589,426
		〈資本の部〉	
		資本金	362,500
		授権資本金	1,000,000
		未済資本金	637,500
		法定準備金	18,375
		法定準備金	18,375
		その他の余剰金	18,701
		前期繰越金	215
		当期純利益	158,560
		別途積立金	2,630
		〈資本の部合計〉	399,576
合　計	1,989,002	合　計	1,989,002

るが，「現金・預け金」の（資産全体に占める。以下同じ）ウエイトが15％で，手元流動性が極めて高いことが確認できる。貸出金のウエイトは76％。いささか高めの数字であるが，貸出手段の中では割引手形が圧倒的であることに特色がある。（後で見るように，状況が変われば全く異なった解釈を下すことが可能なのであるが），この時点では好意的に解釈することができる。割引手形取引は，通常の場合においては，「サウンド・バンキング」の代表的な短期の取引手法であり，信用リスクや担保価値の劣化などとはほぼ無縁で，言わば不良債権発生リスクが限りなくゼロに近い性格を有している。ただ「有価証券」のウエイトが4％というのは「貸出」のウエイ

トが高いことの裏返しで，リスク分散という点でいささか問題のあるところだが，手元流動性の厚みがそれを補って余りあるものにしている。この時点においては，総じて合格点の付けられる優良な資産構成と言えよう。このバランスシートは後に述べる増資後，つまり康次郎グループが経営に関わるようになってからのものであるが，この時点ではまだ「優良」な銀行であった。

次に負債及び資本の部に目を転じてみる。まず「預金」の負債及び資本金全体に占めるウエイトは79％。この時代の資金調達手段の少なさを考えれば極めて良好な数字だと言えよう。その中で，「定期預金」が高い比率を占めており（預金全体の56％），ほぼ理想的な期間構成と言えるだろう。

損益計算書が得られないので，詳細には語れないが，「当期純利益」の大きさに財務内容の良好さが窺える。『高田農商銀行小史』[5]という社史には「わが行は金融危機になるとむしろ他から逃げた顧客が詰め掛けて，むしろ預金量が増加するほどだった」という記述があるが，少なくともこの時点では正しいものであったであろう。

II　堤グループの登場

前節で見た変化は後で振り返れば小さなもので，1920年の増資のしばらく後に大きな変動が発生する。第四十期決算書（1920年上期）に掲載されている株主名簿に注目すると，大口株主として堤康次郎及び腹心である塚本金兵衛の名を見出すことができる。具体的に言えば「堤康次郎　旧株100，新株500，合計600株」，「塚本金兵衛　旧株100，新株2000，合計2100株」であり，極めて大規模な取得状況である。しかもこれはキャピタルゲインなどを狙った一過性のものではなかった。この後も堤及び堤関係者による同行株式の取得は継続し，翌第四十一期決算書（1920年下期）掲載の株主名簿掲載の大口株主は表4-2のようになっている。

ちなみに，前川太兵衛は木綿織物商「近江屋」主人，塚本金兵衛は滋賀県出身で後の国土計画興業営業部長である。

5）　執筆者が閲覧したのはガリ版刷りの手書きのもので，作成年代は不明。

表4-2 高田農商銀行の大口株主（1920年下期）

旧株	新株	合計	氏　名
0	500	500	堤康次郎
300	3970	4270	堤合名社（代表：堤康次郎）
100	2000	2100	塚本金兵衛
10	550	560	西頭三太郎
100	500	600	吉岡栄蔵
129	713	842	山根定
200	3000	3200	前川太兵衛
100	1500	1600	福室郷次
110	550	660	平野栄一郎

注）19年下期，20年上期の主要株主については，由井常彦『堤康次郎』，1996年，表8，9参照．

　このことは，福室姓を除いて設立当時の株主が蚊帳の外に置かれたことを意味している。では何故福室だけが残ったのであろうか（実は表面には余り出てこないが，その後の大蔵省サイドの資料によると篠房輔も経営陣に残っているようである）。これは恐らく金融機関経営に経験の乏しい堤グループとして，二代にわたって銀行経営に携わっていた人物が必要だったためであろう。では何故福室なのか。この理由に関しては2つ想定することが可能であろう。1つは福室がこれまでの同行経営陣の中で一番優秀だったためであり，もう1つは，第3章で見たように箱根土地の株主としても名を連ねており，堤グループの大規模な株式取得を積極的に応援したと思われるためである。

　その後堤グループは大量の株式保有を背景にして，実際の経営にも携わるようになる。その嚆矢が23年で，塚本金兵衛が既に役員に就任していることが同年上期の営業報告書で確認できる。更に，株主総会の役員選挙で福室郷次（再選），堤康次郎が当選したこと，その後の役員会で塚本が相談役に選出されたことも同書で確認することができる。これによって，福室が厚遇されていることと，高田農商銀行の経営に堤グループが大きな支配力を行使する基盤を強固なものとしたことが理解できるであろう。

　しかし福室と堤グループの蜜月関係はそれほど長く続かなかったようである。25年9月8日付の『東京毎日新聞』に「高田農商銀行は福室がいなくては整理がつかぬ」という趣旨の報道がなされているのである。この記事から事態が「堤グループと福室との間に対立関係があること」，「堤グル

ープが同行唯一の『生え抜き』である福室を追放しようとしていること」，しかし「実務能力のある福室がいなくなれば同行は大混乱に陥る」という流れになっていることが推測される。これが前に述べた「福室有能説」の根拠である。

　こうした事態を憂慮した大蔵省の意を受けた東京府[6]は，同行への「詰問状」を発している[7]。ポイントは「福室問題は事実なのか。預金の流出が多過ぎるのでないか。貸出全体の7割以上が土地担保の固定貸しで大丈夫なのか」という点にあり，「経営上甚ダ困難ノ境地ニ立テルニアラザルヤト被認候」というものであった。これに対する同行の回答（同年10月19日付）[8] は次のようになっている。先ず福室の件については「当行ノ内容ニ於テ右様ノ事実全然無之候」と強く否定している。次に固定貸しに関しては「箱根土地株式会社ノ金百十七万二千六百一円〇八銭ハ主トシテ箱根土地株式会社所有ニ係ル物件ヲ担保トシテ日本銀行ナラビニ日本勧業銀行ヨリ借入タル分及他ヨリ振当テ居ルモノニシテ徐々ニ一部弁済ヲウケツツアル状態ニテ早急ニ取立不可能ナリ」と記している。また，東京府の質問状には「箱根土地との関係を具体的に説明せよ」という項目がないにも拘わらず（次回の質問状にはそれが表面化するが），「尚ヲ箱根土地株式会社ト当行トノ関係ハ会社ガ大正九年上半期ヨリ当行ノ大株主ナルヨリ爾来取引ハ頻繁ナル方ニシテ随而其関係方面ヨリ多額ノ預金アルト共ニ日本銀行ナラビニ日本勧業銀行等ノ援助ニヨリ借入金ヲ得テ相当ノ貸出ヲモナシ居レリ而シテ震災直後一時会社へ貸出増額セシモ漸次減少シツツアル状態ニアレリ。尚ホ現在堤康次郎氏ガ当行ト箱根土地株式会社トノ取締役ナル外他ノ関係ナシ」と言及している。他の章で言及されるので，本章では直接触れないが，堤グループが同行の経営に参加してからほんの数年の間に箱根土地が監督機関によって問題視されているのである。

　しかしこのような回答で監督当局は満足しなかった。26年3月，東京府は同行に次のような査問を行っている[9]。先ず前文で，ほぼ不良債権化し

---

6)　この時点では，銀行の監督は大蔵省銀行局の指示の下，道府県レベルで実施されていた。
7)　「丑商秘第九十一号」1925年10月2日付。
8)　「大蔵大臣浜口雄幸殿　対大正十四年五丑商秘第九十一号ノ件回答」。
9)　「寅商秘第一六号」1926年3月10日付。

た資産が多いことを指摘した後で，前回の「固定貸しが多過ぎる」という抽象的な表現に代わって明確に会社名を指定した形で説明を求めている。内容は

「貴行ノ資産負債其ノ他ニ関スル調書客年十月二十日付ヲ以テ御進達ノ所貴行ノ資産中ニハ欠損見込ノモノ十二万七千七百余円固定貸三十万四千五百余円相当整理ヲ要スルモノ十三万五千八百余円ヲ抱擁シ居ルモノト認メラレ又重役及其親類関係会社等ニ対シ百三十万余円ノ多額ノ貸出シ居リ就中箱根土地株式会社ニ対スルモノ百十七万余円ニ達シ殆ト同会社ノ融資機関タルノ現況ニ在ルハ銀行経営上最モ考慮ヲ要スルモノト認ラレ候ニ付遺憾ナキ様相当御留意相成度尚左記事項相当整理ヲ遂ケ其ノ結果御回報（大蔵大臣宛二通）相成度主務省ヨリノ照合ニ基キ此段及示達候也」

というものだった。更に具体的な質問項目の中で

「当行株式ノ過半ヲ所有セル箱根土地株式会社ニ対シ日本銀行及日本勧業銀行ヨリノ借入金及当行資金ヲ合シ百十七万二千六百一円八銭ニ達スル多額ノ融資ヲ為シ居レルカ斯ク一会社ニ対シ多額ノ貸出ヲ居レルハ考慮最モ要スルニ付相当回収整理ヲ為シ其ノ結果申出ツヘク又銀行カ一人若ハ一営利会社ノ金繰機関タルカ如キコトナキコトニ充分慎ムヘシ尚貸出金ノ担保トシテ同一会社ノ株式ヲ多数徴取シアルハ不適当ナルニ付速ニ担保替又ハ元金ヲ回収整理ノ上其ノ結果申出ツヘシ」

と記している。これは同行が堤個人及そのグループの「機関銀行」と化しつつある事実を指摘している文書である。

これに対する同行の回答書は[10]，先ず「鋭意努力中であるが折からの不況もあってなかなか整理回収が進まず，ご心配をかけて申し訳ない。ついては1927年までには何とかする」とした上で，「日本銀行及日本勧業銀行ヨリノ借入金内一万円也，金四万五千円（現在一万四千円也）ハ当行資金トシテ借入ノモノニシテ其他ハ箱根土地株式会社ヨリ担保物件ヲ提出セシメ当行が借主トナリ借入ナシ大部分ヲ右会社ヘ融通シタルモノニシテ同社ニ厳重ナル要求ニヨリ別表丙号ニ示スが如ク目下土地売却処分ノ上債務ノ弁済ニ付全力ヲ挙ゲテ奔走シ居レバ本年末迄ニハ大部分ノ償還ヲナス運ビ

10）「大蔵大臣浜口雄幸殿　対大正十五年三月十日寅商秘第一六号ノ件回答」

ニ至ル事ト信ジ居レリ（引用者註：文中に一部意味不明の箇所がある）」となっている。これは事実上「代理貸し」を認めたものであるが，先の見通しについてはあくまで強気を貫いている。と言うのもこの回答書には「別紙　丙号」という書類が添付されている。筆者は堤康次郎。「拝復予而御融通相願居候弊社借入金返済方ニ関シ縷々督促相受恐縮至極ニ奉存候該借入金御返済方法ニ就テハ最近商科大学ノ移転地ナル国立大学町モ去ル四月一日国立駅ノ開始ト相俟チ本期ニハ相当成績ヲ見ル予定ニ有之其他ノ経営地ノ売上モ別表ノ如キ予定ニ有之候ニ付テハ右売上金ヲ以テ著々返済シ遅ク共本年下半期末迄ニハ皆済可仕候間何卒今暫ク御猶予被成度此段御回答旁々御願迄如斯御座候」とある。書類は書簡形式を取っており，差出人である堤の肩書きは「箱根土地株式会社専務取締役」。相手は「株式会社高田農商銀行」で，堤のこの時点での両社における立場を考えるといささか違和感を覚える書簡である（ちなみに，この書簡には箱根土地株式会社の社名入り便箋が利用されている）。文中に「別表ノ如キ」とあるが，それを掲載しておく（表4-3）。

　これが実際に達成できれば借入金の返済は十分可能であろうが，売り上げの根拠は特に明確なものではない。更に，上記書簡から「以前の不動産に係わる債務を，それに続く不動産の売却益で解消させる」という経営スタンスを持っているものと推測される。

　箱根土地の経営は，しかしながら，26年上半期から収益の激減が続くのである。この年の3月には，神田銀行を受託銀行とする社債の償還不能に陥っているのであり，4月に国立駅舎を鉄道省に寄付し，分譲を開始して

表4-3　康次郎による本年四月ヨリ十一月迄
売上予定計画書

国立土地	金　額	其他土地	金　額
四　月	四十万	四　月	二万
五　月	五十万	五　月	三万
六　月	四十万	六　月	二万
七　月	五十万	七　月	五万
八　月	五十万	八　月	五万
九　月	六十万	九　月	七万
十　月	七十万	十　月	八万
十一月	八十万	十一月	十万
合　計	四百四十万	合　計	四十二万

いるが，業績を回復することができなかった。なお，この時期の大蔵省主計局長は，後に康次郎と深い関係を持つことになる河合烈であった。

III　不良債権問題の深刻化

康次郎は「不良債権償却の期限は1927年」としたが，その時の高田農商銀行の様子はどのようなものだったのであろうか。

27年10月，「多額の不良債権に関する説明を求める」との大蔵省からの招聘に基づいて，同行の吉岡常務が同省に足を運んで直接説明にあたっている。しかし事態は少しも進展していなかったのである。翌年3月，大蔵省は「4月までに不良債権回収状況を報告せよ」と同行に命じており，4月に同行はそれに答え「箱根土地株式会社への貸付は不穏当。債権譲渡により相殺する方針」とした上で，次のような添付資料を提出した。

「1926年3月3日付東京府経由大蔵省示達への高田農商銀行による回答（1928年4月14日付）」（但し，原文は漢数字である。以下同じ。）

　　第二項　箱根土地株式会社ニ対スル貸付金ヘノ対応
　　　一，金　1,172,615円8銭
　　　　　大正14年10月3日現在債権額
　　　一，金　456,204円19銭
　　　　　自大正14年10月4日至昭和3年3月末間債権増加額
　　　　　但シ割引料及利息並ビニ代理弁済ノ内手形ニ振替タ分
　　　一，金　908,823円38銭
　　　　　自大正14年10月4日至昭和3年3月末間債権減少額
　　　　　内訳
　　　　　金　91,952円12銭　現金回収額
　　　　　金　816,871円16銭　債権譲渡振替相殺分
　　　　　差引
　　　　　金　716,991円89銭

しかし，これに対しても大蔵省は納得せず同年6月に「4月の報告書は

不十分。債権譲渡の内容を詳細に報告すること。提出義務を課していた『整理状況毎月報告書』の3・4・5月分が未提出なのは何故か」という内容の「示達」を同行に突きつけた。これに対して同行は「支配人が病気で倒れ、『報告書』が提出できなかった。箱根土地株式会社に関する債権内容を詳らかにする」として以下の書類を添付した。

「1928年6月15日付大蔵省銀行局への高田農商銀行からの回答（同年8月15日付）」

回　　答

一，箱根土地会社ニ関シテハ鋭意努力中
一，自大正14年10月4日至昭和3年3月末間債権増加額ノ内訳ハ以下ノ通リ
一，金　139,273円17銭
　　　割引手形ヘノ割引料ノ内手形ニ振替エタ額
一，金　181,297円49銭
　　　手形貸付ヘノ利息ノ内手形ニ振替エタ額
一，金　11,303円30銭
　　　当座貸越ヘノ利息ノ内手形ニ振替エタ額
一，金　42,278円16銭
　　　債権譲渡分及ソノ他保証利息ノ内手形ニ振替エタ額
一，金　82,050円15銭
　　　代理弁済ヲシタモノノ内手形に振替エタ額
　　合計　456,204円19銭
一，箱根土地会社カラ債権譲渡振替エ相殺分ノ内訳
　　（1万円以上，円単位まで）

種　類	債務者氏名	金　額
証書貸付	多田学	32,684円
割引手形	箱根遊船株式会社	28,066円
	株式会社富士見ホテル	44,926円
	東京土地株式会社	12,119円
	三宅勘一	20,244円
	大谷光演	10,000円

Ⅲ　不良債権問題の深刻化

東京土地住宅株式会社	15,000円
今泉寛橘	90,437円
杉野喜精	82,500円
水谷廉次郎	18,500円
栗原善太郎	177,760円
辰巳一	61,354円
日本鉱業株式会社	82,500円
大日本円形真珠株式会社	93,485円
合　計	769,572円

　言うまでもなく，箱根遊船は康次郎が経営しており，辰巳は千代田護謨専務である。設立に前川が関わった東京土地は青山芳三が経営し，東京土地住宅は三宅が経営していた。

　これは確かに「債権譲渡」であるが，元本は勿論のこと，利子部分の未返済分を，堤グループ関係社（者）につけかえただけのことであり，本格的な資金返済に向けて第一歩を踏み出したものとは考えられない状況である。

　更に，この中には興味深い人物が散見される。まず杉野喜精であるが，彼は一橋大学の前身である東京商業学校本科を卒業後，銀行家生活を経て37歳で証券業界に転進した。以後小池合資を経て才覚を現し，山一合資会社発足とともに社長就任。26年，株式会社に組織替え・改称した山一證券の初代社長を務めている。なお，杉野は65歳の時に東京証券取引所理事長にも就任している（同時に山一證券社長は辞任）。次に大谷光演であるが，彼は東本願寺の第23代法主で，俳人としても著名な文化人である。

　その後しばらくはこうした監督当局との遣り取りを伝える書類は存在していないが，問題は一向に進展していないことが34年の資料から窺い知ることができる。以下のような示達が10月4日付で高田農商銀行に対して発せられているのである[11]。

　「一，（引用者が省略）
　　二，各号付属表ニハ之ノ全部ニ付承認監査役ノ氏名ヲ記載シ居レルモ

---

11)　1934年10月4日銀検第352号。

右ハ商法第百七十六条ニ依リ取締役ト当行トノ取引ニ付承認シタルモノニ限リ掲載スベキモノナルニ付相当訂正スベシ
三，丁号表（第一）及（第二）ニ付テハ本年上期末現在貸出総額ガ一，一八一，〇〇〇余円ニ対シ半期間ニ於ケル収入利息僅ニ四，五一二円余ニ過キサルカ如キハ貸出内容ノ不良ナルヲ示スモノニシテ右ニ鑑ミレハ監査著シク徹底ヲ欠キ居レリト認メラルルニ付更ニ厳正ナル監査ヲ遂ケ其ノ結果詳細申出ツヘシ」。

更に大蔵省は35年12月に示達を高田農商銀行宛に送って「行動」を促している[12]。

「貴行取引ノ実情及整理ノ方針等ニ関シ直接聴取至度有之候篠〔房輔〕代表重役可成速ニ出省（銀行局普通銀行課）相成度追而出省ノ際ハ左記書類持参相成度
一，最近ノ日計表」。

監督当局の不信感が全く払拭されていないことが分かるであろう。なお，同行はこの要請に応えて同年12月17日付の「日計表」を大蔵省に提出している。また，それと同時に，資料として12月現在「箱根土地会社に対する貸出金調」も添付しているが，これによると，土地，畑，原野を担保として手形貸付，当座貸越，割引手形合わせて581,389円を貸出し，その延滞利息が358,046円となっている。主たる貸出しは割引手形によるものであり，これのみで560,946円に上っている。

翌36年，高田農商銀行は「自己点検」を行い，「大口債権調」，「割引手形明細書」，「手形貸付明細表」，「証書貸付明細書」，「当座貸越明細書」を作成している。これを見ると，登場するのは箱根土地会社及その関係者が大宗を占めており，同行の不良債権問題が実は「箱根土地会社問題」であることが改めて浮き彫りになっている。しかも，表4-4の「割引手形明細書」にあるように，多数の債務者がいるが実質的な債務者は箱根土地であった。

ここにある13件全てについて，裏書人は箱根土地であり，「当初割引年月日」が北田の25年8月8日を除き，全て27年5月7日となっている。また，殆どの名前が先に見た25年10月4日からの債務者であり，貸出金額も

---

12) 1935年12月3日蔵銀第3660号。

III 不良債権問題の深刻化   113

表4-4 割引手形明細書（昭和11年2季6月30日現在）
債務者　すべて箱根土地株式会社
裏書人　すべて箱根土地株式会社
手形上ノ関係　すべて裏書人
　　　　手形関係人氏名（金額5,000円以上のもの）

約束手形振出人 為替手形支払人	金　額
北田正元	7,374
東京土地株式会社	12,119
内国土地株式会社	5,149
三宅勘一	20,244
大谷光演	10,000
東京土地建物株式会社	15,000
横山杢太郎	5,000
今泉寛橘	90,709
杉野喜精	82,500
水谷廉次郎	26,967
同人	13,320
栗原善太郎	117,760
辰巳一	61,354

表4-5 割引手形に対する担保一覧

	坪	単価（円）	価額（円）
板橋区大泉町山林及び畑	24,210	9.00	217,890
埼玉県片山村山林及び畑	9,877	9.00	88,893
国立大学町畑	15,399	15.00	230,985
長野県軽井沢原野	56,088	5.00	255,440
計	100,574		793,208

大きく変わっていない。担保は全て箱根土地の東京郊外および軽井沢の所有地であり，同社の土地資産価値の相違を見るためこれを一覧にすると表4-5のようになる。

　大蔵省はこれ以後も同行への追及の構えを崩していない。40年に再度「不確実資産についての報告」を提出することを命じ，高田農商銀行は同年7月26日付で
　　「昭和十五年六月三十一日付ヲ以テ御来照相成候最終検査ノ結果ニ基ク答申写，不確実資産整理内訳表（本年五月末現在）及臨検当時ノ日

計表○許同封御送付申上候間何卒可然御取計被成下度相御願申上候
　　追白　昭和二年以降ノ実地検査年月日及検査官氏名左ノ通リニ有候
　　一．昭和三年九月八日　　　　　　原邦道氏　星野喜代治氏
　　一．昭和十一年十一月十一日　　　橋本昻蔵氏」

という書き出しで始まる「不確実資産整理残高内訳表」を作成・提出しているが，これを箱根土地の分を含めた表4-6が示すように，「高田農商銀行の不良債権問題は箱根土地会社の問題」であるという認識が一段と深まってゆく。(なお，検査官の中に「原邦道氏」とあるが，彼こそは日本の銀行検査制度の「父」であり，大蔵省退官後は52年に創設された日本長期信用銀行の初代頭取に就任している)。

その後日本は太平洋戦争に突入してゆくが，その戦費調達のために膨大な国債を発行し，各種金融機関にその消化を義務づけるようになっていった。高田農商銀行もその例外ではなく，先にも触れた『高田農商銀行小史』では

「大東亜戦争中戦局世界情勢ノ影響ヲ存分ニ蒙リ全産業経済部門ノ国家統制ノ確立等金融方面ノ統制モ愈々軌道ニ乗リ国内金融安定確立ノ為国民貯蓄奨励運動国債ノ消化運動ニ当行ハソノ最善ヲ尽クシ昭和十七年国民貯蓄組合法ニ依ル預金者国民貯蓄組合預金ノ勧奨等万策ヲ講ジ同年ニハ五口デ三千円デアッタガ翌十八年ニ九十三口一万八千ト増加シ更ニ戦時国債ノ隣組割当消化ノ事務取扱ヲ担ヒ高田本町一丁目受持ノ国債預貯金ヲ取扱ヒ連絡事務ノ完全ヲ期シソノ取扱口数五百三十四口一万一千三百円ニシテ年々戦争遂行ト共ニ増加ノ道ヲ辿リ百億貯蓄目標達成運動更ニ三六〇億貯蓄達成運動ト活発ナ勧奨ニ努メソノ達成ヲ目指シ割増金付定期預金等貯蓄ヘノ刺激等当行ハソノ勧奨ニ専心

表4-6　高田農商銀行不確実資産内訳，1940年5月現在

	総　額	箱根土地
商業手形	723,167 円	563,254 円
手形貸し	15,325 円	14,885 円
証書貸付	424,979 円	37,184 円
当座貸付	15,333 円	5,557 円
計	1,178,804 円	620,880 円

シ第一回八万六千　第二回ニハ六万円ノ応募ガアッタ」
と記されている。その一方で，次のような公式文書が存在している。
　「昭和十五年九月二十八日　大蔵省銀行局長　松隈秀雄　株式会社高田農商銀行　取締役　小島正治郎殿」で始まる示達は次のような記述となっている。
　「貴行昭和十五年下期ニ於ケル国債保有増加方ニ関シ既ニ御回答有之候処同下期末ニ於ケル国債見込額ハ未タ同期末預金見込額ノ一割五分ニモ達セサル様被認モ右ハ一般銀行ノ国債保有状況ニ比シ著シク遜色アリト被認ニ付右増加計画ニ関シテハ更ニ考究ノ上其ノ結果詳細折返シ御回答相成度猶今般ノ申出ニ係ル予定額以上ニ国債ヲ所有スルコト困難ナリトセハ之カ事由併御申出相成度再度及照会候也」。
どちらが事態を正確に記しているのであろうか。ただ後で見るように，敗戦直後の同行のバランスシートにはごく僅かな金額の国債しか記載されていない。「不良債権の重石に圧迫されていて，国債を保有する余裕などない」というのが実態であったのではないだろうか。
　それではここまで監督当局に鋭い指摘がなされていた同行の実態はどのようになっていたのであろうか。36年と43年の財務諸表を利用して，経営内容を吟味してみることにする。
　先の大蔵省の示達に「日計表」（現在では「合計残高試算表」と呼ばれている。これを「提出せよ」という事態は当局の同行を見る眼がいかに厳しいものであるかを物語っている）という現代では余り目にしない表現があったが，これは「貸借対照表」と「損益計算書」とを組み合わせたような表で，そのままでは理解が困難であり，ここでは36年6月30日付の「日計表」を現代風にアレンジした上で議論を進めてゆく。
　先ず貸借対照表であるが，最も特徴的なのは，バランスシートの規模が20年の時点よりも大幅に縮小していることである。（その点「日計表」の合計を見ると規模の変化に気づかないが，現代流に整理すると事態が正確に把握できる）。預貸金利鞘が収益の柱を支えているこの時代の銀行であれば，これは完全なマイナス要因である。少し細かく観察してみよう。
　最初に「資産の部」であるが，「現金預け金」の（資産全体に占める。以下同じ）比率が極めて低水準であることが見て取れる。20年には15％であったこの数字が僅か3％に低下しており，手元流動性が極端に薄くなっ

表4-7 高田農商銀行の貸借対照表及び損益計算書
(1936年6月30日付の「日計表」より作成)

(1) 貸借対照表 (単位：円)

資　産	金　額	負債及び資本	金　額
〈資産の部〉		〈負債の部〉	
現金・預け金	40,360	預金	285,289
現金	10,114	当座預金	21,010
当座預ケ金	10,246	特別当座預金	169,933
定期預ケ金	20,000	通知預金	13,160
有価証券	1,650	定期預金	34,931
国債	0	別段預金	46,255
地方債	0	売渡手形	0
社債	0	預金手形	0
株式	1,650	借用金	480,278
貸出金	1,191,229	他店借	0
商業手形	734,632	再割引手形	0
他店貸	0	借入金	480,278
手形貸付	15,325	その他負債	63,001
証書貸付	425,679	第二種所得税	73
当座貸越	15,593	甲種資本利子税	29
その他資産	10,481	仮受金	0
仮払金	10,481	未払配当金	874
動産不動産	49,181	未払利息	60,975
営業用土地	7,586	未経過割引料	1,050
営業用建物	1,740	〈負債の部合計〉	828,568
営業用什器	3,400	〈資本の部〉	
所有土地	29,115	資本金	362,500
所有建物	7,340	授権資本金	1,000,000
		未済資本金	637,500
		法定準備金	90,350
		その他の剰余金	11,483
		前期繰越金	7,491
		当期純利益	362
		別途積立金	3,630
		〈資本の部合計〉	464,333
資産の部合計	1,292,901	負債及び資本の部合計	1,292,901

ていることが明らかになる。絶対額で見ても20年の14％に過ぎない。逆に「貸出金」の比率は92％（1920年は76％。以下同じ。）と極めて高い水準になっている。また，その内容を見ると，証書貸付のウエイトが高くなっており，信用リスクと担保資産の劣化によるダメージを受けやすいポートフォリオになっている。更に，以前から高かったとは言えない「有価証券」

III 不良債権問題の深刻化

(2) 損益計算書

経常収益	9,538
資金運用収益	6,146
貸付金利息	2,121
割引料	4,001
有価証券利息	0
株式配当金	0
受入雑利息	24
役務取引等収益	0
受入手数料	0
その他業務収益	1,501
土地建物賃貸料	1,501
その他経常収益	1,891
未払利息戻入	1,891
雑益	0
経常費用	8,796
資金調達費用	5,383
預金利息	3,346
借用金利息	2,037
支払雑利息	0
役務取引等費用	0
支払手数料	0
その他業務費用	0
土地建物賃貸料	0
その他経常費用	3,413
給料	1,950
雑費	1,463
経常利益	742
税金［法人税等］	380
当期純利益	362

　の比率は限りなくゼロに近い水準になっており，20年の金額の6％に過ぎない。この間に同行は保有有価証券の94％を売却してしまったのである。手元流動性，貸出の構成，保有有価証券の額と種類，どのような面から見ても「健全経営の銀行」とは言えない資産状況である。

　次に「負債及び資本の部」であるが，預金が激減していることが明白であろう。「負債及び資本の部」全体に占める預金の比率は22％（79％）。しかも資金調達の安定さ，健全性を示す指標である預金全体に占める定期預金の比率は12％（56％）。これは同行の資金調達能力が殆ど機能していな

表4-8 高田農商銀行損益計算書（1943年）

費　用		収　益	
預金利息	9,000	貸付金利息	4,191
利息備金繰入	184	有価証券利息	339
借用金利息	241	受入雑利息	829
戻割引料	10	割引料	22,216
支払手数料	28	受入手数料	571
滞過資金償却	12,044	土地建物賃貸料	1,248
税金	988	雑益	177
給与	2,554	未払利息戻入	2,509
土地賃貸料	359	計	32,084
未経過割引料戻入	2,001		
雑損	4,085		
計	31,497		
［当期未処分利益］	11,297		
（内当期純利益）	587		
		前期繰越金	10,709
合　計	42,794	合　計	42,794

注）単位は円。円以下は切り捨ててあるので，個別の数値を加算しても合計とは一致しない。

いことを示している。最早「金融危機になると逆に資金が集まる銀行」ではなくなっている。

　ではどのようにして貸出資金を捻出しているのだろうか。ここで目に付くのが20年にはそもそも項目そのものがなかった「借入金」である。これが前に何度か登場した「日本銀行及日本勧業銀行から高田農商銀行が借入れ，箱根土地会社に又貸しした」もので，保有預金総額を大きく上回っている（なお，「当期純利益」については「損益計算書」を検討する際に触れることにする）。

　次に「損益計算書」であるが，最初に目に付くのが「貸付金利息」という「収益」項目の数値よりも「預金利息」という「費用」項目の数値の方が大きいということであり，それを補っているのが「割引料」である（この傾向は以後ますます強くなってくるので，後に改めて検討する）。また，保有していないのであるから当然ではあるが有価証券利息はゼロ，保有株式も全く配当をもたらしていない。収益の脆弱さは明らかである。

　次に，費用面。この中に「借用金利息」とあるが，これは貸借対照表の「借用金」への金利支払いに充てられたように見受けられるが，先に引用

した銀検352号で指摘された通り金額はごく僅かに過ぎない。

以上のような費用・収益の変動の結果，当期純利益は僅か362円で，20年の15,856円と比べると絶対額で2.3%に過ぎない。

もちろん決算は赤字ではない。しかしそれにしてもかなり苦しい経営状態であったことは間違いない。それを支えたのが「自己資本」の強固さであろう。つまり，この15年間授権資本金こそ増えてないが，法定準備金は5倍になっている。また，「前期繰越金」が多額に上っていることも加わって，「資本の部」合計が以前より増えているのである。

次に43年の同行の損益計算書（表4-8）を検討してみることにする。「貸出金利息」よりも「預金利息」の方が多いという基調に変化はないが，両者の差は36年よりも大幅に拡大している。「貸出金利息」が10分の1に減少している一方で，「預金利息」は2.6倍に膨れ上がっているのである。それを補っているのが「割引料」で，収益の実に70%がこれで賄われているのである。1920年時点での財務分析で「手形割引は，平常であればサウンド・バンキングのお手本である」と書いたが，このことは（少なくともこの時期の）この銀行には当てはまらないようだ。確かにこの「割引料」という項目は36年の損益計算書にも登場していた。しかし，それは僅か4,000円であり，43年の22,216円という数字は数年の間に大きな変動が起きていることを示しているものと推測される。この時代の日本の少なくとも「銀行」は，預金と貸出金の利ざやで経営を安定させようとするものである。となると，このような大量の割引料収益の計上は，高田農商銀行がこの時点で「銀行」以外の存在に変身してしまっていることを理解するのに十分な証左であろう。またそれに関連して，「費用」にかなり巨額の「滞過資金償却」という項目が初めて登場したことに注目すべきであろう。これは貸倒れ損失の計上であり，「費用」全体の28%もの金額が「償却」に充てられていることになる。事態はかなり深刻なものであったと言えよう。

IV　戦後の高田農商銀行

それでは敗戦後の同行はどのようになっているのであろうか。答えは表4-

9にある。これは1946年の貸借対照表であるが、説明の都合上、36年のそれと比較しながら話を進めていこう。

先ず「資産の部」であるが、「現金・預け金」全体が15倍に、特に預け金が17倍近くまで増大している。「有価証券」はそれどころではない。実に保有額が1,523倍に増大しているのである。これは戦中の国債保有が原因かと想像されそうになるが、そうではない。国債は有価証券保有総額のわずか14％に過ぎない。大蔵省の「叱責」もあながち的外れではなさそう

表4-9　高田農商銀行貸借対照表（1946年8月）

(単位：円〈1円以下切り捨て〉)

資産	金額	負債及び資本	金額
〈資産の部〉		〈負債の部〉	
現金・預け金	615,548	預金	2,695,944
現金	102,743	当座預金	1,309,341
預け金	512,805	普通預金	982,768
有価証券	2,528,390	通知預金	2,517
国債	345,140	定期預金	352,053
社債	2,176,600	別段預金	31,130
株式	6,650	国民貯蓄組合貯金	17,920
貸出金	2,435,068	納税準備預金	125
商業手形	2,211,627	借入金	460,000
証書貸付	218,441	その他負債	29,935
当座貸越	5,000	未払配当金	831
その他資産	10,579	未払利息	24,418
仮払金	8,428	未経過割引料	2,521
未収入利息	2,151	不払税金	36
動産不動産	36,452	未払配当金	831
営業用土地建物什器	12,728	預金利子諸税	1,298
所有動産不動産	23,724	〈負債の部合計〉	3,131,963
		〈資本の部〉	
		資本金	362,500
		授権資本金	1,000,000
		未済資本金	637,500
		法定準備金	92,100
		その他の剰余金	4,492
		前期繰越金	5,304
		当期純利益	△3,442
		別途積立金	2,630
		〈資本の部合計〉	459,092
合計	3,591,055	合計	3,591,055

注）〈負債の部〉の預金額が合わないが、資料のままとする。

IV 戦後の高田農商銀行

である。ここで目を引くのが社債の膨張振りである。36年には一円も保有されていなかったことを考えると、その中身が知りたいところであるが、それを解明する資料は見つかっていない。その一方で、「貸出金」は2倍になっただけ。ただ注目すべきは、そのうちの90％が「商業手形」というかなり「特異な」構成になっているということである。

次に「負債及び資本の部」に移る。先ず「預金」であるが、9.5倍に膨れ上がっている（定期預金の構成比が依然として低水準なのが目を引くが）。36年の時点では「預金」は「貸出金」の25％程度しかなかったが、この時点では「預金」が「貸出金」を上回っているので一応「正常化」したことが分かる。ただ経営状況が苦しいのは「借用金」が殆ど減っていないことからも窺える。最後に、「当期純利益」が欠損に陥っている。ストックの面では一応「正常化」した形をなしているが、「フロー」の面では極めて厳しい状態になっていたのである。

ではストック面での「正常化」は何によってもたらされたのであろうか。これはひとえにマクロ経済的な問題である。ここに年度ごとの日本銀行券発行量を示す数字がある（単位は百万円。日本銀行調べ）。

1944年	17,746
1945年	55,441
1946年	93,398

敗戦を契機に統制経済の重しが外れ、マネーサプライが急激に増大しているのであり、それによって発生したのがハイパーインフレという現象である。貸出の金額の多くは過去の産物であり、インフレによって増大するということはない（36年よりも残高約124万円増えているが、強烈なインフレを計算に入れればごく僅かな増大と見るべきであろう）。預金の金額にもそうした面があり、過去の預金がインフレによって増大することはない。しかし預金は貸出とは違い、混乱期であっても顧客によって常時利用されている。戦後に預金されたものもここでは当然カウントされており、その「金額」は驚くべき額になっているはずである。そうであるならば、預金が急膨張した理由も明白である。しかも定期預金の構成比が低いことは、高田農商銀行の信用が回復したわけではないことを示している。むしろ極端に短い期間構成こそがこの時期の顧客意識を反映したものと見るべきな

のではないだろうか（経済的混乱期にあって「定期預金などしたくてもできない」という時代背景も考慮に入れるべきであろうが）。更に、「法定準備金」こそ増やしているが、「その他の剰余金」、「別途積立金」などが減少している。同行の「命綱」であった「自己資本」は確実に毀損されている様相を見て取ることができるだろう。

　この後、同行は49年に増資を行い、資本金を200万円としている。そして51年に再度増資を行い、資本金が5,000万円になった段階で同行は堤グループの手を離れ、鮎川系の銀行として営業を続けることになる。また、以後3度の名称変更（亜東銀行・中小企業育成銀行・東都銀行）を重ね、次第に三井銀行との関係を深めてゆき、66年、三井銀行に吸収されることでその姿を消していった。

（藤原　洋二）

第5章
戦後事業の全国展開

　康次郎の戦後事業展開は，西武鉄道の信用と資本を資本回転率が高い事業分野に投入することから始まる。戦後混乱期においては不動産関連事業が表に出ることはなく，1947年の千ケ滝で朝香宮の別荘取得と万座温泉ホテル開業，48年からの強羅・湯の花での土地取得再開があるに過ぎない。戦後の経済復興を視野に入れ，鉄道関連事業の一部を分社化するとともに，鉄道の資本を百貨店と都内旧皇族・華族邸の買収に向ける。そして，大衆消費時代の到来を目にすると，鉄道の資本力を観光・レジャー事業に集中的に投入するとともに，関係会社間の業務提携を強化することで，相互に独立していた経営地と事業を広域的に統合したことが，関係会社群を西武グループとして全国ブランドへと押し上げることになるのであった。事業展開を個々の関係会社単位で考察することで，グループ形成のプロセスを辿る必要がある。

I　企業グループの形成

1　西武鉄道

　3社合併により1945年に生まれた西武農業鉄道の経営陣には，康次郎社長の下，取締役小島正治郎，小高義一，岡本一，中島陟，堤清，監査役渡辺新の布陣であり，旧西武鉄道から残ったのは岡本と渡辺であった。長男清が初めて経営陣に名を連ねている。46年1月-6月期の第69回営業報告書によると，豊島園経営を独立させるとともに吾野の石灰事業を耐火建材に，

損益計算書で収入の1割強を占めている自動車部門を東浦自動車に移譲しており，ここから復興社・西武建設と西武自動車が巣立つ。46年7月10日から8月10日の第70回営業報告書は西武農業鉄道としての打切決算であり，以降は西武鉄道と名称変更した営業報告書となる。第71回営業報告書は，46年8月11日から48年10月30日と異常に長期にわたるが，この期の倍額増資で資本金を1億346万円とし，48年11月5日の臨時株主総会で引き受けならびに払込完了を報告している。この期から，公職追放を受けた康次郎とともに清が経営陣から去り，監査役に清二が就任している。また，妹ふさの夫である元取締役永井外吉の遺族に弔慰金贈呈とあるから，東京護護設立以来の事業の片腕を失っている。ふさが没するのは61年であり，早稲田卒業後国土計画興業に勤めた長男博が西武鉄道の取締役に就いていたことから社葬を行った。48年11月から49年6月期の第72回営業報告書によると，「改正証券取引法に基づいて」49年5月11日に東京証券取引所に登録，5月16日上場となっている。上場時の資本金は変わらず，株主総数3,769人であった。49年7月から12月期の第73回営業報告書では，国土計画興業が尼崎肥料工場を分離し，尼崎肥料を設立したことを受けてと思われるが，定款の事業目的に肥料製造販売を追加している。50年1月から6月の第74回営業報告書では，貸借対照表の貸方資本の部に初めて再評価積立金13億8,256万9,000円を計上しており，資本の部総額が資本金，法定準備金，別途積立金及び再評価積立金を合せて14億9,006万5,000円となる。法定準備金と別途積立金の合計が約4百万円であり，資本金が変わっていないが，固定資産減価償却費に大きな余裕が生まれ，同時に資産の担保価値が上昇したので，借入・起債能力が大幅に増大した。

　この時期の物価騰貴を考慮すると金額比較の意味は薄いので，営業報告書の貸借対照表を西武鉄道として最初である第71回と資産再評価を計上する第74回を構成比で比較してみると，先ず，借方における固定資産と流動資産の比率，そして，貸方における資本と負債の比率が逆転する。流動資産の主な内容は，短期債権，未収金，預け金であるが，両期とも流動資産の約4割を貸付金・立替金を示す短期債権が占めており，関係会社貸付けの大きさを現している。貸方においては，資本の部に再評価積立金を計上したことにより，資本の部の構成比が33％から79.5％へと一挙に上昇し，逆に，負債の構成比が65.8％から20.4％へと縮小した。この結果，借方に

おける固定資産比率が23.3％から83.7％へと上昇する一方，流動資産比率が74.7％から15.5％へと減少した。社債，長期借入れ，短期借入れ，未払金が主要項目である負債の構成も大きく変化する。長期借入れ比率が22.8％から19.4％へ，短期借入れ比率が39.1％から35.9％へ減少する一方，第74回から計上される社債が19.4％を占めている。その後の資金調達は，もっぱら社債発行と短期借入れに移行するのであり，50年10月から51年3月期の第76回営業報告書では，負債に占める比率が，社債38％，長期借入れ6.1％，短期借入れ21.2％となっている。関係会社の経営資源を組織の枠を越えて流動的に活用する康次郎の財務運営手法から推測すると，借方における短期債権と未収金，貸方のおける未払金が関係会社と大きく関わっていると見ることができよう。

　社債と短期借入れを中心とするその後の資本調達については第6章が詳述するが，社債発行の位置づけについて康次郎自身以下のように語っている。52年4月7日，『日本経済新聞』に社債募集広告を出した責任者宮内巌総務部長を叱責しており，募集広告が慣例だからといって「受託会社が出してくれといっても断るべきだ。西武は増資せずに社債でこれを賄うという方針は良く知っていることだろう。今回は東急でも社債を募集していて，西武が特に日本銀行の好意で何回も引続き募集できるということを外に知られたくないのだ。広告により応募した試しは絶対にないのである。こういう事は，社債を持ってくれる相手にたいしてのみ知らしめるべきで，広告をして一般に知らせることは何ら価値もない[1]」。「持ってくれる相手にたいしてのみ知らしめるべき」と，公開よりも相対を方針する考え方は自社株についても同様であったのであろう。

　鉄道事業における戦後復興は比較的順調であったとされている。西武線沿線において，軍事施設を除けば戦災の被害が少なく，戦時中の疎開者が定住者となり通勤客が増大し，インフレと地価上昇で沿線農家の富裕化が進み，所沢をはじめとする進駐軍施設からの輸送需要があり，都民の生活が安定し始めるとレジャー施設への需要が高まったのである。更に，戦時中に隅田川で回収した流木資材を利用して鉄道本社家屋，枕木，駅舎，踏切小屋などの施設を整備できたことと車両をはじめとする国鉄や国家施

---

[1]　「西武鉄道社債募集広告に対する社長のご注意」。

設の払下資材を有効利用したことも知られている[2]。鉄道事業への投資は，経営が安定する50年前後から活発となる。48年8月に申請した高田馬場・新宿間の延線が，49年12月に認可されると，50年3月に着工申請する。9月5日付で国鉄新宿駅乗入れ総合駅設置を申請するとともに，51年1月17日の臨時株主総会で戦中から都に経営委託していた国鉄新宿駅・荻窪駅間軌道事業営業権を都に譲渡していることから，この時点では国鉄新宿駅乗入れを決意していた。国鉄新宿駅乗入れ問題が具体的になるのは61年で，歌舞伎町の西武新宿駅から国鉄貨物線に添って延長し，新宿駅東口に新築予定のステーションビル2階への乗入れ計画を作成しているが[3]，実現していない。中嶋忠三郎は，戦中の交通統制の経験から康次郎は，西武鉄道の営業地域を自ら限定したと解釈しているし[4]，あるいは，西武鉄道関係者の間では総合駅で西武鉄道に与えられたのが往復2車線に過ぎなかったからとも伝えられているが，後述のように康次郎が他社相互乗入れに否定的であったことから，これと同じ理由であったとも考えられる。

　50年上半期第74回営業報告書にあるように，この期に小川から玉川上水への上水線営業開始と村山貯水池線の西武園への引込み線が完成している。所沢市山口の17万坪は，蓮沼門三が率いていた修養団から戦争直後取得したものであり，50年に遊園地東村山文華園としていたものを51年のユネスコ正式加盟という時流に乗りユネスコ村建設を計画するとともに西武園と改称し，また，所沢市荒幡の競輪場も50年に完成していたことから，西武園と競輪場利用者を対象に2.5キロの引込線を建設して西武園駅を開業した。レジャー施設への需要を見越して，48年から，従来鑑賞用の庭園であった豊島園を遊園地へと改造すべく工事を進めていたが，50年にはここに修学旅行用の学童ホテルを建設している。

　51年の所沢までの複線化は，復興社の砂利事業を拡充するためのものでもあった。48年に秩父の武甲山に石灰石の鉱区を所有する地元の森林組合と，土地の一部を鉄道に譲渡する見返りとして鉄道建設と石灰石採掘・セメント工場誘致の約束を取り交わしており，53年に地元で鉄道建設期成同盟が結成されると，定期バス路線の設定で対処している。吾野・西秩父間

---

2) 由井常彦編著『堤康次郎』エスピーエイチ，1996年，293頁，365頁。
3) 西武鉄道社内誌『西武』1961年3月15日号。
4) 中嶋忠三郎『西武王国』サンデー社，2004年，91頁。

20.5キロの新線延長申請をするのは57年12月であるが、59年1月に武州鉄道が三鷹・東青梅・お花畑間鉄道敷設免許申請を行うと、西武鉄道は反対陳情書を提出する。公聴会を経て西武鉄道に秩父線免許が下りるのは61年2月である。用地買収は地元の協力で順調とのことであったし、建設総経費40億円で7月着工と計画していたが[5]、建設着手は康次郎没後の67年7月、開業が69年10月であるように、資金調達に問題があったのか、鉄道事業として収益性に問題があったのかも知れない。

東京の交通事情が整備されるに伴い、他の交通機関・駅舎との相互乗入れの問題が生まれてくる。相互乗入れに対する康次郎の考え方を代弁するものとして、復興社事業部長加藤肇が次のように述べている。

「副都心と衛星都市を育成することは、近代大都市の定石である。郊外電車は副都心にターミナルをおき、大部分の客はここで乗降して用を足すのを建前とし、更に都心に向かう必要あるものの為には、最も乗換えの便がよいようにしてやるのが望ましい。これ即ち、西武鉄道が地下鉄で延長して都心に乗り入れるという出願を敢えてしない理由である[6]。」

康次郎には、鉄道、バス、百貨店の経営者として、沿線住民囲い込みの考え方が底辺にあったと見るのが妥当であろうし、軽井沢や箱根の経営地についても本来的には同様に考えていたと思われる。

2　西武百貨店

終戦時の池袋駅周辺は、半径1キロの範囲は焼尽しており、46年には露天商の集まるマーケットが生まれ、都内最大級の闇市となった。統制経済下の43年に武蔵野食糧と改称していた武蔵野デパートは、45年10月には駅改札口前でテント張りの店舗を開き、47年3月に再び武蔵野デパートと名称を戻している。49年の東口区画整理で再開発が本格化してくると、西武百貨店と改称し、木造2階建て建築に着手する。50年には、成長する商業地を睨み東横デパートが西口ビルに進出した。51年にステーションビル会社に西口駅ビル建設認可が下り、52年に東口駅前広場が整備され、54年に地

---

5)　『西武』1961年3月1日号。
6)　『西武』1958年9月15日号。

下鉄丸の内線の池袋・御茶ノ水間が開通すると，56年の百貨店法制定を契機にステーションビルに後にパルコとなる丸物デパートと駅前広場の反対側に三越が支店を出すように，池袋は戦後急速に商業地として発達するのであった。

康次郎が池袋で土地取得を始めるのは，47年早々の武蔵野鉄道事務所用地に隣接する360坪からであり，次々と小規模の土地買収を重ねる一方，48年までには山手線大塚方向に沿って広がる根津育英会所有地1万2千坪を国土計画興業として買収し，2万坪近くの土地を集めていた。時期は明白でないが，この土地を一般に売却するならば開発地として土地用途変更が可能であるとの都建設局長の提案で，駅に隣接する西武鉄道所有地を残して売却している。この土地が，百貨店の建設用地として残されたとされているが，中嶋忠三郎によると，後に触れる増築工事部分は国鉄からの借地であり，国鉄が返還訴訟を起こしたが，最終的には裁判所の和解勧告により坪22万円で購入している。中嶋は，当日の朝は火曜会で，夜は芝迎賓館でのニクソンアメリカ副大統領来日歓迎レセプションであった，と証言しているから[7]，裁判所和解勧告受諾は衆議院議長時代のことであった。

百貨店事業は，康次郎自身が「三越百年の歴史に匹敵する売上げを西武は10年ばかりで築き上げた[8]」と語るように，鉄道関連付帯事業として始まる異業種進出において最も成功したものであり，西武グループの名前を全国ブランドへと押上げるのに寄与した。49年に改称した西武百貨店は，人事・経理担当の代表取締役川島喜晴の下に店長として操の弟青山二郎を置き，新築店舗の建築費2,000万円は西武鉄道の施設建築費が当てられたので土地・建物とも鉄道の資産であった。百貨店の庶務課長として康次郎に長年仕え，後に触れる原哲朗によると，川島も近江出身で，近江絹糸，日本タイプライター，後に野村生命となる仁寿生命などの事業を手掛けた下郷傳平の下で仁寿生命秘書課にいたものを康次郎が貰い受けたという。後に触れる広尾分室では，石田正為とともに筆頭秘書の役割を果たしていた。下郷は，国土計画興業の取締役でもあった。

物不足の時代における百貨店の売上げの伸びは著しく，50年11月，復興

---

7) 前掲『西武王国』156頁以下。高輪プリンスでの副大統領歓迎レセプションは，53年11月19日である。

8) 堤康次郎『叱る』有紀書房，1964年，65頁。

社設計・清水組施工で百貨店第一期工事を開始し，51年に鉄筋コンクリート店舗の建築完成部分から営業を始め，全7階の営業が可能となったのが52年である。この年の4月に，営業規模拡大に伴う女子社員教育のために西武家政学院を開設している。この新築工事の所要資金も西武鉄道の施設建設資金が当てられており，建物は鉄道の資産であった。この関係は，54年の第二期工事，55年の第三期工事，56年の増築第四期工事，59年から康次郎が没する64年にかけての第五，第六，第七期工事でも変わらなかった。

康次郎には，「百貨店は便利さと必要性のためにある」との考え方が基本にあり，「良い品を安く」，「実用品デパート」，「廉価品のサービス販売」をモットーとし[9]，初期における商品の主力は食料品であり，これに加えて日用雑貨と衣料品を扱った。食料品は，食糧増産以来の鉄道沿線の耕地からの野菜，駿豆鉄道の本拠地である沼津からの海産物，国土計画興業が経営する福島の塩田からの塩などを調達しており，53年には，鉄道沿線の農家を対象に都下で初めての青果卸売市場運営会社である西武青果綜合食品を設立しており，ここから後の西友フーズが生まれる。56年には，百貨店全額出資で西武ストアーを設立し，代表取締役に国土計画興業から石田正為が就任する。西興ストアーを経て西友ストアーへの商号変更は63年である。石田は，28年中央大学経済学部卒で，国土計画興業に入社し，広尾分室を取り仕切る総合秘書としての役割を果たすとともに，岡野関治とならんで土地の石田と呼ばれ，西武不動産の設立では代表取締役に就いている。

康次郎は，百貨店は鉄道事業の一部門として位置づけており，百貨店の現場経営組織は，支配人，総務，営業，経理という簡単なものであったし，経理の役割は現場の出納業務で，財務は鉄道が管理していた[10]。従業員の大半が女子社員であったが，百貨店として大卒男子採用の必要を認めず，管理職には関連会社の社員を派遣していた。新人採用面接には鉄道役員が列席し，清二が語るように，「人事一つでも社内で決定できなかった」のである[11]。百貨店の売上げ伸長と百貨店での不動産事業参入で抵当能力が高まったのを背景に，百貨店が鉄道の債務保証で直接銀行借入れを起こす

---

9) 前掲『堤康次郎』419頁。
10) 同上，421頁。
11) 由井常彦編著『セゾンの歴史 上』リブロポート，1991年，106頁。

ことができるようになるのは55年頃で，55年の長期借入れ10億円が56年には28億円に急増している[12]。

康次郎の衆院議長秘書を勤めていた清二が西武百貨店に入社するのは54年9月で，支配人青山が仕入先問屋の倒産で損失を出して辞任したこともあり，55年11月から取締役店長となり，56年3月には川島喜晴と並んで代表取締役兼店長となる。百貨店の経営近代化と食品中心の小売店舗を総合百貨店への脱皮に果たした清二の役割には大きなものがあった。入社直後の54年12月百貨店従業員組合結成，56年大卒男子定時採用，57年流行研究室と商品研究室の開室，商品分類管理のパンチカード・システムの日本の百貨店で最初の導入，59年パリのサマリテーヌ百貨店と商品交流契約，60年商品納入・搬出自動運送システムの日本の百貨店で最初の導入，日本の百貨店で最初の自社カードである西武カスタムカード開始と，業績の伸長と併せて経営近代化を進めた。61年には欧州百貨店共同仕入機構への加盟が実現し，これに伴い日本の他の百貨店がヨーロッパでの加盟百貨店との取引ができなくなるのであり，また，国内ではヨーロッパ商品を流すことによって地方百貨店のグループ化が容易になったのである。特に，ヨーロッパ・ファッションの流行を直接輸入することができるようになったことが，百貨店業界での地位向上に寄与している。

百貨店第一期工事で一部開業の51年時点で，三越本店の25分の1，東横渋谷店の5分の1に過ぎなかった売上高も，56年には2分の1弱，3分の1弱に追い上げており，61年下半期利益は，鉄道への半期分借地借家料2億9,000万円支払後，2億2,000万円に及び，鉄道の同期利益1億3,000万円を凌ぐに至っている[13]。この年の売上高は，三越本店，伊勢丹新宿店に続く百貨店第三位となるとともに，売上げ商品構成も，衣料品44%，家庭用品15%と，単価の低い食料品を中心とするターミナルデパートから，当時のコマーシャルソングが「夢の西武」と謳う総合百貨店への脱皮を果たしている[14]。社会的に「西武ブランド」を普及した功績は大きかったし，グループ企業の一体感を高めた。社員犠牲者7人を出した63年8月の失火

12) 前掲『セゾンの歴史 上』128頁。
13) 前掲『堤康次郎』400頁。
14) 福本邦雄『暮らしの夢のフロンテイア』フジ・インターナショナル・コンサルタント出版社，1962年，223頁。

Ⅰ 企業グループの形成

に対する支援に，建設，バス，運輸，ホテル，化学，国土計画興業，伊豆箱根鉄道など関係会社は言うに及ばず，社員の家族が炊出し奉仕するなど，西武グループ関係者が総力をあげて協力しており，「西武の一員」であることを実感するようになっていた[15]。

59年初頭の清二を伴っての康次郎渡米が契機となり，6月に義明，森田，宮内が渡米して用地を確保し，60年の準備室開室を経て62年3月にロサンゼルス店が開店する。既に，ニューヨークの高島屋，ロサンゼルスの阪急，ハワイの白木屋などがアメリカ進出をしていたが，最も大きい高島屋でさえも借地での売場面積が500坪であったのに対し，西武は4,000坪の土地を取得し，自社ビルを建設するものであった。支配人は，康次郎の腹心の一人である百貨店総務部長伊藤守治が就いたように，人事も康次郎が決定している。しかし，開業間もなく業績不振に陥る。渉外・経理・仕入・宣伝などを担当する副社長をはじめ，各部長も全て現地人とした人事政策が失敗の原因であると言われている。打開策を講ずべく清二がその年の11月に店長として初めて渡米するが，康次郎急死の直前である64年3月に閉店が決定され，その40億円超とされた負債処理は百貨店が負うこととされた。「用地の下見には鉄道の人達が行って定めたもので，私は参加しませんでした。土地を買ってきたからやりなさいみたいなことでした」と，清二が回想したとされている[16]。また，徳川家から鉄道が取得していた芝公園地に東京オリンピックを目指して国際観光ホテル建設が61年に決定されると，百貨店が従来から関連旅館・ホテルの食品，調度，内装を納品していたことから，20億円とされた建設資金負担も含め百貨店の事業とされ，百貨店にホテル事業部を設置し，ホテル建設と内装・調度を担当させる。更に，60年以降参入する不動産事業により売上高も増大するが負債も増大したし，63年8月の失火があったことも加わり，借入金増大が百貨店の財務を圧迫するに至る。64年の売上高405億円に対し，長期借入金が97億円に達するに至っている[17]。しかし，清二は百貨店事業を積極的に展開するのであり，64年には義明の反対を押し切り渋谷進出を決定している。

康次郎の経営方針の特徴である，最も資金的余裕のある関係会社を通じ

---

15) 『西武』1963年9月15日号。
16) 前掲『セゾンの歴史 上』220頁。
17) 同上，203頁，表4。

て不動産事業を進めるという展開は，百貨店においても見られる。百貨店の業績伸長が著しかった50年代には，百貨店の利益を金沢八景，金沢文庫，葉山，浦賀，三崎などの三浦半島での土地取得に当てたとされている[18]。百貨店の不動産事業が本格化するのは，1960年で，27年箱根土地入社の百貨店取締役田中利一による八ヶ岳海ノ口牧場の土地仲介からであり，百貨店にハウジングセンターを開設し，住宅販売，設計，管理，インテリア，割賦販売事務を行い，61年に不動産部を設置し，新所沢で鉄道が開発中の分譲地を62年秋に一括購入すると，三井不動産と提携して「グリーンヒル」の名称で分譲住宅事業を始め，63年には所沢市安松の土地を百貨店自身が買収・造成し，同じく「グリーンヒル」と名づけ分譲販売する。八ヶ岳開発は，63年11月に田中を委員長とする八ヶ岳観光開発委員会が発足して本格化するが，康次郎の急死で一時頓挫している。

　百貨店独自の関連企業群も，西友ストアー，西武産業，マンロー商会，西武青果綜合食品，西武自動車販売，朝日ヘリコプター，東洋航空事業と広がっており，康次郎自身も63年の年頭にあたり百貨店の社内報において，「私は昨年度の施策の大前提として大衆市場の成立と発展を考え，その下におけるデパートのスーパー化の方向と専門化の方向という両極的発展を構想した。……一言でいえばデパート部門，スーパーのグループ，卸売販売業，そして海外事業という四大部門がそれぞれ適切なウエイトにおいて，相対的独自性をもった連邦組織の如きものに整備されなければならないということである[19]」，と述べているように，百貨店グループ企業のみならず，西武グループ全体のグループ運営のあり方が転換点に至っていることを認めざるをえないまでになっていたことを示唆している。

3　国土計画興業

44年2月に箱根土地から商号変更した国土計画興業は，46年に会社経理応急措置法に基づく戦時補償打切りで特別経理会社となり，48年の会社経理応急措置法による指定会社，その取消し指令などを経て，49年に企業再建整備法に基づく整備計画認可を受けて新旧勘定併合認可で特別経理会社扱

---

18)　前掲『堤康次郎』396頁。
19)　西武百貨店社内誌『かたばみ』1963年1月号。

I 企業グループの形成

いを解除され，新商法での会社登記を済ませる。改正商法が施行されると，51年7月これに対応して定款を改正している。この時点での会社概要は以下の通りである。

本店所在地を国立市国立13番地とし，渋谷区穏田3丁目（原宿）に支店を置いたが，この原宿社屋が実質的な本社であった。51年12月29日の株主総会で額面50円で80万株発行と定めたが，発行済株式数が24万9,900株であったので，払込資本金は1,249万5,000円であった。定款による営業目的は，不動産，土木工事，運輸機関経営，旅館・娯楽施設経営，自家用電気業，鉱業，製塩業である。会社資産は，宅地，山林，雑種地，私道を含む土地1,036万895坪，旅館・ホテル13軒，福島県の磐城製塩工場であった。役員としては，康次郎が相談役顧問であり，代表取締役中島陞以下前田留吉，森田重郎，杉渓由言，下郷傳平，監査役川島喜晴の構成であった。実務を担う担当部長には，総務に前田留吉，工務に廣中光次郎，営業に塚本金兵衛が就いていた[20]。

54年下半期営業報告書を見ると，損益計算書に当期利益として1,555万円を計上しており，収入では旅館総収入8,897万円と土地建物売上げ収入6,222万円が主要なものであるが，これに小平売店収入1,662万円と買収して直接経営とした軽井沢高原自動車収入の1,025万円が続いている。軽井沢自動車道収入は369万円であった。支出では，旅館総経費の7,133万円が大きく，これに営業費5,485万円，土地加工費2,034万円，小平売店総経費1,599万円が主要なものであった。旅館・ホテル事業の拡大が著しく，52年には13であったものが，藤ホテルや高輪プリンスホテルをはじめとする都市ホテルが増え，休業中の2軒を含めて3年間で30となっている。この時期に旧皇族・華族邸の取得が進んだことを示している。

同年の職員名簿には，原宿本社，広尾分室などの職員配置が記載されている。顧問・役員・担当部長は営業報告書の通りであるが，顧問弁護士5名の中に中嶋忠三郎の名前がある。人事配置を3階建て原宿本社の配置図と照し合わせてみると，1，2階とも一室で，玄関から入ると正面に書棚を背景に社長の椅子があり，社長席から見て右手に前田が部長である総務，左手に会計，真中が廣中が部長である工務となっていた。2階の奥の正面

---

20) 前掲『堤康次郎』379頁。「国土計画興業会社経歴の概要」(1952年7月1日)。

に再び社長席があり，その右に代表取締役中島の席となっている。その下の左手が岡野部長の登記で，右手が設計・測量であった。3階には，第一，第二応接室とともに吉原建設事務所が入っていた。康次郎の政治事務所でもあった広尾分室の職員配置も記載されている。ここでの主座，即ち，部長は石田正為で，部下に陸軍士官学校出身の大串三男，海軍兵学校出身の甲斐田保や中嶋渉がいた。職員総数は，部長を除き，各営業地に所属する嘱託12名を含めると153人で，最も職員数が多いのが休業中2軒を含めた30軒を管理する旅館部門28人で，ここに後に触れる神田謹一の名前も見える。これに続くのが，建築・工務の27人と広尾分室の20人である。岡野が部長である登記は11人で，永井博がいる営業（12人），庶務（11人），開発（2人）などの部署に分かれている。経営地各地の出張所には，小高義一が責任者となっている軽井沢の17人をはじめとして，相駿の10人，万座2人，磐城2人が配属されていた。

　国土の経営地で観光・レジャー開発が動き出すのは，西武鉄道の経営安定と軌を一にして50年以降で，軽井沢では，50年の千ケ滝スケートセンター，51年の鬼押出し園開業と続いた。52年に軽井沢高原バスを吸収して直営事業とするのは，54年に国土が一般・貸切バス事業を開始し，千ケ滝・鬼押出し・万座温泉間バス運行を行うことで二つの経営地を自社バスで結ぶ戦略の伏線であった。二つの経営地を自社バスで結ぶという広域事業展開の嚆矢である。箱根では駿豆鉄道と連携する形で，52年の湯の花ゴルフ場，54年の仙石原ゴルフ場，横浜プリンスホテル，大磯滄浪閣，55年の伊豆ホテルに続き，56年には西武鉄道の資金を大規模に投入して，箱根ゴルフ場，箱根キャンプ場，十国峠ケーブルカー，そして，南軽井沢ゴルフ場，千ケ滝での観翠楼とグリーンホテルの大改造，万座温泉スキー場，更には，義明の発案とされる軽井沢スケートセンターを既存の室内スケート場に隣接して建設する。57年には，駒ヶ岳スケートセンターとケーブルカー，ホテル龍宮殿，七里ガ浜ホテル，大磯ロングビーチ・ホテルが建設されている。観光・レジャー開発のための土地造成は康次郎が最も得意とする分野であり，清水崑との対談では，箱根峠に近い孫助・鞍掛両山間の谷間を造成してゴルフ場にした例を挙げて，「私は，土に彫刻する芸術家だと思います[21]」

　21）堤康次郎『土に彫刻する芸術』三康文化研究所，1961年。

Ⅰ　企業グループの形成

と語っている。

　康次郎の事業展開にとって観光・リゾートが大きな事業分野となるのであり，同時に，拡大する市場に参入してくる同業者に対抗して経営地での施設の付加価値を高めることが必要となる。この役割を担うのが義明である。義明は在学中学生団体である観光学会を主導し，57年4月，早稲田大学商学部を卒業とともに観光部長として国土計画興業に入社し，その年の10月中島陟と並び代表取締役に就任する。脳溢血で療養を続けている中島の今後を見据えた人事であるとともに，55年に百貨店店長に就任している清二との役割分担を明確にしたものであった。康次郎の事業を忠実に支えてきた中島が没するのは，翌58年2月であるが，1929年生まれで，早稲田大学商学部卒業とともに国土に入社した長男中島渉は，父の思い出として次のように語っている。「会社のために努力することが唯一の楽しみであった。……昭和の始め頃，盲腸炎と腹膜炎を併発して危篤状態に陥った折り，会長のおかげで名医を回していただき，一命をとりとめた時以来，父は自分の一生を堤会長に捧げようと決心した[22]」。

　義明の下で，経営地の観光・リゾート化を促進すればするほど，集客が経営の問題となるのであり，また，施設拡充により集客度が高まるほど経営地が同業者にとっても格好の標的となり，経営地での顧客囲い込みは不可能となる。第7，8章が扱うように箱根・軽井沢で同業者との間で紛争が頻発するようになり，自動車専用道路やバス路線など開発初期において康次郎が独自に構築した交通インフラストラクチャーにも公共性が生まれ，行政側からの路線の独占や私有自動車専用道路の位置づけも変化してくる。開発初期には私的資本による排他的な地域開発と道路建設を容認してきた行政であるが，開発地が観光・リゾート地として定着し，一般観光客が別荘客を上回ってきたからである。西武鉄道の小島が，「最早我々は地域的な，地元民のみに対する迎合的な開発段階は終わり，国家的見地に立ってこそ，開発業者の使命があり意義もある[23]」と語ったのは，こうした状況を業者として逆の見方から述べたものであろう。

　モータリゼーションが始まるこの時期において，新たな事業展開を担う

---

22)　『西武』1958年3月15日号。
23)　『実業界』1961年3月1日号。

のが自動車事業であった。そして，名神・東名高速自動車道建設と新幹線問題を契機として，西武化学と近江鉄道が経営基盤とする関西と関東の経営地を結合するという経営課題が生まれてくるのであった。

4 西武自動車

46年6月，西武農業鉄道の旅客部門を関係会社である東浦（浦和本社）が吸収する形で武蔵野自動車を資本金19万5,000円で設立する。社長に就任するのが弁護士中嶋忠三郎で，実務は鉄道の自動車部門責任者であった山本広治が担当する。山本も近江出身で，日銀勤務の経験もあり，康次郎が衆議院議長時代に秘書を勤め，57年に近江鉄道社長となり近江での経営責任者となる。中嶋は，安中出身で，目白中学4年生の18年から中央大学法学部を卒業する25年まで毎月10円の学費援助を康次郎から受けていた。司法試験合格後判事となり，その後外務省に移り上海領事として終戦を迎えた。46年4月に帰国すると早速康次郎を訪れている。「西武で働いている社員の中で，最高の月給を払う」との康次郎の言葉に従って，中島陟と同格の300円で5月から国土計画興業の社内弁護士となる[24]。

47年に西武自動車と改称するが，業務を広域的に拡大するのは58年5月に国土計画興業からの自動車事業の譲渡によってである。20年夏期に千ケ滝循環バスを開始し，その後沓掛・千ケ滝間のバスを運行していたが，40年にこの地区のバス路線を統合して軽井沢高原バスとなっている。更に沓掛・鬼押出し・三原間自動車道路運行バスを営業していたものを国土計画興業が，もう一つの経営地である万座と接続するため52年12月吸収していた。西武自動車は，50年から観光バス事業を始めており，59年5月に東京・軽井沢間長距離直通バス路線を申請し，61年3月に認可を得ている。直ちに，当時最新型であったロマンスシート新車を投入しているのは，盛況を極めた軽井沢スケートリングへ首都圏から客を運ぶためのものであったし，経営地を首都圏と自社バスで結ぶ広域事業展開の最初である。この時に取られたのが「観光バスによる会員募集」であり，首都圏の観光業者が競って加わり，顧客を送り込んだので，軽井沢へ向かうバスが夜半から長蛇の列をなした。ウインタースポーツによって，従来避暑地に過ぎなか

---

24) 前掲『西武王国』26頁。

った軽井沢を年間を通じての観光地へと変身させた。

その後,池袋・大磯ロングビーチ間,新宿・小田原・元箱根間,池袋・山中湖間,池袋・昇仙峡間など次々と路線を設定し,バス業界の有力企業に成長していく。

5 西 武 運 輸

鉄道の付帯事業としての運輸は,50年3月,池袋通運を西武鉄道子会社として買収することから始まる。同年の通運事業法施行令により,認可が戦中は1駅1運輸店であったものが複数店舗への認可となったので,当初トラック5台で参入している。当初の事業は,百貨店の通運や日本セメントや鹿島建設の砂利運送業務を行うとともに,所沢等の米軍基地の軍属者の引越し梱包・運搬をも受け持ち,次第に拡大して米軍調達本部との契約で年間30万ドルの梱包・運輸業務を受託するまでになった[25]。

57年に西武鉄道が近江鉄道傘下の湖東陸運に経営参加する一方,59年2月に伊豆箱根鉄道が沼津貨物を吸収して伊豆運送として,4月に池袋通運・湖東陸運・伊豆運送の3社を合併させて西武運輸とした。これにより,伊豆運送が持つ東京・名古屋間定期路線と湖東陸運が持つ名古屋・大阪路線をつなぎ,西武運輸による東海道一貫運送が可能となったし,従来の通運業務と梱包・運搬業務に定期貨物路線を加えた3業務を完備することとなった。東海道高速自動車道建設が予定されており,貨物自動車路線事業の競争が激しくなり始めた時期であり,59年に多数の業者に路線認可が与えられており,これに近畿日本鉄道,名古屋鉄道,東京急行などの電鉄系運輸会社とともに西武運輸も参入した。

西武運輸は,沼津,鎌倉,軽井沢での支店設置など業績伸長著しい西武百貨店の配送を受け持つとともに,保有台数300で全国一のダンプは,関連鉄道会社,国土計画興業,西武建設での造成工事の残土と砂利を運搬し,それらは開発地域の埋め立てにも利用された。康次郎の土地開発に欠かせない業務であり,関係会社との取引はしばしば採算を無視した条件であったとの関係者のインタビュー証言が残されている。

国内航空貨物にも進出しており,61年5月には英国系ドッドウエル社の

---

25) 『西武』1959年3月15日号。

旅客・貨物部門と提携して資本金1,500万の西武トラベル・サービスを設立する。この年の7月にドッドウエル社の持株33％を西武運輸が引き取ることで単一資本となり，8月には一般旅客斡旋業と税関貨物取扱業の免許を得て国内主要都市に事業所を展開するとともに，11月に現地法人西武ドッドウエル・エキスプレスをホノルルに設置した。62年3月に，国内航空貨物部門だけを西武運輸に戻し，ドッドウエルは63年8月から西武トラベル・サービスとなった。

6　西武建設

41年設立で，「B29の焼夷爆弾にそなえて，耐火材を生産していた耐火建材株式会社というのがあった」のを，46年4月，吾野の石灰鉱業所を活用して「復興建設と建設材料生産の二本だてをねらって」復興社へと改称し[26]，不動産事業も行うことから，岡野関治が代表取締役に就くが，実務は前述の加藤肇が担当した。

　事業分野は多様で，電車・自動車修理，石灰石・砂利採取販売，建築用耐火石材製造販売，土木建築工事請負，不動産売買などを網羅しており，百貨店やホテルの建物，豊島園や西武園の遊園地，鉄道敷設，十国峠や駒ヶ岳のケーブルカー，スキー場・リフト，観光施設，自動車道路管理・保全などグループ会社関連事業の全てに関っているし，近江鉄道の経営地に事業所を設置することで営業基盤を関西にまで広げていく。事業の主体の一つである砂利砕石において，57年の20万トンは日本一の砕石量であった。分譲地開発では，宅地造成・分譲住宅建築を担当しており，例えば，横浜プリンスホテル建設にあたっては，残土運搬で杉田の埋め立てを行っている。また，不動産部が設置されており，開発地の買収・造成，宅地建物建設分譲のみならず，食糧増産が戦中に取得していた鉄道沿線農地を開発するため地目変更手続きを西武鉄道に代り行ってもいる。西武建設と改称されるのは61年である。

7　伊豆箱根鉄道

駿豆鉄道を伊豆箱根鉄道と改称するのは57年で，伊豆箱根経営地での責任

---

26)　堤康次郎『人を生かす事業』有紀書房，1962年，112頁．

者は，大場金太郎とその長男朋世である。朋世は，60年早稲田大学商学部卒業後，直ちに4月から国土計画興業に入社し，72年10月に伊豆箱根鉄道に移る。

鉄道事業の本体は，駿豆本線（三島・修善寺間），63年2月に廃止する三島・沼津間軌道電車，そして，41年5月に吸収した大雄山線（小田原・大雄山間）で，これに，自動車部門，自動車専用道路，芦ノ湖と伊豆での船舶部門である。国土計画興業と連携し，55年頃から，不動産および観光・レジャー事業を積極化し始め，十国峠と駒ヶ岳のケーブルカー，ホテル・旅館，ゴルフ場，駒ヶ岳スケートセンター，三津浜水族館などを所有するとともに，国土計画興業所有の箱根園と箱根ゴルフ場経営管理を請負った。伊豆西海岸観光開発は，54年に伊豆海運を合併して伊豆航路路線を継承したことに始まり，56年に熱海・大島航路を申請するが，東海汽船も同一路線を申請したことから，2社同時免許認可は59年となっている。

56年に設立された東急系の伊豆下田鉄道に免許が下りるのが59年であるが，この年，同時申請が却下された伊豆箱根鉄道には「箱根・東京間自社ならびに自社関係会社経営ホテルを直結する旅客限定免許」，更に，名古屋までを営業範囲とする貸切バス免許，神戸までの貨物運輸免許が与えられている。鉄道経営の限界は明白であり，事業の主体をバス・運輸とともに観光・レジャー施設に積極的に移行することに努めた時期である。

62年の収益構造を営業報告書で見ると，鉄道・軌道事業が営業収益に占める割合は9.5％に過ぎず，収支において赤字であった。自動車部門においても，旧来の乗合路線バスは12.8％であるが，これも赤字であった。黒字であったのは，14.9％の貸切自動車，11.6％の観光バス，17％の貨物自動車であったし，更に，5.9％の船舶事業，17.2％の旅館・売店・食堂，そして，5.5％の副業であるゴルフ場・スケート場であった。この副業には，沼津の駿豆家政学院が含まれている。熱海・十国峠・箱根峠間9.98キロ（十国線）と61年に神奈川県に譲渡する湖尻・大湧谷・小湧谷間19.8キロの2線（湖畔線，早雲山線）は，59年の時点で営業収入の5.5％を占めていた。残ったのは熱海・十国峠・元箱根間の十国線のみであり，62年時点で3.6％であるから，譲渡した道路収入は2％弱であったことになる。盛況時には観光バスが列をなしたと言われている十国線は，清二が窓口となり，産経新聞の水野成夫を仲介者として静岡県知事との交渉を進め，64年

に譲渡した。

8　近江鉄道

46年1月4日に公職追放となり，1月15日付で康次郎は取締役会長を退き，社長に長男清，取締役に前田留吉を付け，戦前からの実務者である秋田寿男を取締役に残した。46年度決算から無配当となり，47年4月に秋田に代り井汲一二を代表取締役とした。この年の初冬，康次郎は「近江鉄道の復興に就いて社員諸君に告ぐ」を社内誌に出し，「終戦後立ち直りが2ケ年遅れたのは，秋田君の責任といわんよりは自分の不明の致すところである」と述べている。48年4月に国鉄から貨車20両払下を受け，6月に2,136万2,500円の増資で，資本金2,500万円とした。11月には，井汲を残して清を平取締役にするなど役員を一新し，生母の実家である廣田家の親類野田六左衛門と塚本金兵衛を取締役としているのは，増資引き受けの対価であったと思われる。

　前年の12月に砂利販売業者認定を受けると，49年4月から砂利販売を開始するとともに，日野の石楠花鑑賞道路開設，そして，展望台建設に着手する。50年には，西武鉄道から電動客車4両，電気機関車1両，制御客車2両を譲り受ける一方，尼崎肥料の製品販売，一般貸切旅客自動車運送などを開始するとともに，近江車両を買収して自社の修理工場とするなど，積極的に多角化を進める。50年から51年にかけて，国鉄から更に電気機関車1両，無蓋貨車2両の払下も受けている。54年の近江鉄道観光会社，60年の近江タクシーと近江バスの設立によって，鉄道の観光，バス，タクシー事業を独立させる経営手法は，西武鉄道でのそれと軌を一にするものである。56年には，伊吹山スキー場を開設して近江経営地での観光事業を本格化させるとともに，57年に前田留吉を解任して，西武自動車の山本広治を，鉄道，バス，タクシー，観光各社の代表取締役として送り込んだ。山本は，バス事業と観光事業を連携させることで相乗効果を狙うとともに，康次郎の意を受けて草津での遊園地や安土城復原計画を立てるが，用地買収の困難と文化財保護委員会の反対で実現していない。一方，京阪電鉄系のびわ湖汽船が航路を独占していた琵琶湖遊覧船事業への参入を図り，路線を獲得している。観光・不動産事業にも積極的であり，59年には，伊吹山観光ホテル，京都南禅寺近くの前田家別荘を旅館とした都之荘，賤ケ岳

観光リフト，湖西の箱根山スキー場建設地買収があり，また，59年以降海津大崎，霊仙山，東名高速道に沿っての長命寺，竜王，永源寺，瀬田などを近江鉄道のみならず西武鉄道をも通じて買収を進めた[27]。しかし，これらの多くは康次郎の生前には開発されていず，近江鉄道の経営を圧迫する要因となった。

山本の人事との関わりについて，中嶋忠三郎は著書『西武王国』で，前田が操夫人の入籍にあたり保証人となったことを吹聴したことが原因である，と述べている。53年の衆議院議長就任にあたり，天皇陛下拝謁に未入籍の操夫人を同伴したことが問題とされ，急遽，川崎文との離婚，操の入籍がなされたのである。

近江鉄道の収益構造も伊豆箱根鉄道と同様であり，62年度営業報告書によると，営業収入に占める鉄道営業は17.9%であるが赤字であり，黒字は62.5%を占める旅客自動車であった。観光・レジャー施設を含む付帯事業収入は19.5%であるが，これも赤字であった。ここからも，60年に新幹線問題が起こった際に，康次郎の最初の対応が鉄道事業の国鉄による買上げ要求であったことも理解できるのであり，補償による妥結後，康次郎は「社員諸君へ。近江鉄道の緊急問題に就いて」を社内誌に出し，「時勢におされる電車の運営は苦労の多いことであるが赤字を食い止める事に最善を尽くさねばならない。観光事業と自動車部門の強化と成績の向上には全力を挙げて努力して貰いたい[28]」と訴えている。

9 西 武 化 学

05年8月設立の肥料製造販売会社朝日化学肥料の尼崎工場を買収し，45年12月，国土計画興業尼崎工場とした。49年12月，資本金5,000万円で尼崎肥料として独立させていたものを，55年に朝日化学肥料と改称した。57年には関西地域での不動産事業に進出し，58年に宝塚で2万坪の土地造成を行い，宅地分譲を行っている。後に西武化学の社長となる森田重郎は，秩父出身で，中央大学経済学部在学時代の43年12月学徒出陣で海軍経理学校に入り，同大学卒業後，康次郎が経営する秩父木材に46年12月入社して，

---

27) 『週刊朝日』1959年9月27日号。前掲『堤康次郎』表33。
28) 近江鉄道社内誌『おうみ』1963年3月19日号。

経理課長,取締役を経て,復興社と合併すると取締役に就任する。49年に国土計画興業に移り,尼崎肥料取締役,西武百貨店監査役などを経て,朝日化学肥料誕生とともに代表取締役に就任する。経理出身の実直な性格を見込まれ,清二の妹邦子を娶るのは62年である。64年から近江鉄道社長も兼ねるようになると,西武化学と不動産部門などでの事業連携を通じて,関西地域でのグループ経営を積極的に進めるようになる。

西武化学のもう一つの流れである日本ニッケルは,06年11月設立で,ニッケル採掘精錬およびニッケル合金等の特殊鋼製造販売を業務として群馬県鬼石町に精錬所を持っていたが,後に,隣接する埼玉県側の土地に工場を広げている。47年5月,経営不振の同社を康次郎が引き取り,埼玉の土地に尼崎肥料の工場を設置するとともに,畜産部門を設立して鬼石町の土地に西武養鶏場を開くが,その大量納品先は,西武百貨店,西友ストアー,ホテル・レストラン・観光地の諸施設とともに米軍施設であった[29]。

60年9月,朝日化学肥料は,日本ニッケルから砂利採取・セメント製造・鉄工部門を譲り受け,化学肥料メーカーから総合化学メーカーとなったことで,西武化学工業に改称する。この時点の同社の出荷額は,国内燐酸メーカーで五指に入る企業規模となっていた[30]。業務の大部分を譲渡した日本ニッケルは,62年1月,上武鉄道と社名変更し,国鉄八高線丹荘駅から西武化学工場前までを路線とする地方鉄道を経営するとともに,ハイヤー事業も行った。

康次郎急逝の直前である64年3月,東京護謨と愛知ゴムとを合併して西武化学となる。康次郎が藤田謙一とともに設立した東京護謨は,43年に陸軍監理工場となって軍需品生産を行い,名古屋に工場を新設するまでになっており,戦後の50年,名古屋工場を愛知ゴムとして独立させていた。西武化学の下での名古屋工場は,自動車タイヤ,ゴルフボール,ベルト等を製造する専門工場となる。西武化学の関係会社として設立される三笠飲料は,天理市にコカコーラ瓶詰め工場を持ち,奈良・和歌山・三重を営業地域としており,64年3月,三笠コカコーラ・ボトリングと社名変更している。

---

29) 『西武』1963年10月15日号。
30) 『西武』1960年5月15日号。

10　国立学園小学校

　康次郎の事業として余り知られていないのが，国立開発にあたり設立した小学校である。青山師範学校附属小学校主事桜井美を顧問，多摩地区の高等女学校の教諭であった山本丑蔵を校長（校長就任は28年）として，26年4月に開校した小学校は，「開校当時は，先生が三人に生徒が二人で，まことに苦しい学校[31]」であったという。（開校年度末生徒数は6名で，教員2名，用務員1名であった。）土地・建物は箱根土地が提供し，川島与右衛門，塚本金兵衛，中島陟をはじめとして社員の子弟を通学させたので，清二と邦子も通学している。学校経営と教育の一切を，26年4月の開校から70年に没する山本丑蔵校長に委ねており，国立の分譲が進まず生徒が集まらなかった頃には，郷里の相模原から米や野菜を大八車で運び，教職員の手当を補ったという。康次郎自身は，52年3月18日に「今日は私がこの学校を設立してから始めて卒業式にきた」と訓示し，「親孝行」と「有名な平凡人，無名の偉人」について語っているが（第1章31頁参照），後者の内容が60年3月15日の早稲田大学卒業式校友総代祝辞での「有名なる凡人となる勿れ」となっている。早稲田との関係修復であり，大学創立80周年には1億円の寄付をしており，第2学生会館建設に寄与した。

　戦後の新制への移行にあたり，51年に国土計画興業が土地・建物を寄附行為することで学校法人国立学園となり，53年には家紋をとって「かたばみ」幼稚園を設置している。学校法人設立にあたり，理事長に就いたのが東京大学在学中の清二であった。吉野源太郎がその著で付録として収録している2005年2月14日付康弘の「コクド株式の持ち分確認訴訟訴状」によると，没後相続税対策として康次郎のコクド持株23万8,518株を学園に寄附し，その後関係会社に返却したという[32]。グループ分割後も清二が理事長として留ったことは，設立以来の国土計画興業との関係が清算されたものと思われる。

　土地開発に教育施設を結び付けるという手法は西武鉄道に引継がれており，開発地に幼稚園を設置している。所沢の西武鉄道本社内に事務局を置く学校法人西武学園は，金沢文庫，逗子ハイランド，湘南鷹取台，馬堀シ

---

31)　前掲『人を生かす事業』181頁。
32)　吉野源太郎『西武事件』日本経済新聞社，2005年。

ーハイツ，狭山台の分譲地に現在も幼稚園を経営している。

II 事業の広域展開

昭和30年代は，大衆観光が花開く時期であり，その頂点が1964年の東京オリンピックであった。オリンピックを照準に，新幹線と高速道路の建設が進んだことが，モータリゼーションの進行を加速した。観光外貨獲得と国内観光促進のために観光基本法が公布されるのが63年であり，64年に第一回観光白書が刊行されている。第二回観光白書は，昭和30年代の国内観光の状況を概説している[33]。交通部門別輸送人員数（定期券外旅客）は，56年を100として63年を比較すると，鉄道部門での国鉄126，私鉄120であったのに対し，自動車部門は一般乗合が233，一般貸切が230であったように，バスへの傾斜が著しかった。60年と64年の国民旅行目的比較では，商用・出張が8.6％で変わらない一方，帰郷・観光・レジャーが45.2％から54.8％へと伸びている。更に，58年と64年を比較した一泊以上の旅行回数は，宿泊旅行なしが56.1％から37.8％へと減少するとともに，一泊以上が1ないし2回が20.5％から35.1％となっているように，目的地が比較的近距離であったことが見て取れる。観光地としての国立公園訪問者数が56年の4万7000人から63年の12万4000人，価格的に手軽な公営ユースホステルの日本人宿泊客数も59年の2万1000人から63年の33万4000人と激増している。この間に，観光・レジャー客の需要に応えるべく，公営ユースホステルが8軒から45軒と増加した。観光白書で引用されている63年の「消費者動向予測調査」で旅行形態を見ると，職場・町内会・婦人会などの団体旅行が43.3％と最大であり，これに続く家族旅行は30.3％であった。これから見られるように，この時期の観光・レジャー旅行は，大都市の近郊を目的地とし，団体用の貸切バスが主たる交通手段であった。

首都圏で見ると，国土計画興業は軽井沢と箱根に独擅場とも言える経営地を持っており，交通手段としてバス事業を持っていた。こうした経営地で，同業者の参入・競合が激化するのは避けることができないのであり，

---

33) 総理府『昭和40年観光白書』

Ⅱ 事業の広域展開

軽井沢では草軽鉄道や国鉄バス,箱根では箱根登山鉄道などの交通業者と紛争事件が頻発するようになる。国鉄も,57年8月19日付で自動車局長が新たな基本方針を発表しており,「国鉄自動車部門に於いても長期計画の樹立を行って,総合輸送力の発揮を図る」とし,中長距離急行バスの積極的運行,専用自動車道による自動車輸送強化,鉄道と自動車の一体化,高速自動車道上における自動車運送事業の経営,を打出している[34]。

箱根紛争に直接携わった中嶋忠三郎は,国土計画興業にとってのこの問題を振り返り,次のように述べている。康次郎は,「混んできたというなら,我が社が,車の台数を増やせばよいのだ」との立場であったが,占領期のGHQ自動車関係担当官は「一般自動車道なのだから乗入れさせるべきだ」との見解を示していたし,「戦前の法律では一路線一社と決め,競合させない」としていたのに対し,戦後の法律では他社路線の乗入れは構わないことになったのである。西武の道路は莫大な資金と労力をかけて造った私道であると,康次郎は主張し,裁判所はこれを認めたが,結局道路は開放せざるを得なかったのである。また,裁判で勝ったが,「事業収益という事業面でみると,この紛争は,東急側により大きく利益をもたらした」と言う[35]。(第8章参照)

経営地での観光・リゾート化を進めれば進めるほど,経営地そのものの囲い込みが困難となるのであり,軽井沢と箱根で見られたように,康次郎は,首都圏と経営地を自社バスで結ぶことで,顧客を広域的に囲い込む方針へと転換していく。関係会社の業務連携と事業の広域展開が,この時期の康次郎の経営方針となるが,この転換を決定的にするのが,新幹線問題であり,近江の経営地がその舞台となった。

近江鉄道を経営する康次郎にとって,湖東地域は選挙地盤であり,戦前においても地域の事業に政治家として関わっている。近江の犬上郡地方は水争いの激しい土地であり,29年,地元の要請を受けてダム建設に乗り出している。川島与右衛門を地元の調整に当たらせ,滋賀県民政党県会議員を取りまとめて犬上ダム建設建議案を県議会で採択させる一方,この建議案を国会でも採択させて主務大臣と折衝し,10か年継続事業として決定に

---

34) 『バス研究』1957年7,8月合併号。
35) 前掲『西武王国』93頁以下。

持ち込んでいる。34年5月着工の滋賀県県営事業「犬上川農業利水事業」は，総工費202万1,000円で，国庫補助101万500円，県補助40万4,200円，地元負担60万6,300円となっている。必要資材は，砂，砂利，セメント，鋼板であったが，砂と砂利は地元の愛知川で採取するものとさせたのは，これに先立つ32年3月着工で，20か年継続事業である地元の県道高野街道改修工事にこれらを利用させた経験があったからである[36]。また，戦後の衆議院議長時代，選挙地盤である湖東地域を縦断する国道8号線の路線決定をめぐって争っていた滋賀・三重の両県知事，彦根・八日市・津・四日市の市長，更に建設大臣と次官を議長室に集めて路線決定を行ったと，筑井正義の『堤康次郎傳』は伝えている。この時期は，戦時中に中断されていた国鉄北陸本線の木ノ本・敦賀間工事再開や愛知川ダム建設も決定されており，工事用砂利供給を請負う目的で復興社の事業所を近江鉄道愛知川事業所に開設している。復興社は，56年の近江鉄道による伊吹山スキー場に始まる近江鉄道の観光開発や不動産事業を受け持つのであり，オリンピックを目指しての名神高速道と新幹線建設が始まると土木工事に大きく関るようになる。また，59年の滋賀県知事選挙で，鳩山派の現職森孝太郎に対抗して康次郎支持の谷口久太郎が当選したことも事業展開にとって有利となったとされている。

　60年中頃，大阪新幹線工事局長から，路線が近江鉄道の高宮・五箇荘間7.5キロにわたり，間隔ほぼ0mで6mの築堤上を並走する計画が，山本広治に伝えられる。新幹線問題の端緒である。近江鉄道の対応は，安全性の観点から，両鉄道間の500m確保であった。一般道路が，新幹線の築堤の下をトンネル状に交差するとともに，近江鉄道の踏切りに続くことから，運転手の見通しが困難になることを理由にした。国鉄は，500mの間隔確保は，この中間に位置する耕作地への日照問題が生じ，農家が買上げを要求していることから，費用面で不可能であるとした。近江鉄道は，これに対して，近江鉄道にも同じ高さの築堤をするか，ないしは，鉄道そのものの買上げを要求すると，国鉄は補償金での解決を求める。近江鉄道は，踏切横断の危険性，乗務員の負担増，旅客減を理由に，53か所の踏切工事費，そのための3,000㎡用地買収費，人件費増分として2億5,000万円，旅客減

---

36) 前田留吉『堤康次郎の政治力に成る犬上ダム』三康文化研究所，1956年。

の今後15年間分補償として1億5,000万円，合計4億円の補償要求を出すが，踏切改良費と用地買収費1億5,000万円，13年間営業補償費1億円の合計2億5,000万円で合意し，61年までに全額支払いが終了した。

63年3月，衆議院運輸委員会で，近江鉄道補償問題が取り上げられた。地方鉄道整備法24条は，「日本国有鉄道が地方鉄道に接近し，または並行して鉄道を敷設して運輸を開始したため，地方鉄道業者がこれと接近しまたは並行する区間の営業を継続することができなくなって，これを廃止したとき，……収益の減少による損失を補償するものとする。収益減少による補償は，日本国有鉄道が運輸を開始した日から5年をこえることができない」としているからであった。十河信二国鉄総裁が，「営業補償1億円の内訳は，観光補償5千万円，減客補償5千万円である」と答弁したことから，世間で景観補償問題と言われるようになった[37]。

名神高速道のために用地買収も進められていた。個別地主との交渉ではなく，町村ごとの地主団体を通じて折衝する方式であったので，地元選出議員である康次郎が路線決定について予め情報を得ていたものと思われる。計画用地が平野部の耕作地帯であったことも原因して，農民の強硬な反対運動が起こり，結果的に名神高速道は大幅のコース変更を余儀なくされたとされている。国鉄についても，新幹線総局用地部次長橋本巌は，「むしろ旗こそ立たなかったけれど，地元の反対は実にひどいもので……まったく暗澹たる気持ちでした[38]」と証言している。新幹線新横浜駅周辺用地買収について，中嶋忠三郎は以下のように証言している。「堤は，新横浜駅建設予定地を測量が始まる以前に知り，その周辺の地所を何万坪も買占めていた。……後日，新幹線の開設予定が公表されると，農家の人々は地団駄踏んで悔しがった。……農家の人達がお互いに連絡を取り合い，団結して登記の無効訴訟を起こしたり，騒ぎ出しでもしたら厄介だということで，西武の弁護団が鎮めにかかった[39]」。

新幹線問題は，伊豆箱根鉄道とは小田原と三島で関わっているし，新幹線用送電線建設のため6ヶ所について，国土計画興業ないし伊豆箱根鉄道の承諾を必要とした。小田原で交差する大雄山線については協議を拒否し

---

37) 『運輸ジャーナル』1963年2月10日号。
38) 『交通経済情報』1963年3月22日，26日号。
39) 前掲『西武王国』166頁。

たし，62年3月30日付で国鉄が三島駅近くの下土狩の土地譲渡申し入れを行うと，26年に廃線届けを出している三島の下土狩線跡地で62年4月25日に路線延長願いを出し，認可が下る前に着工し，三島・下土狩間で新幹線と交差する状態を作り出している[40]。

　康次郎の方針は，4月5日付で，康次郎，清二，小島，大場が署名しているメモによると，以下の6点である[41]。

　　1．国鉄から出来る丈の補償額を取る。
　　2．熱海駅乗入れ（一日10往復）。
　　3．新幹線熱海駅北口（乗降口）の開設。
　　4．木の宮（旧河川広場）継続使用する（政令改正が成立したとき随契にする）。
　　5．熱海乗入れのための車輌の貸与。
　　6．其の他懸案事項の解決を促進すること。
　以上国鉄の承認をとること。
　　昭和38年4月5日　　於西武鉄道本社

　国鉄および所轄官庁である運輸省との間でどのような交渉が行われたかは不明である。しかし，米原駅，三島駅，小田原駅で国鉄との駅舎相互乗入れが実現しているのであり（米原については，後に国鉄が在来線駅を新幹線駅に移した），63年1月に来宮の熱海ホテル裏の埋め立て地3,000坪の払下を国鉄が決定するとともに，大雄山鉄道立体交差点建設妥結と箱根送電線建設承諾がなされている。

　近江鉄道のバス・観光事業が，運輸行政の許認可を得て一気に拡大するのもこの時期である。50年から自社鉄道沿線を中心とする観光バス営業を行っていたが，59年から大阪を皮切りに観光バス営業所を京都，名古屋と開設することで営業地域を広げたことは，伊豆箱根鉄道，更に，西武バスとの接続を意味するのである。言うまでもなく，61年は箱根紛争終結の年である。タクシー営業所も，60年の名古屋，大阪に続き，62年に京都に開

---

40)　『運輸ジャーナル』1963年2月10日号。
41)　「国鉄新幹線下土狩線横断について」

設した。62年には八日市と日野から京都三条までの定期急行バス路線を持つと，名神高速道路開業とともに64年にこれを高速道への乗換免許として再申請するという形式で認可されている。名神高速道乗入れは国鉄バスをはじめとする13社が申請しており，限られた湖東地域を営業基盤とする近江鉄道は下馬評にも上っていなかったにも拘わらず，国鉄バス，バス協会合同事業としての日本高速急行バスおよび京阪自動車とならんでの認可であった。また，従来自社鉄道沿線地域に限定されていた観光バスも，63年に琵琶湖一周遊覧バスとして免許を得ている。

康次郎の経営と近江鉄道の躍進を回顧して，山本広治は次のように述べている。

「僅か六〇キロメートルの鉄道を信用の基礎として確保しつつ，自動車時代に即応しては，僅々十年の間に，一千キロのバス路線を設定し，我が国最初の高速道定期バスを運行するなど，偉業をすすめて支柱を作り，第三次産業時代の到来を迎えては，数年の間に県下各地に一大観光事業をおこされた[42]。」

康次郎のバス事業は，西武バス，伊豆箱根バス，近江鉄道バスの路線を接続することにより，既に見た運輸と同様に，首都圏から関西までの一貫運送を可能としたのであった。関西の拠点は，尼崎に工場を持つ西武化学と近江鉄道となるのであり，「会長宅で社長就任を命じられたのは六四年二月四日で，五月二五日の株主総会で社長に就任した」森田重郎が西武化学と近江鉄道を兼任して指揮することになる。65年には，県内外の近江鉄道観光バス営業所に観光案内窓口を設置し，「宿泊案内，ひいては，西武化学，西武鉄道，伊豆箱根鉄道等西武企業の事業と宣伝の取次」をも兼ねさせる[43]。森田は，近江鉄道の廃線敷や駅舎などの遊休地を造成することから宅地分譲を開始し，「西武化学の造成になる大阪羽曳野市の恵我之荘高級分譲地販売に，セールスマン二名常時出向させ」不動産事業のノウハウを吸収させ，67年には彦根市上後三条8,088㎡の宅地分譲，京都市上桂地区13,000㎡の宅地分譲ができるまでに育てるのであった。他方，西武化学の東京本社へも出向社員を送り，「当社の仕事だけでなく，ひろく西武

---

42) 『おうみ』1966年6月創立70周年記念号。
43) 『おうみ』1965年6月号。

化学全体の仕事ぶりを勉強させた」ので，出向社員が「西武各社は，当社の仕事ぶりを注目しています」と報告するまでになった[44]。

鉄道と流通へのグループ分割によって，近江鉄道70年5月20日の株主総会で相談役に退き，康弘が社長に就任するが，退任の挨拶で森田は，昭和「三十六〜七年当時から三十九年にかけての繰越し赤字一億八千四百万円におよぶ損失も…四三年度年決算で解消する事が出来ました」と述べている[45]。康次郎が手掛けた，近江での不動産事業が経営を圧迫していたのである。森田が，康次郎の意を受けて近江鉄道の経営改善とグループ企業間の業務連携を進めたことが見て取れようし，グループ分割による辞任は思い半ばの無念なものであったと思われる。

III　企業グループ経営

対外的に関係会社はそれぞれ独立した企業である。しかし，康次郎にとっては彼の事業展開における業務を分担する存在に過ぎず，関係会社の統括と業務調整は自己に集約するのは当然と見なしていた。独立した企業が経済合理性に基づき業務提携を構築するという企業グループの姿は念頭になかった。戦後事業の中で最も成功した百貨店においてさえも，財務と人事は西武鉄道を通じて主導していたし，国土計画興業や西武鉄道が経営する旅館・ホテルの調度・インテリアを取引条件を曖昧にしたまま百貨店に担当させていた。初期の百貨店の主力商品である食料品も，康次郎が戦中・戦後に手掛けた食品会社や西武鉄道の食品部門が採算を度外視して納品したものであったことは西武鉄道の営業報告書から読み取れる通りである。終生その精力を投入した不動産事業についても，鉄道は分譲地開発の手段であり，分譲地の造成は復興社に，土砂の搬送は西武運輸に担当させるが，会社間取引の採算を度外視することが多かったことはかつての部下の証言に度々現れている通りである。

百貨店のロサンゼルス出店を契機として，関係会社群を西武グループと

---

44)　『おうみ』1964年9月号，昭和40年1月号。
45)　『おうみ』1970年6月号。

III 企業グループ経営　　　　　　　　151

して内外に顕示せざるをえなくなる。康次郎が占領軍との関係を深めるのは所沢飛行場をはじめとする米軍施設の物資輸送に西武鉄道や西武運輸が関わっていたからである。米軍にとって戦後混乱期においてもストライキのない西武鉄道，大雪でも路線を確保する西武鉄道であり，戦後早い時期から国鉄の車両払下や国有資材払下を西武鉄道が受けているのは，米軍が大義名分となっていたからと推定できる。この時期の在日米軍兼国連軍司令官がレムニッツアー将軍であり，康次郎個人も民間外交の名目で米軍幹部との関係を深めてゆく。1959年の初渡米もレムニッツアー将軍令嬢の結婚式への招待であったし，将軍の仲介でアイゼンハウアー大統領やマッカーサー元帥との会見が実現している。この渡米が契機となって実現するのがハワイの軍人墓地をならっての鎌倉霊園（65年5月開園）であり，百貨店のロサンゼルス出店であった。既にアメリカ進出を果たしていた老舗百貨店と比べ，短期間にデパートとしての地位を固めたものの10年前までは駅前食品・雑貨店に過ぎなかった西武百貨店を，日本経済に確固たる基礎を置く西武グループの一員として位置づけることで，アメリカ側にアッピールする狙いからと思われるが，61年に34頁からなる英文でのグループ紹介冊子を作成している[46]。冒頭において昭和30年代前半の日本経済の発展を先ず概観するが，ここで物価と都市での地価の推移を指数で紹介しているのは，グループの基盤が土地所有にあるとの意識を表している。グループの事業分野は交通，観光・レジャー，小売，製造業に分けて紹介しており，言うまでもなく交通は鉄道，バス，運輸，ハイヤー・タクシーであり，観光・レジャーとは国土計画興業の事業，小売とは百貨店を指すが，特に興味深いのは，各分野の事業紹介において個別企業名を挙げていないにも拘わらず，小売のみは西武百貨店によって代表されていることと，森田の化学が担当する肥料・鉄鋼・建築資材・ゴムを内容とする製造業分野が59年時点におけるグループ全体の売上げの25％を占めていると記していることである。即ち，ここでの4事業分野がグループの中核事業であり，ここから西武鉄道，国土計画興業，西武百貨店，西武化学が必然的にグループ中核企業となり，更にそれらにつながる準中核企業へと広がる構図が浮か

---

46) *Seibu groupe of enterprises: its chracteristics, present conditions & future prospects*, 1961.「実業界」1961年3月1日号によると，百貨店ロス出店もあり，森田重郎が責任者となって，グループ全体の総括的資料を作成中である，としている。

び上がる。

　財務の中核はその資本調達力から西武鉄道であったこと，また，百貨店をはじめとする関係会社の多くの人事にも西武鉄道が関わっていたことは既に見た通りである。しかし，最高幹部は言うまでもなく，幹部職員人事も康次郎の専断事項であった。箱根土地会社の社債償還不能問題で関わりを持つ神田銀行頭取鑪蔵の長男謹一の回顧録は採用と配属にいたる経緯を興味深く伝えている。21年生まれで東京大学文学部卒業の謹一が母の提案で康次郎に就職の相談をし，広尾分室に勤務するようになるのは51年9月である。分室で秘書的な仕事をする一方，国土計画興業本社，西武鉄道，西武百貨店の幹部職員への挨拶回りをし，康次郎の現場視察や出張のお供から各種の事業を現場で学び，最終的に58年10月にホテル藤の開店担当として配属されている。神田は原宿本社への挨拶回りの様子を次のように語っている。「確か3階建てだったと思う。真っ正面にひときわ目立つ，ローマ法王が座るような，背もたれのある椅子と大きな机がある。伺ったら，これは，大将が座られる机だと説明してくれた。「Mさまに，ご挨拶したいのですが」「真っ正面の右の方」とのこと。成る程，この会社で，M氏だけが，普通の会社と同様，上司らしい方向で座っていて，後はみな同格だとおもった[47]」。既に見たように，M氏とは前田留吉である。

　広尾分室は，康次郎の執務室であり，グループの実質的な総本部であるとともに，政治事務所でもあったから，国土計画興業が近江の選挙区からの支持者団体の受入，国会見学，東京見物など一切の手配をしていたことになる。ここはまた，「堤学校」とも呼ばれ，幹部候補生養成所でもあった。採用された新人は分室勤務として寮生活をおくり，食事当番からマキ割，風呂掃除などの勤労作業をするとともに，訪問者への応対，電話当番などの訓練を現場で受けるのであった。邸内の寮には常時20名ほどの男女社員がおり，康次郎の眼鏡に適った者から，早ければ半年，通常2〜3年以内に配属が決定され，送り出される。また，適材適所の名目で配属替え，転勤も康次郎が指示するのであった[48]。康次郎自身，「この勤労が実はいちばん大事なのであり，これらのことを通してはじめて，後日，課長

　　47）　神田謹一『私の回顧録』2002年，46頁，非売品。神田の証言については，以下本書による。

　　48）　西武鉄道『堤康次郎会長の生涯』1966年，72頁，非売品。

III 企業グループ経営

や部長になったとき，部下の苦労をよく理解するりっぱな指導者になれるのである。分室の勤務期間は2，3年だが，このあいだに私の70年にわたる人生経験から悟ったところの『感謝・奉仕』の精神を教え込む。分室卒業生はすでに数百人を数えるが，この連中が西武各社の有力なメンバーとして働いてくれる」と，「堤学校」を特集した雑誌のインタビューで語っている[49]。「専門家よりもシロウト」が康次郎の持論であり，自ら次のように語っている。「事業は組織よりも経験よりも，まず従業員の人格である…。私の社員教育も，人格的な面に重点をおいてやっている。…デパートにしても車両工場にしてもシロウトばかりで事業を発足させ，発展させた。彼らは謙虚に熱心に学ぼうと努力する。そして最後には，それが勝つ[50]」。

康次郎自身もシロウトとして事業を展開してきたとの自負を持っていたし，神田謹一がお供した出張の例で後に見るように，現場主義を終生貫いている。シロウト論と現場主義実践が，康次郎の「感謝と奉仕」の根底をなすものであったと想定できる。初期の事業である十国線道路建設についても，技術家が道路建設は不可能であるとしたのに対し，「自ら原生林の高い木にぶらさがって目測で見当をつけ，人夫を督励して工事を進めた」のであるし，庭園であった豊島園を遊園地として造成するにあたり「終戦後七，八年の間，会長自らゲートル姿で現場を指揮」した「大将」の姿が社員の間で語りつがれている[51]。康次郎の部下として残った人々に共通しているのは，康次郎の事業展開と指導力への心服である。しかし，「感謝と奉仕」の理念と現場主義のみで，部下の心情を掌握できるものとは思われない。康次郎自身は，自らの事業展開について次のように語っている。「無理をしなくても，競争をやらなくても，自然にもうかる事業もあるのだ。それは，世の中のため，国のためになる事業，奉仕の事業だ。この世界には競争がない。競争がないから楽にのびる。そしていつかは，営利の世界と，奉仕の世界とは，一致する[52]」。競争のない世界，即ち，軽井沢や箱根での既開発地の周辺を目指したのであり，鉄道の付帯事業では，時

---

49) 『新世代』1963年6月号。
50) 前掲『叱る』61頁。
51) 前掲『叱る』89頁および『西武』1958年5月15日号。
52) 前掲『人を生かす事業』109頁。

代の通念を越えて経営資源の多角的活用をシロウトとして貫徹したのである。そして，常に新たな商機を求め，困難を乗り越えて成功した。最も身近で仕えた鉄道の小島正治郎が，「堤会長の真価は逆境にあってさらに発揮された。鋭い勘とずば抜けた才知で作戦を立て，問題の処理に当たったが，特に困難に直面した時のその手腕には目を見張るものがあった[53]」と語っているし，山本広治も折りに触れて，逆境での積極策が康治郎の経営の特徴であると語っている。部下にとって，康治郎の事業への着眼点とそれを貫徹する不屈さが輝きであった。

現場主義とシロウト論に立って関係会社の業務調整を行うのも康次郎であった。康次郎自身以下のような逸話を語っている。「先日西武デパートの主任以上を集めて話した後，一人一人に思い付いたことをはなさせた。するとなかなか活発な意見が出てくる。一階の便所施設が足りないから，鉄道の方のお客さんに迷惑をかけている，増設したらどうか。西武電車の駅名アナウンスのついでに，デパートの催しものの案内をちょっとつけたらどうか。なかなかいいアイデアを出してくる[54]」。社員の間にグループの意識が生まれているのであり，これを吸い上げるのも康次郎であった。

広尾分室が康次郎の事業経営の司令室となった経緯としては，43年3月に発病する前立腺肥大がある。2－3時間毎のゴム管を使っての導尿が必要であり，主として操夫人がこれにあたっていたことから，行動範囲が制限され，「自室に電話3本を引いて電話指揮が始まった」のであり，幹部社員に広尾の自宅から電話で指示を与える体制が，公職追放とも重なり，定着したのである。夜は8時に就寝し，朝は4時に起床し，寮生を起こす。寮生は各社の幹部社員の自宅に次々と電話をかけ，康次郎の指示を伝達する。必要に応じて担当者を資料持参で分室に呼び寄せるのであるから，社内での会議が必要でなくなる。康次郎の社長室・重役室不要論の根拠であり，「私の経営する会社には社長室というものがない。…重役以下全社員がひとつの大きな部屋で，顔をそろえて仕事する。ときには私も出かけて行くので，私の机が小島社長の隣に置いてある。…私のいない時は，誰でもそこで仕事する[55]」。

---

53) 前掲『堤康次郎会長の生涯』87頁。
54) 前掲『人を生かす事業』96頁。
55) 同上，38頁。

III　企業グループ経営

　中嶋忠三郎が前掲『西武王国』で伝えるところによると，午前中に会社の仕事を終えると，資金繰りで駆け回る以外は，不動産物件巡りをするのが常であった。土地への執念は強く，あらゆる情報源を使って良い土地を探し，所有権関係の調査をさせる一方，騒音，日照，排水などの条件を自ら確認するため，朝早くや夜，更には，あえて雨天に現地を訪れるのであった。

　分室での執務の外に経営地の管理運営も現場で自ら行っている。秘書として箱根に同伴した神田謹一が，先に触れた『私の回顧録』でその様子を伝えている。分室の幹部の一人から「大将は，財布は一切お持ちにならないから，貴方にお金を預けるから，支払いを頼みます」との指示を受け，東京駅では三等に乗る2人分の席をホームを走って確保する。小田原駅では，社員が2人待っており，伊豆箱根鉄道の路線バスに予め席を確保してあった。土木工事の現場を視察し，6時に夕食を摂り，7時に就寝する。早朝5時には起き上がり，前夜から待機していた現地社員と朝食を摂りながら打ち合せを始めるのであった。週末に熱海や箱根に行くことが多かったことから，日曜会議と呼ばれていた。

　分室で毎週火曜日午前8時に開かれる最高幹部会は火曜会と呼ばれており，中嶋忠三郎は次のように描写している。康次郎の隣に操夫人，続いて義明，清二が並び，その下座に小島，森田，宮内。その反対側に，メンバーではないが，康弘，中嶋，山本の順序であった。宮内は経理担当であったので，金庫番として出席していた。「議事の内容は，堤が前々から構想を練っていて，決めていて発表するのだから，会議というよりも発表の儀式であった。…意見を言うものはあまりいなかったし，例え意見を述べたとしても形式的であった[56]」。「前々から構想を練って，決めていた」とあるが，その内容を示唆するのが，西武百貨店の庶務課長を長年勤め，康次郎の事業上の秘書の役割を果たしてきた原哲朗の証言である。「堤が土地の王者となるプロセスでは，手付金としてどうしても裏金が必要であった。彼は傘下の企業の経理会の時，その責任者から一定の割合の金額を持ってこさせてこれに当てた。傘下の経理マンはその金をなんとか調達したが，皆税務署から摘発された時は自分が横領しましたと罪をかぶる決意で経理

---

56)　前掲『西武王国』52頁。

の数字を操作して居た[57)]」とあるように，火曜会の前提に，康次郎が直接管理した経理会が存在していたのであり，グループの財務を一人で掌握していた。

指令塔としてグループを単独で運営した康次郎は，関係会社に対してどのような役職に就くことで支配を確保していたのであろうか。彼の会社役員歴を一覧表にしてみると，没時での会社定款に基づく役職は西武鉄道と国土計画興業での顧問に過ぎず，その他には西武百貨店，西武化学工業，近江鉄道で会社定款には規定のない役職である顧問職に就いていたのみであり[58)]，グループ内では会長と呼ばれていた。康次郎は，常々自社の株を大量に所有することはないと明言しており，株式所有関係でグループの親会社である国土計画興業についても康次郎名義の持株比率は10％弱であったとされているから，明示的な大株主として各社に影響を及ぼす立場にあったわけではない。それ故，役職上は西武鉄道と国土計画興業の顧問として傘下企業全てを支配していたことになる。

持株管理について，原哲朗は興味深い証言を残している。「康次郎が自分以外で一番信頼し，金から，女の始末まで，まったく無警戒に委任した」とされており，また，自ら筆をとることが希であった康次郎に代り「感謝と奉仕」の色紙を代筆していた川島喜晴による「国土計画の株券の完全保管である。康次郎の死後，西武コンツェルンの後継者問題が発生したが，康次郎の命令を守って株券を持ち出し，行く先をくらまし，遂に義明にその所有を確定させた[59)]」。ここで言う株券の完全保管とは，康次郎の死後も続けられる（架空）名義株であることは明らかである。川島によ

---

57) 原哲朗『堤康次郎言行録』1990年，12頁，非売品。
58) 『財界』1964年8月号は，康次郎の個人所得の内容を確定申告から逆算して推測している。1962年度申告所得額は2,632万円であり，収入源は関係会社からの顧問料，衆議院議員歳費，雑所得であるという。記事では関係会社顧問料を西武鉄道の60万円をはじめとして顧問4会社合計月間200万円と推定しており，年間2,400万円で，約260万円強が議員歳費と株主配当金などの雑所得となる。株主配当金70万円は国土計画興業からであり，額面50円の発行株141万株のうち，記事に基づき康次郎名義のものは10％弱であるとすれば，1割配当であった。残りの200万円弱が議員歳費とその他雑所得となる。当然のことであるが，記事が指摘するように，申告所得額が康次郎の所得の全てではない。出張・静養の旅行や政治活動としての自宅・関係ホテルでの宴会・レセプションに個人の出費は伴わないからである。政治資金は「貰わず，撒かず」の原則を貫き通した（前掲『言行録』11頁），とされているが，康次郎にとって政治と事業は一体であった。
59) 前掲『堤康次郎言行録』36頁。

る(架空)名義株管理については、出典を記していないものの吉野源太郎は以下のように書いている。国税局の調査官が広尾分室に抜打ちに踏み込んだ50年9月,「何をおいても隠さねばならないのは名義株だった。既に玄関先には調査官の声がする。名義株を入れた書類函は相当な重さだった。陸軍士官あがりで力自慢の秘書が,抱えて裏口から逃げたのと入れ替わりに調査官が踏み込んできた」。「このとき,分室の責任者,川島喜晴は逮捕され,長期間,勾留されたという。しかし,川島は口を割らなかった。不起訴処分で釈放されて帰ってきた川島に,康次郎は土下座せんばかりに深々と礼をし,ビールを振る舞って労をねぎらった」。国税局に踏み込まれるまでは,本当に信頼できる故郷の後援者らのほかは,架空の名義を使っていた康次郎が,名義株に実在の社員の名前を使い始めたのは,この時の体験がきっかけではないかと思われる,と吉野は記している[60]。

64年4月24日,康次郎は,早朝閣議前の池田勇人首相を私邸に訪ね,湖西線敷設を陳情し,その後,中嶋忠三郎を連れて「堤を囲む都会議員の会」で10人ほどの議員と昼食を摂り,週末は青山高樹町に住む義明の母石塚恒子を伴って熱海・箱根に向かういつもの習慣通り,午後1時15分発の「いでゆ号」に乗るため東京駅のホームに向うが,心筋梗塞で倒れ,26日午前8時10分,国立東京第一病院において享年75歳で逝った。常日頃心臓に健康上の問題があると見なされていなかったことから,前年8月7名の犠牲者を出した百貨店の失火,11月の総選挙で近江での支持者団体である堤会会員を中心に160人以上が選挙違反で起訴され,150人以上が有罪判決を受けたこと,ロサンゼルスの百貨店閉店を直前の3月に決定せざるをえなかったことなどが心労となっていたであろうと推測されている。

芥川賞作家である富沢有為男は,「あの巨大な資産も堤氏の私有物という形をとっていない。だとすると,堤氏の念願とするところは,所有権ではなくして支配権だということになる」と書いている。また,事業で金をこしらえるのは政治家になるためであると,折りに触れて語る康次郎を念頭に,事業家であるとともに政治家である二面性について,所有欲ではなくむしろ支配欲が政治であるとの立場から,康次郎を解釈して,「堤氏が逝ったあとにも,事業はそっくり西武に残るだろうが,問題は,この政治

---

60) 前掲『西武事件』198頁以下。

の本質が，はたして西武に保たれるかどうかが，疑われる点なのである」とも書いている[61]。しかし，(架空) 名義株は明らかに所有欲であり，姻戚による関係会社支配は支配欲であることは明らかであろう。康次郎の命令で親族に遺産相続放棄書を書かせ，これを取りまとめる役割を果たした中嶋忠三郎はこの点についてより冷静に判断しており，「堤は，自分の死に始まる西武全ての問題を遺産相続という形に絞り込み，それを見事に収束させたのである[62]」と書いている。

『財界』39年8月号の「ワンマン亡き西武グループの行方」と題した記事は，没後第二回目の火曜会は，「スターリン亡きあとの憲法ともいうべき」決定を行ったと伝えている。

1．火曜会は，創立者堤康次郎の感謝と奉仕の意思を継ぐ最高意思決定機関である。
2．火曜会の運営については，集団指導体制を原則とする。
3．集団（鉄道，国土計画興業，百貨店，化学）の各企業は，大幅な権限の移譲を受ける。

具体的には，中核4社の代表に金庫番たる鉄道の宮内が加わった会議であり，集団指導体制というものの義明と清二が拒否権を持ち，「正式メンバーとして出席したい旨，意思表示した」操夫人には「発言権はあっても，裁決権はない」との決定がなされた。

義明が引継いだのは，康次郎が残した西武グループの本体とも言うべき国土計画興業であり，また，康次郎の子飼いの部下をも含めてであった。「10年間はオレのいったとおりやれ。十年後からはお前の考えでやれ」という康次郎の遺言と人事の引継を表明したことが，義明を先代からの部下が積極的に支援した大きな理由であったと，関係者がインタビューで一様に語っている。百貨店経営の近代化を急ぐ清二が積極的に外部から人材を登用したことと対比をなしている。義明は，康次郎の一周忌を済ませるやいなや，65年5月に国土計画興業を国土計画と社名変更を行い，本社所在

---

61) 富沢有為男『雷帝堤康次郎』アルプス，1962年，31頁以下。
62) 前掲『西武王国』233頁。

地を渋谷区神宮前（原宿）に移すが，68年の人員配置に見られるように，岡野関治，石田正為，永井博を常務取締役として引継ぐ一方，早稲田大学観光学会の後輩である戸田博之を社長室秘書課長，山口弘毅を総務課長としている。

　康次郎の7回忌の70年，西武鉄道と国土計画を核とする義明の鉄道グループと百貨店と化学を核とする清二の流通グループへと袂を分かつことになるが，毎年4月26日の命日には追善法要が行われ，義明，清二を筆頭に両グループの幹部が出席している。また，鉄道グループでは，毎年元旦の朝6時に鎌倉霊園の墓前で「先代の遺訓を偲ぶ会」が持たれるとともに，毎夜社員2名が交替で，「大将が寂しがっている」からと「墓守」として泊り込む習慣が2004年まで続いた。

　2グループへの分裂とともに火曜会も自然消滅し，義明は毎週火曜日に原宿の国土本社で先代以来の幹部を集めて社長会を開くようになるが，これも次第に月1，2回の開催となっていくのであった。幹部社員の世代交代が進むにつれて，義明と義明の側近によるグループ運営に移って行く。

（大西　健夫）

第6章

中核企業西武鉄道

　本章の課題は，各種営業報告書と有価証券報告書を用いて，戦後の堤康次郎主導下における西武鉄道の事業展開と資金調達を検討することにある。

　国土計画を頂点とする企業グループはさまざまな会社を傘下に置いたが，戦後における西武グループの中核企業は西武鉄道であったと言えよう。1996年時点で西武鉄道の連結対象会社は62社，非連結子会社は10社を数え，運輸，不動産，観光など，多様な業種にわたる計72社が同社の支配下にある。またグループ内で西武鉄道以外唯一上場している伊豆箱根鉄道についても，単独での保有株式数こそ発行株式の過半には達していないが，これに西武鉄道の子会社である西武建設の所有分を加えると7割近くなる[1]。伊豆箱根鉄道は実質的には西武鉄道の子会社と位置づけられる。

　よく知られているように，株式保有の観点から見れば西武鉄道を支配しているのが国土計画であることは事実である。しかし，実質的な企業グループ活動を担っているのは西武鉄道であると言っても過言ではない。更に，伊豆箱根鉄道を除けば，西武グループで上場しているのは西武鉄道だけであり，言わば企業社会に開かれたグループ唯一の窓口であるとも言える。西武グループはこの窓口である西武鉄道を梃子に事業展開を図ってきた。本書で一つの章を西武鉄道1社に割くのはこのような理由による。

　現在，西武鉄道は関東圏の有力私鉄としての地位を保っているが，その企業行動は他の私鉄とは一線を画しているように思われる。例えば，首都

---

　1)　近藤禎夫・安藤陽『日本のビッグ・ビジネス19　西武鉄道　近畿日本鉄道』大月書店，1997年，50頁。

圏に展開する他の私鉄と比較して，他社との相互乗り入れ，あるいは他線との連絡駅開設には決して積極的ではないように見える。また，ターミナルデパートである西武百貨店との断絶とも言える関係は他の私鉄には見られない。一見閉鎖的に見える西武グループであるが，その中で西武鉄道が担わされている役割も十分に明らかとはなっていない。

このような西武鉄道の企業としての特異性は近年に形成されたものではなく，創業者である堤康次郎の時代に原型が形作られ，現在の同鉄道はその系譜を忠実に辿った末にあると我々は考える。本章は，戦後の西武鉄道の歩みを事業の展開過程とそれに要した資金の調達手段の分析を通じて，西武鉄道とその企業グループを歴史的な観点から理解しようと試みるものである。

本論に入る前に，資料について簡単に言及しておこう。西武鉄道の場合，社史が存在しないこともあり資料的な制約は大きい。本章で用いる資料は主に営業報告書と有価証券報告書であるが，同社の社内報も有用である。これらの資料は初出のものも少なくないが，全て時系列的に連続しているわけではない[2]。次節以降，掲載表に不連続がある時はそのような事情であることをあらかじめ理解されたい。

---

[2] 本章ではおもに以下の資料を利用する。
・西武鉄道『営業報告書（第71～76回）』（雄松堂マイクロフィルム）。
以下の資料はすべて初出である。
・西武鉄道『社債発行目論見書（1951年2月3日）』。
・西武鉄道『営業報告書』（第73，76～78，80～82，84，86，89～102回）。
・西武鉄道『有価証券報告書』（1954年（下），1955年（下），1956年（上），1957年（下），1958年（下），1959年（下），以上，齋藤憲氏所蔵。
マイクロフィルムの形で既に刊行されている西武鉄道の営業報告書は1950年度まで，有価証券報告書が提出されるのは60年度からである。従って51年から59年にかけての営業報告書はこの資料が初出である。また『社債発行目論見書』は企業内容が詳細に報告されており，きわめて利用価値が高い。
50年代の有価証券報告書も初出である。欠落も多いが営業報告書には記載されていない重要な情報が得られる。但し手書きであるため，判読不能な場合も多く，数値の若干の誤差は避けえない。また，西武鉄道社内誌『西武』も資料的価値が高いと思われる。

I　西武鉄道の概観

初めに戦後における西武鉄道の財務と収益構造を，他社との比較も含め概観しておこう。

先ず西武鉄道の規模を営業キロ数と資産規模の観点から確認する。表6-1は1951（昭和26）年，60年，70年の3時点における西武鉄道の営業キロ数と資産規模，更には企業の安定性に関する若干の経営指標を示したものである。51年から70年にわたるおおよそ20年間，西武鉄道は営業キロ数を約1.3倍に伸しているに過ぎない。もちろん複線化や新型車両の投入，駅舎の改築など営業キロ数だけでは鉄道会社の規模は判断できないが，それでも大きく路線を拡張したわけではなかった。それに対して資産規模は60年には11.2倍に，70年には70倍以上に膨れ上がっている。これは資産の再評価積立金によるところが大きく，次節以降で検討する。

自己資本比率は51年の66.7％から，60年には14.8％，70年には10.4％と大きく低下しており，西武鉄道の資産規模拡大が他人資本の導入によってなされたことを示している。当然ながら固定比率も悪化し，60年の段階で既に，通常の企業なら危険な水準にまで落ち込んでいる。しかし長期適合率を見ると，固定資産が長期負債で賄われていたことが分かる。鉄道会社の資産の担保価値がいかに高く評価されていたかが窺われる数値である。

このような資産状況のあり方は，西武鉄道に特有なものであったのであ

表6-1　西武鉄道の営業規模と財務内容

(％)

年　度	1951／8月末	1960／下期	1970／下期
営業キロ数（km）	140.5	150.8	178.8
資産規模（千円）	219,269	24,498,469	154,694,176
自己資本比率	66.7	14.8	10.7
固定比率	129.9	554.7	671.9
長期適合率	109.2	129.3	99.9

資料）各年度『有価証券報告書』および『社債発行目論見書』。
注）固定比率＝（固定資産／自己資本）×100
　　長期適合率＝〔固定資産（／自己資本＋固定負債）〕×100

ろうか。他の私鉄と比較するために，60年時点での東京急行電鉄（以後東急と略称）と東武鉄道（以後東武と略称）の状況を見ておこう。都市型私鉄である東急の営業キロ数は64.9km，東武の502.11kmに遠く及ばない。しかし資産規模は東急の方がかなり大きく，東急367億円に対し東武218億円となっている。西武はその中間といった位置に座を占めていると言えようか。

　西武鉄道の資産内容は，51年に資産の58.7％を占めていた鉄道固定資産が金額ベースでは60年に7.2倍，70年には32.8倍になっている。しかし総資産に対する比率は60年37.9％，70年27.1％と次第に相対的地位を下げている。その一方付帯事業固定資産を見ると，51年の対総資産比率は5％に過ぎなかったが，60年に金額で57.6倍，総資産に占める割合は25.6％，70年には同じく511倍，36.4％と鉄道事業に並ぶ重要部門に拡大した。

　比較のためにここでも60年における東急，東武の状況を確認する。東急の資産内容は鉄道固定資産14.2％，自動車事業4.7％，付帯事業11.3％，投資等47.9％と，投資部門の比重の大きさが特徴である。これは大量の有価証券の保有によるものであった。また東武は鉄道固定資産49.4％，自動車事8.77％，副業2.5％，投資等7.7％であり，鉄道業が事業の中心であったことが分かる。

　東急，東武両鉄道会社の経営指標を見ると，いずれも自己資本比率は決して高くはないが，それでも西武鉄道よりはかなり安定的である。固定比率も必然的に西武よりも低くなっているが，長期適合率はほぼ同様な水準にあり，長期的な他人資本の供給はいずれも比較的安定していた。総じて言えば，私鉄各社の資金調達はおおむね他人資本が中心であり，その中でも西武鉄道はその傾向が強かったと言えよう。

　次に同じ3時点について収益構造の変化を見ていこう。表6-2がそれである。51年における西武鉄道の営業収益は89％が鉄道事業であり，付帯事業の占める地位は1割程度であった。それが60年になると付帯事業収益が全収益の半分を占め，70年には収益の核はむしろ付帯事業に移っていった。つまり51年から60年の間に西武鉄道は企業としてのあり方を大きく転換していったのである。

　私鉄企業にとって鉄道以外のさまざまな事業も企業活動の重要な部分をなしている。ここでも比較のために60年における東急と東武の収益構造を

I 西武鉄道の概観

表6-2 西武鉄道の収益構成　　　　　　　　　　(千円)

年度	1951／8月末		1960／下期		1970／下期	
全事業営業収益	419,119	100.0	4,193,485	100.0	22,174,443	100.0
鉄道事業		%		%		%
鉄道営業収益	373,195	89.0	2,097,576	50.0	7,207,829	32.5
鉄道営業費	366,117	87.4	1,615,338	38.5	6,467,551	29.2
鉄道諸税	13,139	3.1	64,552	1.5	145,986	0.1
鉄道営業利益	−6,062	−1.4	417,686	10.0	740,278	3.3
付帯事業						
付帯事業営業収益	45,924	11.0	2,095,909	50.0	14,966,614	67.5
付帯事業営業費	46,020	11.0	1,605,773	38.3	10,072,591	45.4
付帯事業営業利益	−96	−0.0	490,136	11.7	4,893,023	22.1
全事業営業利益	−6,158	−1.5	907,822	21.6	5,663,301	25.5

資料）表6-1 に同じ。

　確認しておくと，東急も東武も収益の源泉は鉄道業と自動車業であり，両部門で収益の9割方を得ていた。西武鉄道の場合，この時点で既に自動車部門は株式会社として独立している。しかしそれを差し引いても，東急，東武両鉄道会社の付帯事業は，西武のそれと比較すれば，あくまでも付随的な存在であったと言えよう。
　それでは西武鉄道の付帯事業とは何であったのか。その内容を示したのが表6-3である。60年の段階で付帯事業収入の6割近くは不動産売買業であった。70年の数値は営業費構成であるために比率は低下しているが，通常，観光事業，ホテル業の営業費は不動産売買業よりもかなり大きいと考えられるから，やはり付帯事業の中核は不動産売買業であったと言ってよいであろう。60年代には，不動産売買は西武鉄道にとって不可欠な事業部門になっていた[3]。

　3）　東急電鉄は1953年に東急不動産を設立し，田園都市業，砂利業，遊園業を譲渡している。『東京急行電鉄50年史』（東京急行電鉄株式会社社史編纂委員会，1973年）491頁。東武鉄道の不動産関係付帯事業はこの時点では本社が担当していた。『東武鉄道六十五年史』（東武鉄道史編纂事務局，1964年）496頁。

表6-3 付帯事業機構成

	1960 (下期)	
収益構成	千円	%
旅客誘致施設	294,884	14.1
旅館業	434,809	20.7
不動産賃貸業	148,955	7.1
不動産売買業	1,217,262	58.1
計	2,095,910	100.0
	1970 (下期)	
営業費構成	千円	%
観光業	2,027,241	20.1
ホテル業	3,386,249	33.6
不動産賃貸業	977,979	9.7
不動産売買業	3,682,122	36.6
計	10,073,591	100.0

資料) 各年度『有価証券報告書』。

II 西武鉄道の経営

　第3章に詳述されている通り，現西武鉄道は戦争直後に設立された。1945年9月，武蔵野鉄道が旧西武鉄道を合併，同時に食糧増産会社もあわせて合併したために社名を西武農業鉄道としたが，46年11月にこれを社名変更し現在の西武鉄道となった。経過はいささか複雑であるが，ここでは分析対象期間を新西武鉄道成立後に限定する[4]。

　先ずは財務諸表を検討する。通例とは逆であるが損益計算書から見ていこう。表6-4は西武鉄道の損益計算書をまとめたものである。決算期間は区々であるが，46年から50年までは連続した営業報告書が得られる。

　この時期の財務諸表は現在とは若干異なっている。損益計算書中の「当期利益」は，現在で言えば減価償却費差引前の経常利益に相当する。また総収入は各事業の収入合計であるが，総支出は各事業の費用と当期利益の合算値として記載される。後に触れるが，この当期利益から財産価格償却

---

　[4] 西武鉄道の設立については野田正穂「西武鉄道－私鉄間の競合・対立と地域独占の成立－」(青木栄一・老川慶喜・野田正穂編『民鉄経営の歴史と文化　東日本編』古今書院, 1992年) に詳しい。

金を差し引いた「当期純利益」が経常利益に当たる。

収入構成を見ると、この時期の西武鉄道は全収入の95％以上は鉄道営業による収入であった。要するに言わば「純鉄道会社」であった。当然ながら費用も大半は鉄道営業関係費が占めていた。

次に貸借対照表から企業規模の推移を検討する。表6-5から50年に固定資産規模が10倍以上に膨れ上がっていることが分かる。同時に自己資本比率も33％前後から70％台に急上昇した。これは同年に施行された資産再評価法による再評価積立金の貸借対照表への組込みによるものである。

再評価積立金とは、50年に制定された資産再評価法によって見直しが許された、資産価値の増加分に見合う自己資本の増加分である。戦後のインフレにより物価は急激に上昇したが、企業の固定資産価値はインフレ前の簿価に固定されていた。そのため減価償却費の積立ては実勢価値よりも低く制約され、費用として計上できない分は利益として課税された。このような「インフレーションによって著しく歪められた企業の経理を適正合理化し、インフレによる帳簿上の架空的利益に対して高率の課税を受けるという状態を是正し、健全な資本の維持を図る」[5]ために、固定資産の価値を基準年にあわせて一定の割合で増加させることが認められた。資産価値が増大すれば、貸借対照表上でそれに見合うように負債資本の部の総額も増加させる必要がある。それを帳簿上資本の部に計上したのが再評価積立金である。これによって企業は減価償却金という課税されない資金を留保できる。従って見かけ上は企業規模が拡大したように見えるが、実質的には何も変わっていない。

西武鉄道の自己資本は、資産再評価によって13倍以上になり資本のほぼ全てが再評価積立金によって占められるようになる。資産価値の見直しは鉄道軌道業建設費、即ち鉄道固定資産に集中し、評価額増分の97％が向けられた。その結果資産価値は22倍に膨れ上がった。無税の内部留保である減価償却費を最大限に蓄積するためには、固定資産に占めるウェイトの最も大きい鉄道固定資産額を少しでも大きくするのが手っ取り早い方法である。

このような資産の再評価は他の私鉄も同様に実施した。東急電鉄も東武

---

5) 大蔵省理財局主税課『資産再評価法の解説』（日本経済新聞社、1950年）1頁。

表6-4 損益

決算期間	1946.8〜48.10 第71回		1948.11〜1949.6 第72回	
収　入		(%)		(%)
鉄道営業収入	440,917	96.1	451,967	95.4
旅客運輸収入	388,290	84.7	400,416	84.5
貨物運輸収入	48,098	10.5	49,744	10.5
運輸雑収	4,530	1.0	1,807	0.4
雑収入	2,582	0.6	1,404	0.3
石炭補給金	1,099	0.2	1,156	0.2
関連収入分当額	9,515	2.1	8,690	1.8
軌道営業収入	0	0.0	8,970	1.9
付帯事業収入	2,524	0.6	1,223	0.3
雑収入	1,988	0.4	505	0.1
費　用				
鉄道営業費	435,416	94.9	458,511	96.7
固定資産保存費	211,496	46.1	241,562	51.0
運送費（運転費）	64,592	14.1	59,055	12.5
運輸費	128,486	28.0	127,470	26.9
総系費	3,576	0.8	3,234	0.7
鉄道諸税	3,676	0.8	5,802	1.2
関連分担費	23,316	5.1	21,216	4.5
施設補修準備金	274	0.1	142	0.0
付帯事業支出	2,178	0.5	1,724	0.4
営業外費用	14,651	3.2	7,382	1.6
支払利息及割引料	10,297	2.2	7,362	1.6
その他	4,354	0.9	20	0.0
当期利益	6,381	1.4	6,300	1.3
合計（総収入支出）	458,626	100.0	473,915	100.0

資料）各年度『営業報告書』。

　鉄道も法定再評価限度額一杯までの資産再評価を行っている[6]。しかし資産再評価の目的である減価償却費の積み上げに関して，西武鉄道は他の鉄道会社より徹底していた。資産再評価後，当期利益の8割から9割は財産価格償却金として企業内部に留保された。これを他社と比較すると，償却

---

[6] 東武鉄道株式会社『第百六回，百七回事業報告』，東京急行電鉄株式会社『第五十七回営業報告書』より。

II 新西武鉄道の経営　　　　　　　　　　169

計算書　　　　　　　　　　　　　　　　　　　　　　（千円）

1949.7〜1949.12 第73回		1950.1〜1950.6 第74回		1950.7〜1950.9 第75回	
	(%)		(%)		(%)
357,924	95.7	364,098	95.0	197,407	91.5
308,218	82.4	313,675	81.9	171,702	79.6
46,621	12.5	47,989	12.5	24,449	11.3
3,085	0.8	2,434	0.6	1,256	0.6
5,149	1.4	7,323	1.9	3,922	1.8
0	0.0	0	0.0	0	0.0
8,580	2.3	7,000	1.8	9,413	4.4
0	0.0	0	0.0	0	0.0
2,256	0.6	4,629	1.2	4,925	2.3
5	0.0	11	0.0	0	0.0
356,825	95.4	329,594	86.0	178,532	82.8
187,276	50.1	151,956	39.7	76,677	35.6
42,806	11.4	50,059	13.1	26,112	12.1
104,741	28.0	103,611	27.0	56,116	26.0
3,893	1.0	3,741	1.0	1,355	0.6
2,799	0.7	5,849	1.5	4,671	2.2
15,145	4.1	14,377	3.8	13,601	6.3
165	0.0	0	0.0	0	0.0
3,558	1.0	8,430	2.2	8,308	3.9
8,587	2.3	12,082	3.2	6,282	2.9
8,587	2.3	11,443	3.0	6,282	2.9
0	0.0	639	0.2	0	0.0
4,943	1.3	32,960	8.6	22,543	10.5
373,913	100.0	383,066	100.0	215,666	100.0

金と当期利益の比は50年東武鉄道でおよそ3対1，東急電鉄では1.5対1程度であった。西武鉄道は利益のほとんどを償却金とし，税金のかかる「当期純利益」を極力低く抑えたのである。

　何故このようなことが可能であったのか。一つには西武鉄道の資本金規模の低位性に理由が求められる。50年時点で東急，東武両私鉄の資本金はともに4億円，それに対して西武鉄道は1億350万円である。資本金規模が小さいことは配当を支払う対象となる部分が小さいことを意味する。配

表6-5 貸借

決算期間	1946.8～1948.10 第71回		1948.11～1949.6 第72回	
資産の部				
流動資産	234,696	74.7 %	222,909	70.3 %
預金	86,179	27.4	71,637	22.6
未収収益	37,259	11.9	13,159	4.2
短期債権	95,259	30.3	114,066	36.0
貯蔵物品	14,763	4.7	22,968	7.2
その他	1,236	0.4	1,079	0.3
固定資産	73,400	23.4 %	85,522	27.0 %
鉄道軌道業建設費	48,766	15.5	62,252	19.6
付帯事業固定資産	5,352	1.7	5,031	1.6
工事仮勘定	19,283	6.1	18,239	5.8
投資（不動産）	3,028	1.0	3,086	1.0
特定資産	97	0.0	84	0.0
雑勘定	2,771	0.9	5,347	1.7
資産の部合計	313,991	100.0	316,947	100.0
負債及び資本の部				
負債	206,794	65.9 %	207,238	65.4 %
短期借入金	80,609	25.7	100,040	31.6
未払金	64,602	20.6	54,377	17.2
預り金	12,946	4.1	7,876	2.5
社債	0	0.0	0	0.0
長期借入金	47,124	15.0	41,741	13.2
その他	1,513	0.5	3,204	1.0
引当金	274	0.1	416	0.1
雑勘定	1,867	0.6	523	0.2
資本	105,056	33.5 %	108,770	34.3 %
資本金	51,748	16.5	103,496	32.7
法定準備金	0	0.0	80	0.0
再評価積立金	0	0.0	0	0.0
利益準備金	0	0.0	0	0.0
別途積立金	0	0.0	0	0.0
増資未登記株券	51,748	16.5	0	0.0
繰越利益剰余金	0	0.0	980	0.3
当期利益金	1,560	0.5	4,214	1.3
資本負債合計	313,991	100.0	316,947	100.0

資料）各年度『営業報告書』。

II 新西武鉄道の経営   171

対照表   (千円)

	1949.7〜1949.12 第73回		1950.1〜1950.6 第74回		1950.7〜1950.9 第75回	
	274,686	65.5 %	291,178	15.5 %	341,975	17.1 %
	84,748	20.2	79,888	4.3	91,909	4.6
	73,301	17.5	62,516	3.3	95,157	4.7
	87,727	20.9	115,179	6.1	121,682	6.1
	25,376	6.1	29,235	1.6	26,281	1.3
	3,534	0.8	4,360	0.2	6,946	0.3
	137,571	32.8 %	1,571,019	83.8 %	1,589,401	79.3 %
	63,907	15.2	1,410,956	75.2	1,390,925	69.4
	12,433	3.0	69,022	3.7	102,828	5.1
	61,231	14.6	91,039	4.9	95,647	4.8
	2,507	0.6	2,765	0.1	62,176	3.1
	84	0.0	84	0.0	84	0.0
	4,422	1.1	10,392	0.6	9,757	0.5
	419,270	100.0	1,875,438	100.0	2,003,392	100.0
	308,278	73.5 %	381,889	20.4 %	518,674	25.9 %
	116,741	27.8	137,041	7.3	111,041	5.5
	117,617	28.1	112,581	6.0	181,636	9.1
	7,285	1.7	8,081	0.4	7,818	0.4
	0	0.0	50,000	2.7	150,000	7.5
	65,000	15.5	74,000	3.9	68,000	3.4
	1,635	0.4	186	0.0	179	0.0
	765	0.2 %	581	0.0 %	581	0.0 %
	52	0.0 %	363	0.0 %	695	0.0 %
	110,185	26.3 %	1,490,065	79.6 %	1,483,440	74.0 %
	103,496	24.7	103,496	5.5	103,496	5.2
	300	0.1	500	0.0	550	0.0
	0	0.0	1,382,569	73.7	1,369,962	68.4
	0	0.0	0	0.0	0	0.0
	0	0.0	3,500	0.2	3,500	0.2
	0	0.0	0	0.0	0	0.0
	3,244	0.8	1,579	0.1	2,489	0.1
	3,145	0.8	960	0.1	3,443	0.2
	419,270	100.0	1,875,438	100.0	2,003,392	100.0

当率は3社とも8％から10％を維持していたが，実際に株主配当金として社外に流出する資金は東急，東武両社のほぼ4分の1程度で収まっていた。それ故配当原資である「当期純利益」もそれに応じた割合で計上すればよく，「当期利益」から減価償却分に引き当てる金額は他社よりはるかに大きくすることが可能であった。減価償却費は西武鉄道の重要な資金源であった。

III 付帯事業の展開

　最初に述べたように，西武鉄道は1950年から60年の間に，企業としての姿を大きく変えた。本節では主に営業報告書と有価証券報告書を用いてその過程を検討する。

　先ず貸借対照表から分析していく。表6-6は52年から59年にかけての貸借対照表資産の部の概略を示したものである。抜けている期は資料が欠落している。鉄道業は巨大な装置産業という性格を持つから，当然ながら固定資産の占める割合は高い。西武においても資産の8割方は固定資産である。しかし固定資産の内容を見ると，全てが鉄道固定資産ではなく，55年頃から付帯事業固定資産の比重が次第に増してくる。59年には鉄道固定資産は5割を切り，付帯事業固定資産が2割を超える。付帯事業の重要性の増大と軌を一にしていると言える。

　表6-7は資本負債の概観である。自己資本比率は52年に4割を切ると急激に低下し始め，59年には15％程度にまで落ち込んでいる。しかも資本の部を支えているのは自己資本の実態を持たない再評価積立金部分であった。西武鉄道はこの間，毎年ほぼ100％の資産再評価を行っている。もっともこれは西武鉄道に限ったことではなく，ほとんど全ての私鉄が同様に巨額な資産再評価を行っていた。

　他人資本の構成を見ていこう。資金調達は社債，長期借入金，鉄道財団抵当借入金の3本の柱からなっている。社債は毎年1億円から2億円発行しており，利率は年8.5％から7.5％，償還期間は短いもので5年，長期で7年から8年であった。利率はともかく，長期的な資金としては安定していたと言えよう。

III 付帯事業の展開

表6-6　資産主要項目　　　　　　　　　　　　　　　(千円)

決算期	資産合計	流動資産	固定資産	鉄道 固定資産	付帯事業 固定資産
1952／下	3,715,902	840,489	2,863,240	2,157,938	367,579
(％)	100.0	22.6	77.1	57.9	9.9
1953／上	5,146,548	976,749	4,157,277	3,163,179	490,153
(％)	100.0	19.0	80.8	61.5	9.5
／下	5,848,728	1,204,410	4,631,745	3,501,494	552,670
(％)	100.0	20.6	79.2	59.9	9.4
1954／下	7,237,224	1,741,637	5,481,540	4,576,619	592,307
(％)	100.0	24.1	75.7	63.2	8.2
1955／下	8,439,934	1,552,777	6,873,297	5,110,721	1,273,487
(％)	100.0	18.4	81.4	60.6	15.1
1957／上	11,355,542	2,321,370	9,024,450	6,313,971	2,013,152
(％)	100.0	20.4	79.5	55.6	17.7
／下	12,064,928	2,502,518	9,551,272	6,584,302	2,086,400
(％)	100.0	20.7	79.2	54.6	17.3
1958／上	13,117,674	2,675,558	10,429,890	7,090,900	2,273,429
(％)	100.0	20.4	79.5	54.1	17.3
／下	16,097,784	2,983,802	13,095,682	8,329,771	3,348,251
(％)	100.0	18.5	81.4	51.7	20.8
1959／上	19,045,540	3,524,912	15,511,710	9,293,871	4,101,730
(％)	100.0	18.5	81.4	48.8	21.5
／下	21,906,764	4,099,103	17,778,497	10,096,551	4,800,677
(％)	100.0	18.7	81.2	46.1	21.9

資料）各年度『営業報告書』。

　鉄道財団抵当借入金とは1905（明治38）年に公布，施行された鉄道抵当法による借入れである[7]。これは鉄道設備一切をまとめて担保とする借入れで，単独の設備だけでは企業として稼働しない鉄道会社がよく用いる手法である。

　長期短期を合わせた借入金の実質金利は4％前後であり[8]，金利条件は

　7）「この法律は鉄道金融に関し鉄道設備を構成している数多物件を有機的に組織して「一箇の物」すなわち鉄道財団として，これに合成的な担保力をあたえるものである。したがって，もしこの法律が規定する鉄道財団抵当の制度がないとすると鉄道設備に担保権を設定する場合は鉄道設備の不動産，動産について個別的に担保手続きをせねばならず，数多の煩瑣，不合理を甘受せねばならない」岩崎平八郎『鉄道抵当法軌道ノ抵当ニ関スル法律』（第一法規出版株式会社，1972年）1頁。

表 6-7　資本負債

決算期	資本負債合計	流動負債	短期借入金	固定負債	社債
1952／下	3,715,902	1,023,086	390,500	1,226,500	830,500
(％)	100.0	27.5	10.5	33.0	22.3
1953／上	5,146,548	1,394,390	559,060	1,403,000	919,000
(％)	100.0	27.1	10.9	27.3	17.9
／下	5,848,728	1,795,095	724,430	1,699,500	1,002,500
(％)	100.0	30.7	12.4	29.1	17.1
1954／下	7,237,224	2,127,721	1,022,570	2,465,000	1,218,000
(％)	100.0	29.4	14.1	34.1	16.8
1955／下	8,439,934	1,828,083	258,100	3,944,700	1,407,500
(％)	100.0	21.7	3.1	46.7	16.7
1957／上	11,355,542	3,087,109	1,425,900	4,790,300	1,502,500
(％)	100.0	27.2	12.6	42.2	13.2
／下	12,064,928	4,537,161	1,923,500	4,756,500	1,490,000
(％)	100.0	37.6	15.9	39.4	12.3
1958／上	13,117,674	5,030,924	2,298,850	5,296,042	1,537,500
(％)	100.0	38.4	17.5	40.4	11.7
／下	16,097,784	6,336,951	2,885,000	6,823,239	1,833,500
(％)	100.0	39.4	17.9	42.4	11.4
1959／上	19,045,540	7,440,556	3,443,000	8,586,149	1,932,000
(％)	100.0	39.1	18.1	45.1	10.1
／下	21,906,764	8,164,497	3,895,000	10,356,467	2,347,00
(％)	100.0	37.3	17.8	47.3	10.7

資料）各年度『営業報告書』。

　社債よりかなり有利であった。長期借入金の返済期限は5年から7年であったから、この点でも社債の優位性はなかった。50年代、社債による資金調達のウェイトが低下していった理由はここにあったと思われる。

　借入金は固定負債に計上される長期のものだけでなく、流動負債にカウントされる短期借入金も比率を上昇させていた。通例短期借入の金利は長期より低く、それが短期借入金を増大させた誘因であったと考えられるが、有価証券報告書によると、西武鉄道の短期借入れの担保はほとんどの場合同額の預金であった。つまり借入金をそのまま預金として担保にしていた

---

8)　各年度『営業報告書』より算出。

III 付帯事業の展開

主要項目 (千円)

鉄道財団抵当借入金	長期借入金	資本合計	資本金	再評価積立金	当期利益金
17,000	379,000	1,466,316	109,986	1,326,167	17,526
0.5	10.2	39.5	3.0	35.7	0.5
11,000	473,000	2,349,158	109,986	2,198,298	25,260
0.2	9.2	45.6	2.1	42.7	0.5
5,000	692,000	2,354,134	109,986	2,188,206	33,926
0.1	11.8	40.3	1.9	37.4	0.6
692,000	555,000	2,644,503	219,972	2,335,448	42,468
9.6	7.7	36.5	3.0	32.3	0.6
1,295,200	1,242,000	2,667,151	219,972	2,335,258	44,912
15.3	14.7	31.6	2.6	27.7	0.5
1,867,800	1,420,000	2,758,132	219,972	2,373,070	57,932
16.4	12.5	24.3	1.9	20.9	0.5
1,881,500	1,385,000	2,771,267	219,972	2,370,873	58,330
15.6	11.5	23.0	1.8	19.7	0.5
2,185,700	1,384,800	2,790,708	219,972	2,372,360	61,152
16.7	10.6	21.3	1.7	18.1	0.5
3,099,900	1,675,600	2,937,593	262,472	2,443,876	75,567
19.3	10.4	18.2	1.6	15.2	0.5
3,613,600	2,808,700	3,018,835	262,472	2,438,082	138,359
19.0	14.7	15.9	1.4	12.8	0.7
4,091,300	3,653,600	3,385,801	524,944	2,435,449	185,208
18.7	16.7	15.5	2.4	11.1	0.8

わけで，資金繰りの厳しさが窺われる。

このような他人資本依存型の資金調達をする場合，問題となるのは金利負担である。表6-8は損益計算書の概略である。営業外費用は54年頃から次第に上昇し，59年には総収入の2割近くにまで達している。『営業報告書』の示すところでは，その営業外費用に占める金利負担は圧倒的で，特に54年以降は営業外費用の約9割が利息支払いであり，そのおおよそ7割は借入金に対する支払利息であった。

次に収益構成の分析に移ろう。表6-8から分かるように，52年時点で既に収入の3割以上は付帯事業から得ていた。しかし同年の利益率は1％余程度であり，営業利益の大半は鉄道事業によっていた。それが50年代後半

表6-8　収益構成主要項目　　　　　　　　　　　　　　　　　　　(千円)

決算期	鉄道業		付帯事業		営業外		当期利益	総収入支出
	営業収入	営業利益	営業収入	営業利益	収益	費用		
1952/下	825,453	97,764	423,935	13,951	68,077	82,186	97,606	1,317,465
(%)	62.7	7.4	32.2	1.1	5.2	6.2	7.4	100.0
1953/上	918,081	138,591	634,207	84,381	23,330	96,308	149,994	1,575,619
(%)	58.3	8.8	40.3	5.4	1.5	6.1	9.5	100.0
/下	958,544	129,779	672,833	115,392	29,007	120,216	153,963	1,660,384
(%)	57.7	7.8	40.5	6.9	1.7	7.2	9.3	100.0
1954/下	1,003,039	235,542	585,534	83,393	48,821	187,709	180,047	1,637,394
(%)	61.3	14.4	35.8	5.1	3.0	11.5	11.0	100.0
1955/下	1,045,650	212,310	755,649	194,317	33,886	226,630	213,883	1,835,185
(%)	57.0	11.6	41.2	10.6	1.8	12.3	11.7	100.0
1957/上	1,321,953	421,082	755,348	84,858	72,689	309,412	269,216	2,149,990
(%)	61.5	19.6	35.1	3.9	3.4	14.4	12.5	100.0
/下	1,344,316	324,023	738,419	173,981	106,902	322,271	282,634	2,189,637
(%)	61.4	14.8	33.7	7.9	4.9	14.7	12.9	100.0
1958/上	1,405,957	357,187	917,169	176,128	119,898	349,764	303,449	2,443,024
(%)	57.5	14.6	37.5	7.2	4.9	14.3	12.4	100.0
/下	1,534,499	467,793	763,075	174,354	104,624	401,748	345,022	2,402,197
(%)	63.9	19.5	31.8	7.3	4.4	16.7	14.4	100.0
1959/上	1,810,125	682,034	982,055	194,922	100,806	509,476	468,286	2,892,986
(%)	62.6	9.8	33.9	6.7	3.5	17.6	16.2	100.0
/下	1,953,708	676,813	1,084,576	358,612	113,029	617,560	530,893	3,151,312
(%)	62.0	6.3	34.4	11.4	3.6	19.6	16.8	100.0

資料)　各年度『営業報告書』。
注)　総収入＝鉄道営業収入＋付帯事業収入＋営業外収益，総支出＝鉄道営業費用＋付帯事業費用＋営業外費用＋当期利益

には付帯事業の収入はやはり3割から4割の間にあるが，営業利益は飛躍的に増大し，鉄道業を凌ぐ水準に達する。初めに見たような事業内容が形作られるにはこのような経緯があった。

付帯事業の内容を見ていこう。51年2月の社債発行目論見書によれば，主たる付帯事業内容は次のようなものであった。

種別	収入
旅館	118万円
西武園	924万円
競輪場	555万円
食品加工部	2,860万円

その他 4 件
　　収入合計　　4,592万円

　東村山文草園，後の西武園と競輪場は50年開設である。「その他 4 件」とは石神井と武蔵関のボート，東伏見のテニスとプールであるが，収入は微々たるものである。ユネスコ村は51年 9 月開園であるから，これには含まれていない。付帯事業収入の過半をしめる食品加工部とは，港区麻布に所在したジャム工場で，菓子パン，ジャム，マーマレードなどの製造，販売を行っていた。後にここに食糧部が加わり，池袋線の秋津駅前と所沢駅前で小麦粉製造販売を行った[9]。いずれにせよこの段階では不動産売買業は西武鉄道本体にはなかった。

　不動産売買業は大別すれば，宅地分譲と建売住宅分譲に分かれる。宅地分譲については判然としないが，建売住宅分譲に西武鉄道が参入したのは54年以降であった。58年の社内報『西武』の中で，堤康次郎は次のように述べている。「当社は昭和29年以来，住宅金融公庫の融資による建売住宅を五百有余戸建設し，住宅難緩和の為努力してまいりました[10]」。

　住宅金融公庫を利用した建売住宅分譲は小田急電鉄が先鞭をつけた。当時の金融公庫法では地方公共団体以外には融資できないことになっていた。そこで先ず会社は分譲地に公庫住宅を建設し，公庫が入居者を公募選定する。会社は公庫が入居者に貸し付ける建設資金を直接公庫から受取り，工事費として回収し，不足分は公募のさい頭金として公庫が入居者から収受して会社に支払うというものであった[11]。

　この住宅金融公庫との提携方式によって，私鉄各社の建売住宅分譲が活発になる。西武鉄道もこの方式で沿線を開発していった。61年までの西武鉄道による沿線建売分譲は，不明の56年を除いても判明しているだけで，

---

　9)　食糧部が生産した小麦粉の一部を食品加工部に卸し，加工部が生産した商品を西武百貨店が購入した可能性も想像できるが，それを裏付ける資料はなかった。また，食品加工部は同年の『西武鉄道株式会社　会社の現況』（早稲田大学　大学史資料センター所蔵），『西武鉄道の現況』（早稲田大学　大学史資料センター所蔵）にも言及されていない。この 2 つの部門は1955年まで付帯事業として有価証券報告書に記載されているが，以後は情報がなく，現在のところ所在不明である。

　10)　『西武』1958年 2 月号。

　11)　小田急電鉄株式会社社史編纂事務室編集『小田急五十年史』1980年，304頁。

西武鉄道沿線に621件を数えている。56年度も，前出の堤の発言から見て，百数十戸の分譲があったと思われる。

それでは付帯事業の収支はいかなるものであったのか。表6-9は55年と59年の付帯事業収支をまとめたものである。但しここでは費用に固定資産償却金が含まれているので，表6-8とは利益額が異なる。

旅館，食糧部は収入こそ多いが費用も少なくなく，さほどの利益はもたらさなかった。旅館，旅客誘致施設については，多額の償却金を費用に計上していたこともあるが，59年には欠損を出している。

この時点で，西武鉄道所有の土地・建物を利用していた旅館・ホテルの多くは，鉄道が株式を保有する関係会社として経営されていたことは，表6-10の関係会社貸付けが示している通りである。これらの旅館・ホテルについては第9章で検討される。

不動産部門は当初から高利潤を上げていた。付帯事業収益のほとんどはこの不動産部門によって生み出された。『営業報告書』によればこの両期は久米川の建売住宅を分譲しており，それぞれ1億3,251万円，2億4,116万円の利益を上げている。西武鉄道が利益率の高い不動産部門へ事業展開を図ったのは当然であったが，それは安価に仕入れた土地を保有していることが前提であった。

表6-9　付帯事業収支　　　　　　　　　　　　　　　　(千円)

営業種目	1955／下					1959／下				
	収入	%	費用	利益	%	収入	%	費用	利益	%
旅　館	184,689	24.4	173,234	11,455	7.7	316,645	29.2	368,503	−51,858	−22.7
旅客誘致施設	22,905	3.0	23,124	−219	−0.1	230,153	21.2	258,367	−28,214	−12.3
食品加工部	71,802	9.5	67,273	4,529	3.1	—		—	—	—
食糧部	260,037	34.4	259,002	1,035	0.7	—		—	—	—
土地物件貸付	19,759	2.6	19,137	622	0.4	127,848	11.8	60,221	67,627	29.6
不動産	196,455	26.0	63,938	132,517	89.3	409,930	37.8	168,775	241,155	105.4
その他	—		1,608	−1,608	−1.1	—		—	—	—
合　計	755,649	100.0	607,316	148,333	100.0	1,084,576	100.0	855,866	228,710	100.0

資料) 各年度『有価証券報告書』。
注) 旅客誘致施設1955年はボート場およびテニス場，西武園（競輪含む）

IV 西武鉄道と西武グループ

　西武鉄道の特徴は自己資本比率の低さ，逆に言えば他人資本依存型の財務内容にある。本節では西武鉄道の資金調達とその活用について検討し，それを通じて西武グループにおける同鉄道の占める位置の一端を明らかにしたい。

　既に見たように，減価償却費は西武鉄道の大きな資金源泉の一つであった。西武鉄道に限ったことではないが，この時期の私鉄各社は資産再評価で簿価の上昇した固定資産の減価償却を積極的に行っている。西武鉄道はこの1950年代においても，毎年ほぼ限度一杯の固定資産償却をしており，当期利益の7割から8割を減価償却として企業内部に留保した。これは年度によっては借入金と社債の支払利息をカバーするに十分なほどの額であった。

　他人資本による長期資金調達は社債と借入れからなる。50年代において社債は資本負債合計の10％台，借入金は55年から急増し30％前後に達する[12]。借入先は比較的固定していたが，中でも三井信託銀行を筆頭とする安田，三菱，住友の信託銀行各社，日本興業銀行，日本長期信用銀行といった長期信用銀行の姿が目立つ[13]。担保物件は鉄道財団と土地建物に分れるが，土地建物は付帯事業関連の資産と推察される。59年下期における土地建物を担保とした借入金の合計金額は24億2,800万円に達し，長期借入金総額のほぼ3割程度となる[14]。

　借入金と社債によって調達された資金の向けられた先は主に付帯事業に関わる土地であったと思われる。表6-6，6-7で，付帯事業の固定資産増加の分と固定負債の増加分を比較すると，57年下期を除けば，追加の借入金と社債発行の増分だけで土地取得資金は十分に賄えた。

　12）　なお社債の担保は全て鉄道財団であった。
　13）　西武百貨店からも無担保で1954年に4,667万円，56年から57年まで2,896万円を借り入れている。
　14）　鉄道財団と土地建物の双方を担保にしている場合は，貸付金の2分の1を土地建物の担保分として計算した。

今一つの資金の活用先が関係会社への貸付金である。表6-10は西武鉄道の関係会社への貸付金一覧表である。55年以前はほとんどなかった国土計画興業への貸付金が56年に現われ，その額は増大を続ける。国土計画が西武鉄道の大株主として表舞台に現われたのもちょうどこの時期であった。表6-11の大株主名簿を見ると，それまでは小島正治郎をはじめとする西武鉄道の取締役陣が占めていた大株主リストに，56年上期突如国土計画が筆頭株主として登場する。上位株主に株数の変動はほとんどなく，国土計画の保有した30万余株の出所は不明である。その後も国土計画は株式の保有率を高め，現在に至るのである。

55年堤康次郎の次男清二は西武百貨店取締役店長に就任，翌々年の57年三男義明は国土計画に観光部長として入社，その年の内に代表取締役に就任している。本章の課題ではないが，56年前後にその後の鉄道グループと流通グループの原型となる構造が形成されたと考えられよう。

関係各社への貸付元としての機能に加え，西武鉄道は更に重要な役割を担っていた。それは関係会社の銀行に対する債務保証であった。表6-12は西武百貨店と駿豆鉄道（57年に伊豆箱根鉄道と改称）の西武鉄道との資本関係を示している。西武鉄道はこれ以外にも関係会社数社の株式を保有し

表6-10 関係会社貸付金明細表 （千円）

決算期	1955／下		1956／上		1957／下		1958／下		1959／下	
短期貸付		%		%		%		%		%
国土計画興業	—	—	317,953	65.0	510,310	61.1	543,085	83.3	642,307	64.8
駿豆鉄道	129	0.0	—	—	168,667	20.2	75,126	11.5	339,028	34.2
豊島園	—	—	—	—	16,995	2.0	13,570	2.1	10,000	1.0
松涛ホテル	—	—	5,728	1.2	—	—	—	—	—	—
細川ホテル	—	—	1	0.0	—	—	—	—	—	—
プリンスホテル	—	—	1,315	0.3	—	—	—	—	—	—
ニュー毛里ホテル	—	—	1,927	0.4	—	—	1,300	0.2	—	—
伊豆ホテル	—	—	1,256	0.3	—	—	—	—	—	—
池袋通運	2,000	1.4	15,000	3.1	—	—	—	—	—	—
復興社	143,799	98.2	145,460	29.7	138,726	16.6	18,430	2.8	—	—
長期貸付										
国土計画興業	516	0.4	516	0.1	516	0.1	516	0.1	516	0.1
合　計	146,444	100.0	489,156	100.0	835,214	100.0	652,027	100.0	991,851	100.0

資料）各年度『有価証券報告書』。
注1）名称から株式会社を省略。
注2）1957（下）の数値は判読困難な数値が多く，概算である。

IV 西武鉄道と西武グループ

表6-11 大株主名簿　(%)

氏名または名称	1955/下 株式数	比率	1956/上 株式数	比率	1957/下 株式数	比率	1958/下 株式数	比率	1959/下 株式数	比率
国土計画興業	—	—	309,600	7.01	309,600	7.01	1,069,000	20.38	2,122,013	20.21
小島正治郎	30,400	0.69	30,400	0.69	30,400	0.69	30,400	0.58	60,800	0.58
宮内巌	30,400	0.69	30,400	0.69	30,400	0.69	30,400	0.58	60,800	0.58
駿豆鉄道	27,603	0.63	27,603	0.63	27,603	0.63	27,603	0.53	55,206	0.53
牛田誉根次郎	26,000	0.59	26,000	0.59	26,000	0.59	26,000	0.50	52,000	0.50
大村靖男	26,000	0.59	26,000	0.59	26,000	0.59	26,000	0.50	52,000	0.50
森田重郎	20,200	0.46	20,200	0.46	20,200	0.46	20,200	0.38	—	—
加藤肇	20,098	0.46	20,098	0.46	20,098	0.46	—	—	—	—
松島証券	14,200	0.32	12,000	0.27	—	—	—	—	—	—
今岡半一郎	12,424	0.28	—	—	—	—	—	—	—	—
尾崎栄蔵	12,400	0.28	—	—	—	—	—	—	—	—
古賀新	—	—	13,600	0.31	—	—	—	—	—	—
安田信託銀行	—	—	—	—	86,300	1.96	86,300	1.64	172,600	1.64
三井信託銀行	—	—	—	—	72,024	1.64	72,324	1.38	144,648	1.33
岡三証券東京支社	—	—	—	—	37,200	0.85	45,300	0.86	90,600	0.86
三菱商事	—	—	—	—	—	—	—	—	50,000	0.47

資料）各年度『有価証券報告書』。
注1）株式数は保有株式数，比率は発行済株式数に対する割合。
注2）—は不明。
注3）各比率はわずかながら誤差もあるが，原資料の数値をそのまま記載した。
注4）名称から株式会社は省略。

ているが[15]，債務保証をしているのはこの2社だけである。とは言え，59年時点でその額は貸付金総額の3倍を超えていた。

　西武鉄道の保有する西武百貨店株は発行総株式数の25%にとどまっているが，債務保証額は群を抜いていた。西武百貨店は西武鉄道からの借入金こそないものの，資金面において実質的に支配下にあった。駿豆鉄道の場合は，西武鉄道が発行株式のほぼ半数を保有し，債務保証額は貸付金を大きく超えていた。西武百貨店と駿豆鉄道に関しては，西武鉄道は直接の資金供給元ではなく，債務保証者としての意味が決定的であった。

---

15) 1959年時点で西武鉄道が株式を保有していた関係会社は以下の通りである（西武百貨店，駿豆鉄道を除く）。括弧内は保有比率である。豊島園（10%），池袋通運（後の西武運輸，100%），西武自動車（75%），復興社（100%），プリンスホテル（100%），西武コーポレーション（50%）。

表6-12 関係会社保有株式と債務保証

会社名		1955／下	1956／上	1957／下	1958／下	1959／下
西武百貨店	株式数（枚）	10,000	10,000	30,000	30,000	60,000
	保有比率（%）	25.0	25.0	25.0	25.0	25.0
	債務保証（千円）	464,000	546,000	937,000	1,712,000	2,317,000
駿豆鉄道	株式数（枚）	96,380	96,380	100,147	100,587	152,406
	保有比率（%）	43.5	43.5	45.2	36.6	48.0
	債務保証（千円）	370,500	441,000	387,000	769,505	1,138,824

資料）各年度『有価証券報告書』。
注1）西武百貨店 1956 年債務保証額は下期の数値。
注2）1958 年西武百貨店，伊豆箱根鉄道の債務保証額判読困難なため誤差の可能性あり。

お わ り に

　本章の課題は，西武グループの中心企業である西武鉄道の役割について，不動産事業の展開と資金調達という側面から若干の考察を試みることであった。もとより資料的制約と筆者自身の能力的限界から残された課題は数多い。むすびに代ていくつか言及しておこう。
　不動産事業の展開には用地の取得が最重要問題となるが，西武鉄道の用地買収については，具体的な事実はほとんど分からなかった。東急電鉄の開発委員会方式を採用したのか，それとも堤康次郎の個人的手腕によるのか。もし後者であるなら，国土計画との業務分担を解明する必要がある。
　不動産事業に関連して宅地分譲にせよ建売住宅分譲にせよ，西武は独自の販売政策を取ったと思われる。堤康次郎の経営戦略を明確にするためには，沿線地域の価値を高めるためのイメージ戦略を具体的に検討することが必要であろう。
　最後に西武グループの実像をつかむという課題が残されている。第10章で詳述されるが，2004年西武グループは大きな変革を迫られる事態に陥った。その過程でグループの株式保有の実態は相当程度明らかになった。ここで一つ言えることは，西武グループの特異な株式保有の在り方は近年に始まったことではなく，原点は既に康次郎の時代に存在していたということである。その意味でも西武グループが巨大化していった過程を理解する

には，より広汎な歴史的分析が求められよう。

(片岡　豊)

第7章

上信越開発と地元資本

―――――――

本章の課題は，康次郎による上信越地域，特に群馬県内の草津・万座，新潟県内の苗場・中里地域の開発について具体的に明らかにすることである。上信越地域の開発に関しては，由井常彦編著の『堤康次郎』(1996年) において一通り取り上げられているものの，その実態は必ずしも明らかにされておらず，また，軽井沢と草津とを結ぶ草軽電気鉄道（現・草軽交通）との関係には着目されていない。一方，草津地域の開発と草軽電気鉄道の設立と発展の経緯については，山村順次の執筆による草津町誌編纂委員会編『草津温泉誌　第弐巻』（草津町役場，1992年）において詳細に叙述されているものの，国土計画興業＝康次郎との関係は不明瞭である。そこで，本章では，西武グループによる上信越開発のプロセスと地域企業・社会との関わり，特に，草軽電気鉄道，親会社としての東京急行電鉄，そのリーダーの五島慶太と康次郎＝国土計画興業との関係について，諸史料に基づき実証的に検討していきたい。

I　浅間山北麓から草津・万座地域の開発

戦前における康次郎による浅間山北麓から草津・万座地域への進出の経緯は以下の通りである[1]。康次郎は，千ケ滝地域の別荘地としての開発に着

---

[1]　康次郎＝箱根土地・国土計画興業による浅間山北麓の鬼押出しから草津・万座地域の開発の史実については，特に断らない限り，『国土計画株式会社年表』(1970年3月25日)，および由井常彦編著『堤康次郎』（エスピーエイチ，1996年）に依拠している。

手した直後には浅間山北麓から草津・万座地域の開発を構想していた。1920年11月には，加藤高明の勧めに従い，千ケ滝から万座温泉へ向かう途中の峯の茶屋の北側の奇岩石で知られる六里ヶ原（後の鬼押出し）の入手を即断して，約80万坪を坪5銭以下という低価格で前橋営林署から払い下げを受けた。また，同年には，群馬県吾妻郡嬬恋村の土地232万坪と鹿沢温泉の採取権・借地権および万座の温泉・湯花・硫黄の採掘権を取得し，翌21年から開発を企てた。また，実現には至らなかったものの，第3章で触れられているように，万座から軽井沢までの送湯を考えていたことも伝えられている[2]。

　この地域の開発は，26年に嬬恋村の約140万坪を「軽井沢の高原吾妻の土地」として分譲を始めたものの，その後しばらくの間新たに進められることはなかった。28年に入ると，康次郎はこの地域での道路やバス路線の整備を断行し，本格的な開発を推進していく。その理由としては，箱根土地の業績が低迷しており，開発地の新機軸を打ち立て，経営地の付加価値を高めることが急務だったことが挙げられる。また，前年の27年には，夏期に避暑客のための臨時列車が上野・軽井沢間に運転され始め[3]，軽井沢から草津・万座方面への交通アクセスを開き，利便性を高めることで同地域でのビジネス・チャンスが拡大すると康次郎が判断したと推察される。また，草津電気鉄道が，28年4月19日に自動車兼営の認可を受け，翌5月9日から，北軽井沢・鬼押出し間のバス運行を開始しており，これに対抗して，鬼押出しへのアクセスの優位性を確保するために，康次郎が開発のスピード・アップに踏み切ったことにも留意する必要があろう。

　バスの運行は，20年から千ケ滝地域で箱根土地会社が夏期の循環線を，23年から軽井沢高原バス合資会社が沓掛・千ケ滝間を営業していたが，28年から軽井沢・鬼押出し・上州三原・草津間の定期運転を開始するとともに，定期観光バスも運行された。道路の整備は，28年に軽井沢・上州三原間26.3キロの自動車専用道路の建設に着手したのが嚆矢である。30年8月25日に，沓掛・鬼押出し間18.5キロが，1871年の太政官布告第648号に基づく自動車専用道路として内務省から認可を得ている。有効幅員は7.3メ

　　2）　軽井沢町誌刊行委員会編『軽井沢町誌　歴史編（近・現代）』軽井沢町役場，1988年，243-244頁。

　　3）　前掲『軽井沢町誌　歴史編（近・現代）』336頁。

ートル，工事費は10万円であった。翌31年1月28日に鬼押出し・万座間，同年8月3日に万座・草津間，総延長22キロが認可され，幅員6メートル，工事費は56万5,000円であった。建設工事は33年までに完成し，同年7月にグリーンホテル・峯の茶屋・鬼押出し間11.7キロが軽井沢線として，8月には鬼押出し・三原間13.2キロが三原線として有料道路としての供用が開始された。料金は，乗用車1円，貨物自動車2円と記録されている。

康次郎は，万座および白根を結んだ「大遊覧道路」の建設をも構想していたとされ，更に，群馬・長野両県が連携して計画された草津・志賀高原間の観光道路の建設にも協力している。これらの道路網の整備をベースにして，康次郎は，鬼押出しの観光開発を一段と進めて，35年8月には，鬼押出しに木造3階建，200坪の岩窟ホールを完成させた。これを「岩窟ホテル」と称し，群馬・長野両県内はもとより，東京でも新聞などに取り上げられ，新たな観光地として評判となった。

当時の旅行案内書によると，軽井沢から鬼押出しおよび草津へのアクセスについては，「軽井沢から沓掛・峯ノ茶屋・鬼押出し・石津等を経て草津迄箱根土地会社の定期バスで二時間（四七粁），一日七回，降雪運転不能時の外年中，（但グリーンホテルから三原までは専用自動車路につき他社の乗用車によるときは通行料一円を要す），料金片道軽井沢及沓掛から一円五〇銭，往復二五〇銭。沓掛から一円四〇銭。貸切一五〇[4]」と記されている。草津電気鉄道と比較すると，片道料金は同額であるものの，往復料金が割り引きされ，所要時間は40分短くなっているのには注目に値しよう。

なお，この間，34年9月8日に，康次郎は，千ケ滝グリーンホテルにおいて岡田周造長野県知事や県内選出の代議士，軽井沢町長および町会議員などの出席を得て，「軽井沢発展座談会」を開催した[5]。その詳細は残念ながら明らかではないが，行政と連携更には活用して地域の発展の主導権を明確にしようとした康次郎のスタンスを見出すことができる。その後，36年から42年にかけての工事で，須坂・万座線を万座峠まで開通させるとともに，万座アパートを造り，戦中は学童疎開を誘致したり，万座で笹の実からパンを製造することまで試みている。

---

4) 日本旅行協会編『旅程と費用概算』博文館，1938年，1030頁。
5) 前掲『軽井沢町誌　歴史編（近・現代）』330頁。

戦後まもなく，康次郎は，軽井沢や箱根などとともに，万座や鬼押出しの開発を再開した。47年10月に万座温泉ホテル（旧・常盤屋）を開業しており，52年7月1日現在の『国土計画興業株式会社経歴の概要』には，万座温泉常盤屋と大和屋の記載が見られるものの[6]，国土計画興業経営地である箱根と同様，開発が本格化するのは観光・レジャーブームが到来する50年代半ば以降である。

万座地域について見ると，54年に石津・万座温泉間16.1キロの自動車専用道路を開通させ，同年9月25日に万座口・万座温泉間，56年7月30日に長野原・三原・万座間のバス運行を開始した[7]。同年には，自動車道の路面改修にも着手している。そして，同年12月からスキー場建設が進められ，翌57年12月に，万座温泉スキー場が開場されるに至った。これに伴い，百泉園（旧・大和屋）が営業を開始した。万座温泉スキー場は，リフト2基を設け，東京から約7時間でアクセス可能で，その後，「かつては，"熟達者のみのスキー場"の観があった万座に，初心者も数多く，しかも楽々とスキーに参加できるようにな」り，「一応全国二十数ヵ所の著名なスキー場の一つに数えられる[8]」ほどに好評を博することとなった。

こうした中で，冬季オリンピック誘致を旗印に，万座温泉スキー場を本格的な国際スキー場とすべく諸施設を拡充し，併せて国際観光ホテルを建設する計画が策定され始めた[9]。具体的には，群馬県吾妻郡嬬恋村大字干俣字熊四郎山（弦池）に，万座国際観光ホテル1棟と観光ホテル4棟を建設し，59年11月1日に営業を開始する計画で，建設予算は8億3,300万円であった。完成後の収支概算としては，収入が3億8,880万円，支出が2億4,739万円で，利益を1億4,120万円，建設費に対する利益率を16.9％と算出していた。この計画立案にあたっては，57年10月に，国土計画興業の代表取締役社長に就任し，本格的なスキー場開発を志向した堤義明が主導したとされている。

58年9月1日に開催された国土計画興業の取締役会に，「群馬県吾妻郡

---

6) 国土計画興業株式会社『国土計画興業株式会社経歴の概要』1952年7月1日，8頁。
7) 嬬恋村誌編集委員会編『嬬恋村誌　上巻』群馬県吾妻郡嬬恋村役場，1977年，1097頁。
8) 国土計画興業株式会社「万座国際スキー場計画に関する資料」1959年5月23日。
9) 国土計画興業株式会社『上信越高原国立公園スキー場宿舎事業計画書』1958年9月1日。

Ⅰ　浅間山北麓から草津・万座地域の開発

嬬恋村万座温泉，黒湯山，御飯嶽，青池，弦池周辺及び同県同郡草津町白根山の一部に対しスキー場施設（ゲレンデ，スキーコース，ヒユツテ）及び運輸施設（索道）並に弦池に宿泊施設（万座国際観光ホテル其他）新設を国立公園事業として執行する件」およびこれらの建設資金として，スキー場に9,000万円，運輸施設に 5 億5,375万円，宿泊施設に 8 億3,300万円の合計14億7,675万円を自己資金で調達する計画案が上程され，いずれも決議がなされ，実行に移されることとなった[10]。国立公園を所管する厚生省（現・厚生労働省）の認可が必要であったため，取締役会の 2 日後の 9 月 3 日に，同省へ「上信越高原国立公園万座地区におけるスキー場，運輸施設及び宿舎に関する国立公園事業の執行認可申請」を提出している。その後わずか 2 か月半後の同年11月15日付で，厚生大臣官房国立公園部計画課長から，詳細な実施設計図の提出や運輸省（現・国土交通省）や農林省（現・農林水産省）との協議を行うことが条件に付いたものの，「上信越高原国立公園指定の目的に照らして誠に適切な企画であると思料します[11]」と，計画が事実上容認されるところとなった。更に，翌59年 2 月11日には，坂田道太厚生大臣に対して『万座国際スキー場計画の概要』を提出した[12]。これによると，日本には猪谷千春などの有力選手が存在しているものの，冬季オリンピックを誘致できないのは，自然および立地条件の厳しい規格に適合する国際スキー場が存在しないためであり，日本スキー連盟とともに計画を進め，世界的なスキーの権威のルディ・マットに調査を依頼し，申し分のないスキー場と認められたとの経緯を披瀝している。その上で，万座の気象，地形，雪質などの優位性を詳述したうえで，「当社〔国土計画興業〕と致しましては現在営利を度外し，国家的大事業である国際スキー場の早期完成と厚生省御当局の希望せられる一貫した大計画を実現致し度く御許可あり次第工事に着手すべく準備完了し御許可の一日も早からん事を御待ちしている」と述べ，万座国際スキー場の計画が採算を度外視した国家的事業であると強調している。

　ここで注目すべきは，この計画に対して，地域の関係者が，逸早く賛成を表明したことである。59年 4 月10日に，万座温泉旅館組合長の黒岩政七

---

10)　国土計画興業株式会社「取締役会決議録」1958年 9 月 1 日。
11)　「万座国際スキー場計画申請受理の件」1958年11月15日。
12)　国土計画興業株式会社『万座国際スキー場計画の概要』1959年 2 月11日。

が意見書を提出し、組合として「国土計画興業株式会社の計画に対して深甚なる関心と共に双手をあげて賛成するもの」であるとともに、当時の万座地域における最大の産業である硫黄鉱山の関係者との調整についても言及して、「鉱山関係者がこの申請に反対していると聞いておりますが事業の本質も目的も全く異るものでありその施設内容を検討するに影響、支障ありとは考へられずスキー場事業と採鉱事業の両立はあくまでも可能であると確信します[13]」と述べている。また、万座に隣接する志賀高原のスキー場の経営主体である長野電鉄の専務取締役の田中勝経と取締役の神津勤が、同年5月21日に、「万座国際スキー場計画に対する賛成意見書」を提出し、「この万座国際スキー場計画は営利を度外視した国土計画興業株式会社でなくては実現を見られぬもので地元である長野電鉄としては一日も早くこの実現を希望し全面的にこのスキー場計画に賛成すると共に協力を惜しまないものであります[14]」と、賛意を示している。万座温泉の旅館組合や長野電鉄といった地域の有力者が賛成したことは、康次郎＝国土計画興業にとっては極めて重要であった。国土計画興業は、万座でスキー場開発を行うにあたって、地域と利害を共有することで良好な協調・協力関係を構築するというスタンスを全面的に押し出して政府の認可を得て、開発を促進する方針を示している。

　しかし、その後の冬季オリンピック誘致計画の具体的進展はみられず、万座国際スキー場計画は実現することなく、国土計画興業の「国際スキー場」としての役割は、61年12月に開場した苗場スキー場が担うこととなった。それでも、本格的な万座開発の端緒を開く契機となったのであり、万座観光ホテルの60年12月の開業、翌61年11月の万座火山館ロープウェイ開通など[15]、諸施設の一段の拡充がなされ、万座は一大スキーリゾート地として、着実に発展を遂げることとなったのである。

　この間、運輸省の反対を受けながらも、58年6月7日に供用約款の認可を勝ち取り、石津・万座温泉間の自動車道の供用を断行しているのは[16]、

---

13) 万座温泉旅館組合長・黒岩政七「意見書」1959年4月10日。
14) 長野電鉄株式会社・田中勝経・神津勤「万座国際スキー場計画に対する賛成意見書」1959年5月21日。
15) 前掲『嬬恋村誌　上巻』1096頁。
16) 国土計画興業株式会社『万座口・万座温泉間自動車道供用約款認可の経緯』1958年6月10日。

国鉄や草軽電気鉄道のバス事業との競争激化に対し，万座温泉およびスキー場へのアクセスの優位性の確保を目指したものと言える。

戦後の浅間山北麓の鬼押出し開発について見ると，51年7月に営業開始の鬼押出し園に，58年には観音堂を建立し，62年7月に総工費1億円をかけて岩窟ホールを鉄筋3階建てとしてリニューアルを行い，翌63年には自動車専用道路の峯の茶屋・鬼押出し間6.5キロの全面舗装を完成させるなど，諸施投の充実がなされた。62年7月21日の岩窟ホール竣工式において，義明は，康次郎の鬼押出し開発への熱意を振り返り，地域の関係者への賛意と更なる協力を以下のように述べている[17]。

「今から四十年前に堤会長の地方開発という，営利を目的としない理想のもとに進めてまいりました開発事業も，わたしどもの不行届きで会長の理想を果たせないままに努力をつづけております。皆様方のご協力をいただければ必ずや目的は達成できると信じます。会社といたしましてはオリンピック開催までに鬼押出しから万座までを四十分で結ぶ弾丸道路の建設を行なう計画でありますが，これも一重に皆様方のご協力がなければ実現するものではございません。」

国土計画興業が，観光の大衆化という時流に乗り，経営地での観光・レジャー事業を積極的に進めていた時期であり，軽井沢のスケート場，鬼押出し，万座スキー場の一体的開発，更に，首都圏の観光・レジャー客をターゲットとする広域事業展開を戦略としていたことが背景にあったと読み取れよう。58年5月13日に，国土計画興業の自動車事業が西武自動車に譲渡され，貸切バスによる首都圏との接続が実現している。西武鉄道の社内報の『西武』第6号（1958年6月）によると，譲渡直後における西武自動車千ケ滝営業所管内の路線は，万座線（軽井沢・万座間59.9キロ），長野原線（長野原・万座間34.3キロ），草津線（軽井沢・草津間57.9キロ），鬼押出し線（軽井沢・鬼押出し間24.6キロ），碓氷線（軽井沢・碓氷峠間9.4キロ）で，バス32両，観光バス3両，ハイヤー3台を保有していた。程なく団体観光・レジャー旅行全盛期を迎えるのであり，首都圏から万座のスキー客，軽井沢のスケート客，鬼押出しの観光客を運ぶ貸切バスがこの路線を走ることとなった。康次郎の時流を見る眼は確かなものであった。

---

17)「開発進む浅間山東麓」（『交通時事』1962年8月5日）。

なお，草津・万座地域への交通アクセスについて，康次郎＝西武自動車と競合する草軽電気鉄道や国鉄と路線バスで比較すると[18]，運行本数や所要時間，料金いずれも西武自動車側が劣位にあり，東京からの国鉄で軽井沢を経由して草津・万座地域への直接の入り込みは多くを期待できるものではなかった。むしろ，鬼押出しを特に重要な観光スポットとして位置づけ，軽井沢や草津・万座地域経由での観光・行楽客を引きつけ，軽井沢・草津・万座間の自社の自動車専用道路での快適な遊覧を提供するとともに，東京からの直通バスの運行により首都圏近郊の観光地として鬼押出しをプッシュするというスタンスを取っていたと言える。

II　草軽電気鉄道との競争・対立関係

　先ず，草軽電気鉄道の設立と発展について振り返っておきたい[19]。草津温泉は，古くから有馬，道後温泉とならぶ全国有数の名湯の内の一つだったものの，交通アクセスは極めて不便で，更なる集客を進めるにあたり大きな問題となっていた。そこで，有力な旅館「望雲館」主で草津町長も務めた黒岩忠四郎が，新たに製紙業を起こすとともに，その製品および入湯客を輸送すべく，草津・沓掛間の軽便鉄道の敷設を計画した。1909年2月23日に，桂太郎内閣総理大臣宛に軽便軌条敷設特許を申請した。設立委員長は長森藤吉であった。創立発起人の内，山本与平次は旅館「大東館」の当主で現役の草津町長，市川善三郎は「一井旅館」の当主で元草津町長，町議，吾妻郡会議員を務めており，中沢市郎次は「大阪屋旅館」の当主であるなど，草津町の有力者が名を連ねていた。特許状は，翌10年4月30日に下付されたものの，折からの不況により事業を進展させることができず，そのため黒岩は製紙事業を断念し，軽便鉄道事業に専念することとした。12年9月17日に草津興業から草津軽便鉄道と社名変更をなし，同月28日に

---

　18)　具体的なデータは，日本交通公社編『時刻表』1956年10月号および61年10月号を参照した。

　19)　草軽電気鉄道の史実については，特に断らない限り，『草軽電鉄の歩み』1973年，草軽交通株式会社所蔵，および草津町誌編纂委員会『草津温泉誌　第弐巻』草津町役場，1992年，に依っている。

は，帝国鉄道協会にて創立総会がようやく開催され，資本金70万円と吉岡哲太郎の代表取締役就任などが確定した。

その後，沓掛を予定していた起点を避暑客を見込める軽井沢に変更し，13年11月25日に新軽井沢・小瀬温泉間9.9キロを着工し，15年7月22日に開通した。次いで，17年7月19日に小瀬温泉・吾妻間18.3キロ，19年11月7日には吾妻・嬬恋間8.5キロが開通するに至った。この間の路線延長に伴う運輸収入の増加と吾妻避暑地の別荘分譲の好調により，翌20年2月には5％の配当が実現された。

草津への延伸は，吾妻川への架橋のための資金調達がネックとなってなかなか進展しなかった。こうした中で，21年に吾妻川での水力発電所計画が浮上した。この計画は，22年12月に資本金300万円で吾妻川水力電気の設立で具体化していくこととなるが[20]，草津軽便鉄道は，発電所建設工事の資材輸送等が大きなビジネス・チャンスとなると判断し，同年2月21日の第10回定時株主総会において動力電化の決議を行い，輸送力の増強を図った。更に，24年2月15日の第12回定時株主総会にて資本金を70万円から200万円に増資することが決議され，社名を草津電気鉄道と変更した。そして，同年11月1日に新軽井沢・嬬恋間の電化が完成した。

更に，嬬恋・草津間の建設費35万円の調達のために，中沢市郎次と市川善三郎が主導して，路線・停車場建設用地の無償提供，これまでの配当補償の残額3万円および開通後には5万円を10ヶ年賦で支払うなど破格の条件を提示した。これをふまえて工事が進められ，26年8月15日に嬬恋・草津前間11.9キロ，翌9月18日には草津南口・草津温泉間6.8キロが開通し，新軽井沢・草津温泉間55.5キロがようやく全通を果たしたのである。

当該期の草津電気鉄道の経営発展において，草津や万座への温泉客やスキー客の輸送や誘致，吾妻や石津，白根鉱山からの硫黄や与志本林業の木材の輸送，北軽井沢（地蔵川から改称）周辺の「法政大学村」をはじめとする別荘地分譲などは重要であるが，ここでは特に乗合自動車事業に着目してみたい。

新軽井沢・草津温泉間全通後の28年3月11日に鉄道大臣宛に自動車兼営

20）東京電力株式会社編『関東の電気事業と東京電力　電気事業の創始から東京電力50年への軌跡』同社，2002年，356頁。

認可申請を提出し，1か月後の4月12日に認可を受け，翌5月9日から北軽井沢・鬼押出し・北軽井沢・地蔵川温泉間の運行を開始した。また，34年3月30日に草津町内，36年6月26日に長野原・峯の茶屋間，同年9月14日に軽井沢町内に路線を拡大した。更に，37年3月10日に吾妻自動車の新鹿沢駅・新鹿沢温泉間，39年10月6日に軽井沢ゴルフ倶楽部の軽井沢駅前・ゴルフ場・南原間の路線譲渡を受け，循環バスの運転を始めた。草津電気鉄道の自動車事業の拡大は，鉄道沿線の培養策と業績全体の向上のためにほかならないが，康次郎＝箱根土地・軽井沢高原バスや省営バスの進出への対抗策とも言える。換言すれば，箱根土地も，草津電気鉄道の路線全通と自動車路線の拡充を脅威として十二分に意識して，28年の軽井沢・鬼押出し・上州三原・草津間の定期バス開始に見られるように，自らの事業展開を加速させたとも見て取れる。

創業以来，草軽電気鉄道（1939年4月28日に改称）のトップは度々交代したが，45年4月1日に，東京急行電鉄（現・東急電鉄）の傘下に入ったのが一大契機となった。東京急行電鉄と長野県出身である社長の五島慶太のスタンスが草軽電気鉄道の経営の方向性に決定的な影響を与えることとなったのである。五島は，軽井沢および周辺地域の観光開発について，「東京から所要時間が2時間ないし2時間半ぐらいにある国立公園として，北に上信越高原国立公園があり，西には富士箱根伊豆国立公園がある。この国立公園に至る鉄道や道路を整備し，観光施設を完備すれば，国内の観光客はもちろん来日した外国人もこの地を訪れることとなり，外貨獲得に役立つはずである[21]」とその意義と必要性を度々指摘したとされる。

草軽電気鉄道が東京急行電鉄の傘下に入った経緯の詳細は不明であるが，草軽電気鉄道の株式の約60％を所有していた日本削泉が，五島にその株式を譲渡したといわれる[22]。45年4月28日の同社の臨時株主総会において，取締役に篠原三千郎（東京急行電鉄副社長），小宮次郎（同社専務取締役），監査役に大川博（同社統制部長兼総務局次長）の就任が可決され，小宮が社長となり，また，同年6月30日までに総株数の37.7％にあたる1万

---

21) 東京急行電鉄株式会社社史編纂事務局編『東京急行電鉄50年史』同社，1973年，513頁。

22) 高木時雄「軽井沢への果てしなき夢」（唐沢俊樹編『五島慶太の追想』五島慶太伝記並びに追想編集委員会，1960年）212-213頁。

5,084株の名義変更がなされており，東京急行電鉄への経営権の移動が確認できる[23]。

戦後に草軽電気鉄道をとりまく経営環境は大きく変化した。その最大の要因は45年1月2日の渋川・長野原間42.3キロの国鉄長野原線（現・JR吾妻線）の開通と同線の輸送力の向上である。翌46年から旅客輸送が開始された後，接続する国鉄バスとともに利便性の向上が推進され，草軽電気鉄道に代わる草津温泉へのメイン・ルートとなっていった。草軽電気鉄道にとって長野原線の存在は大きな脅威となった。東京急行電鉄が46年5月27日に，草軽電気鉄道としても49年6月15日に，長野原線の払い下げまたは貸与ならびに長野原・新鹿沢間の地方鉄道敷設免許を申請したものの，ともに認められなかった[24]。こうした中で，同年9月1日のキティ台風により，沿線各地で線路崩壊などの大きな被害を受けた。ついに，翌10月7日に臨時株主総会を開催して，営業不振のため新軽井沢・上州三原間37.9キロの廃止の決議を行い，同月26日に「運輸営業一部廃止許可申請書」を提出した[25]。更に，翌50年8月4日のヘリーン低気圧による大雨のため鉄橋の流失などの被害を被った。

草軽電気鉄道は，国鉄長野原線・バスとの競争劣位による貨客輸送の大幅な減少や政府補助金の打ち切り，度重なる水害などで業績が一段と悪化する中で，鉄道廃止の意向を強く固め，申請書提出後も関係各機関へ早期実現を働き掛けるとともに，鉄道の代替としてのバス路線の拡充や増車を着々と進めていった。53年6月19日に長野原・花敷温泉間，翌54年10月10日に鬼押出し・浅間牧場間，同年12月30日に草津町役場・天狗山間，56年2月28日に羽根尾・上州三原間が開通し，同年3月31日現在の営業キロ数は68.7キロに達した[26]。とりわけ重要な路線が，軽井沢・小瀬温泉・峯の茶屋間の小瀬線である。同線を，さしあたりの自社鉄道の擁護と廃止後の代替路線として位置づけ，55年11月18日に運輸大臣に免許を申請した。これに対して，康次郎＝国土計画興業も同路線への進出の動きを見せ始めたので，危機感を持った草軽電気鉄道＝東京急行電鉄側は関係各機関へ陳情

23）　草軽電気鉄道株式会社『第四拾九期営業報告書』1945年上期。
24）　前掲『東京急行電鉄50年史』514頁。
25）　草軽電気鉄道株式会社『第五拾八期営業報告書』1949年下期。
26）　同『第七拾期営業報告書』1955年下期，6頁，草軽交通株式会社所蔵。

活動を行った。こうした中で，免許は57年7月6日に認可されたものの，小瀬林道が営林署の管轄であったため，4日後の10日に自費改修工事許可願を提出し，同月18日に認可されたが[27]，これは国土計画興業側の動きに比べタッチの差であったという[28]。同線は，翌8月3日から運行を開始するに至った。

この間特に注目すべきは，草軽電気鉄道のトップの陣容が強化されたことである。56年5月28日の定時株主総会において，取締役に木暮武太夫と萩原栄治，柏村毅，唐沢勲が選任され，木暮が会長，萩原が専務に就任した[29]。木暮は，群馬県伊香保町出身の有力者で同県地方区選出の自民党参議院議員であり，第二次池田内閣では運輸大臣に就任した。萩原は，1935年に日本大学を卒業して東京鉄道局に入局し，新潟陸運局長を最後に退官し，56年3月に東京急行電鉄の自動車部次長に就任していた[30]。柏村は，東京急行電鉄の専務で自動車部長も兼務し，同事業の最高責任者として五島を支える重要な存在の内の1人であった[31]。唐沢は，日本国有鉄道営業局長を経て，56年3月に東京急行電鉄の取締役に就任した[32]。こうして，社長の高木時雄を東京急行電鉄の乗合自動車事業の有力者がサポートする体制が確立した。これから，鉄道廃止を視野に入れて自動車への代替，事業の拡充を加速するとともに，康次郎＝国土計画興業との競争の激化への対応する五島＝東京急行電鉄の的確な意図と強固な姿勢を読み取ることができる。

草軽電気鉄道と国土計画興業との路線競合問題が，運輸審議会に持ち込まれている。草軽電気鉄道が軽井沢町の大字長倉・軽井沢間15キロを申譜したのに対し，国土計画興業は同町大字軽井沢・長倉山間13.2キロおよび長倉地内4.5キロの申請を行った。前者は軽井沢駅・北軽井沢線の補助路線として，後者は沓掛駅・軽井沢駅・小瀬温泉・鬼押出し・千ケ滝・沓掛

---

27) 同『第73期営業報告書』1957年上期，2頁，草軽交通株式会社所蔵。
28) 萩原栄治「小瀬線の思い出」(柏村毅追想録刊行会編集・発行『柏村毅の追想』1975年)，122-123頁。
29) 草軽電気鉄道株式会社『第七拾一期営業報告書』1956年上期，2頁，草軽交通株式会社所蔵。
30) 群馬公論社編集・発行『現代群馬の百傑，財界編』1964年，71頁。
31) 柏村の業績については，前掲『柏村毅の追想』を参照されたい。
32) 前掲『東京急行電鉄50年史』841頁。

駅間の運行を目指すものであった。これらは，57年2月16日に自貨第68号として運輸審議会に諮問された。そして，審議の後に，同年9月24日付（運輸省告示第396号）で草軽電気鉄道に免許を与え，国土計画興業の申請は却下が適当との答申を行った。その理由は次の通りである[33]。

　「これらの申請区間には従来バスの運行がなかったから，この間に事業を開始させる必要はあると思われるが峯の茶屋・小瀬・軽井沢駅間の輸送需要は現状では両者をしてともにバス事業を開始させる程の必要はないと認められるので，この地区観光客が現在草軽電鉄線を利用していると思われること及び両者のそれぞれの事業開始が相手方に与える影響の度合を考慮して草軽電気鉄道株式会社をしてその申請の事業を開始させることが適切であると認められる。」

　こうした中で，康次郎＝国土計画興業は，草軽電気鉄道＝東京急行電鉄への態度を硬化させ，1955年前後からは，草軽電気鉄道の北軽井沢・鬼押出し間のバス運行を妨害するにまで至った。草軽電気鉄道も対抗策を取ったものの，康次郎の執拗なまでの対立姿勢は継続した。第8章で詳論されるが，「箱根紛争」がマスコミを通じて世間の耳目を集めるようになるのが56年であるが，これは，駿豆鉄道が箱根登山鉄道バスの早雲線乗入れを認めてきた「協定書」を6月限りで破棄し，7月1日から乗り入れを実力で阻止したことに端を発している。観光ブーム到来の時期であり，国土計画興業の経営地での同業者との軋轢が激化し始めたことに危機感を持った康次郎が強硬な対抗策を取ったのである。

　鉄道廃止問題は沿線町村の反対のため膠着状態が続いていたものの，廃止を決定づけたのが，59年8月14日の台風7号により，吾妻川鉄橋の流失や新軽井沢の自動車車庫の全壊などの甚大な被害を受けたことである。同年11月13日に新軽井沢・上州三原間の鉄道廃止が認可され，翌60年4月25日に営業が廃止された。この代替路線として，同年12月24日に吾妻・上州三原間バス路線が開通した。更に，沿線町村などとの交渉を重ね，翌61年2月21日の臨時株主総会において，上州三原・草津温泉間の廃止が決議さ

---

33) 運輸大臣官房審理官室『運輸審議会半年報　昭和三十二年七月－十二月』1958年3月，44頁，国立国会図書館所蔵。
34) 草軽電気鉄道株式会社『第80期営業報告書』1960年下期，4頁，草軽交通株式会社所蔵。

れ[34]，翌3月24日に運輸大臣に廃止を申請した。この一方で，国鉄バスや康次郎＝西武自動車との路線競合の調整が大きな課題となった。換言すれば，国鉄や西武自動車にとっては，草軽電気鉄道の鉄道全廃とバス事業の拡充は，経営上看過しえない問題であった。3社の足並みはなかなか揃わず，特に西武自動車は，路線の既得権を強く主張し，軽井沢・草津間の増発や草軽電気鉄道の路線とされてきた上州三原・大津間に乗り入れを強行するに至った。3社間の関係が正常化するには，鉄道全廃後も多くの時間が費やされることとなった。こうした中で，同年12月22日に運輸省から鉄道営業の廃止許可がなされ，翌62年1月31日をもって上州三原・草津温泉間の営業廃止が実施された。

　草軽電気鉄道は，自動車事業と観光開発をもって経営の新たな局面を切り開いていくこととなった。かねてから，五島は，次のような観光開発についての構想を温めていたとされる。康次郎に劣らぬ浅間山北麓地域一帯への思い入れを見い出すことができる[35]。

　　「草津には群馬県から国鉄が入っておるので，この鉄道〔草軽電気鉄道〕では，その入湯旅客はあてにできない。草軽が繁栄を願うなら，北軽井沢の開発が重要だ。浅間牧場など借りられれば，ゴルフ場にし，その周辺に別荘を建てる。また，旅客誘致のために，遊覧設備を造るに限る。あの照月湖や附近の観光ホテル施投は，すぐれた土地だからもう少し思い切った開発の要がある。」

　鉄道全廃の目前の61年5月4日に，群馬県長野原町と草軽電気鉄道，東京急行電鉄，東急観光の間で町有地の観光開発契約が締結された。そして，契約にかかる町有地の一部の貸与を受け自動車専用道路を建設していた康次郎＝国土計画興業に返還を求めたところ，国土計画興業は猛然と反発し，前橋地方裁判所への仮処分申請をはじめ訴訟を連発する中，専用道路と町道の交差点にバリケードを立てて町道の通行を遮断するなどの実力行使に出た。これに対し，町も国土計画興業を提訴するなど泥沼化の様相を呈したが，運輸省が仲介して，64年1月29日にようやく和解が成立した[36]。この問題は，箱根の道路を61年に神奈川県が買収することで終息した「箱根

　　35）　前掲「軽井沢への果てしなき夢」213頁。
　　36）　長野原町誌編纂委員会編『長野原町誌　上巻』群馬県吾妻郡長野原町役場，1976年3月，705-721頁，に問題の経緯や町議会の対応などが詳述されている。

紛争」と重ね合わせ「西武対東急」としてマスコミを通じて世間の耳目を集めたが，箱根と同様に，康次郎＝国土計画興業の自らの正当性を全面的に，かつ，手段を選ばず断行するというスタンスが顕著に現れたものであり，前述した草軽電気鉄道と西武自動車のバス路線競合問題にも色濃く影を落としたのである。

　康次郎没後の65年に志賀・草津高原道路が開通し，翌66年6月20日から，国鉄，西武鉄道，長野電鉄，草軽電気鉄道の4社が湯田中・長野原間のバスの相互乗入れを開始している[37]。軽井沢・草津・万座地域での草軽，西武，国鉄間の共存関係構築に大きな転機となったといえる。

III　苗場・中里地域のスキー場の開発

　康次郎＝国土計画興業による上越地域への進出は，59年12月の中里スキー場が嚆矢となった。万座で，冬季オリンピックを旗印に国際スキー場建設計画を発表していた時期と重なる。国土計画興業は，豊富な積雪と東京から近接している新潟県南魚沼郡湯沢町に着目し，58年から計画を進め，土地問題などで苦慮したものの，第1期計画として20万坪を買収し，一部を借り受けるなどして乗り切り，400mのスキーリフトとスキーセンターを建設した[38]。

　国土計画興業は，中里を足掛りに，上信越高原国立公園の苗場山から群馬県境の三国浅貝高原一帯の開発を目論んでいた。この地域に国土計画興業が注目したのは，国道17号線の整備が52年5月から進められ，54年から建設工事が開始された三国トンネルが開通すると東京方面とのアクセスが格段に向上するからに他ならなかった。国土計画興業以外も，「越後の軽井沢」，「東洋のサンモリッツ」化を企図して，東京急行電鉄や東武鉄道が再三調査に入り，新潟県中越地方を営業基盤とする中越自動車も上越国境

---

37)　長野電鉄株式会社総務部編『長野電鉄60年の歩み』同社，1981年，82頁。なお，長野電鉄も国土計画興業や草軽電気鉄道に対抗すべく，万座温泉の開発を緊急の経営課題の一つとして掲げた（同書，67頁）。

38)　『新潟日報』1958年9月12日（湯沢町史編纂室編『湯沢町史　資料編　下巻』湯沢町教育委員会，2004年，507頁）。

横断バスや東京への急行バスを計画し，苗場山への登山バスやケーブルカーの架設，浅貝地内での温泉掘削申請を行っていた[39]。更に，東京急行電鉄が，59年3月末日現在で中越自動車の筆頭株主となり，同年6月9日には傘下に収めるなど[40]，主導権争いが激化の一途を辿った。

こうした中で，康次郎＝国土計画興業は，湯沢町から協力を取り付けようとした。以下に59年9月28日の定例町議会における町長の角谷虎繁の答弁を示しておきたい[41]。

「国土計画興業株式会社堤義明氏が，たまたま中里スキー場の相談のとき，苗場山，平標，その他開発計画もあり，北海道を除けば，こゝが一番良く，浅貝の土地を買いたい，と希望を述べられたので，私はこれに協力するが，現在，統合中学校を作るに，3,200万円を必要とするので，是非これだけ欲しいと要求した処，それでは10万坪，坪320円として，すぐにも現金を払い，早急に浅貝を開発する，と述べられた。一方，東急からも土地の申込みがあり，東急不動産株式会社から，将来浅貝を開発する計画の話があったが，私としては，浅貝の地元民のためなら，急速に開発するのでなければ駄目であると云ったら，少し待ってくれとの事であったが，未だ話しはきていない。西武ではいつでも買いたいとの話しであり，この財源により，是非共，理想的な統合中学校を実現したい。」

また，角谷が「会社が切角開発しても，地元の恩恵がなく，会社の独占事業になってはこまる」と迫ったのに対し，国土計画興業側は「会社は総て人にやらせる，旅館も800円以下は地元の旅館にまわしてやらう，協力してやる可き事は私の方に相談してやる，冬場のバスは困難であるが，立派な道路にして，冬場もバスの通る様にしたい[42]」と述べたと同年10月23日の臨時町議会で角谷が答弁している。康次郎＝国土計画興業は，統合中学校建設の財源に悩んでいた湯沢町の申し出に即断即決し，更に，早期の着手を決めている。開発を企てている他社，とりわけ東京急行電鉄＝五島の追撃を振り切るために，地域への様々な形での利益還元も明言して，苗

---

39) 『新潟日報』1959年5月31日（前掲『湯沢町史　資料編　下巻』497-498頁）。
40) 越後交通株式会社社史編纂委員会編『越後交通社史』同社，1985年，228頁。
41) 『第七回湯沢町議会定例会会議録』1959年（前掲『湯沢町史　資料編　下巻』508頁）。
42) 『第八回湯沢町議会臨時会会議録』1959年（前掲『湯沢町史　資料編　下巻』509頁）。

場地域の開発の「覇権」を死守しようとしていたのである。

　康次郎＝国土計画興業は，ここでも冬季オリンピックの日本への誘致と湯沢町での競技開催を表明しつつ，スキー場の開発を着々と推進していった。61年1月の段階で，浅貝高原に3万2,000坪の用地を取得し，苗場山の4合目から9合目にかけての総工費2億3,000万円のスキー場建設計画を厚生省に提出していた。更に，苗場山系の筍山一帯の開発も予定し，湯沢町と町有地198万平方メートルの提供交渉を進めており，全体で建設費は50億円に上ると報じられていた[43]。

　61年12月28日に，リフト5基，大食堂，ロッジ，駐車場を設えた苗場国際スキー場が開業した。その後も，苗場一帯の開発を推進して翌62年に和田小屋の営業を開始し，スキーハウスや夜間照明を建設した。63年に遊仙閣が営業を開始し，苗場国際ロープーウェーが開業した。更に，67年に苗場ホテル，69年には向山スキー場と展望食堂レストラン・プリンスが開業した。この間，64・65年に全日本スキー選手権大会が開催されている。

　苗場地区での冬季オリンピックの誘致活動は，61年3月28日に新潟県議会が決議を行い，翌4月10日に湯沢町が中心になって期成同盟会が結成され[44]，同年5月には国土計画興業の開発計画と連動して新潟県も「湯沢・苗場観光開発基本計画」を立案し，総予算は160億円に及ぶものであった[45]。康次郎＝国土計画興業も，詳細なパンフレットなどを作成して誘致に協力したものの[46]，結局は札幌に敗れて終結した。

おわりに

　康次郎＝国土計画興業による上信越地域の観光開発は，点としての地域開発ではなく，言わば「面」＝地域を一帯として開発を推進する広域性を求めるものであったし，その「広がり」と「深まり」を重視していった。

---

43) 『新潟日報』1961年1月22日（前掲『湯沢町史　資料編　下巻』511-512頁）。
44) 『新潟日報』1961年4月11日（前掲『湯沢町史　資料編　下巻』500頁）。
45) 『新潟日報』1961年5月17日（前掲『湯沢町史　資料編　下巻』500-501頁）。この計画は，政府の資金を投下して，湯沢・苗場地区の観光開発を一挙に図ろうとの思惑があったとの阿部恒久氏の指摘は正鵠を得たものと言える（同書，494頁）。
46) 国土計画興業株式会社『苗場国際スキー・スケート場』。

そのためにも，道路やバス路線などの交通インフラの整備に力点を置いたのであるし，経営的には自社のバス事業を活用することで事業の広域展開を実現するもので，ここにも康次郎のグループ経営観が反映している。また，地域への貢献や利益誘導を全面に押し出し，地域関係者との連携・協調を密にすることで事業の基盤を確保する一方で，競争相手とりわけ東京急行電鉄＝五島に対してはありとあらゆる手法を用いて自らの正当性を声高に主張し優位性の確保に全力を傾注した。こうしたスタンスは，いわゆる「箱根紛争」はもとより，伊豆半島における伊豆箱根鉄道（57年6月に駿豆鉄道から改称）と東海汽船および東京急行電鉄が設立した伊豆急行，滋賀県域における近江鉄道と国鉄および高速バスを巡る京阪電気鉄道との競争・対立関係と軌を一にするものである。

（松本　和明）

［付記］
本研究をすすめるにあたり，様々な御配慮を賜った草軽交通株式会社取締役営業部長の遠藤孝氏，貴重なお話をお聞かせいただいた元草軽交通株式会社専務取締役の松本幹夫氏，資料の提供をいただいた共立女子大学国際文化学部教授の阿部恒久氏，立正大学経済学部専任講師の高嶋修一氏，そして本研究にお誘いいただき調査やディスカッションを重ねた文京学院大学経営学部教授の島田昌和氏に末筆乍ら深甚なる感謝の意を表する。

第8章

箱根紛争のディスクール

箱根をメイン舞台に，10年余にわたって，西武資本と東急資本の激しい対立が繰り広げられた。世に「箱根戦争」「箱根合戦」「箱根紛争」「箱根係争」などと呼ばれる。ここでは，レンズを引いて見た感のある「箱根紛争」と呼ぶことにする。両資本の対立は，ほぼ同じ時期に軽井沢と万座での道路とバス路線を巡って繰り広げられたこともあり，西武と東急の運輸省を巻き込んでの「泥試合」とか，「ピストル堤と強盗慶太」の衝突，といったイメージにおおわれている。そして，晩年の康次郎にとってかなり大きな力を注がねばならなかった出来事であった。

　箱根紛争については，紛争終結から間もない1962（昭和37）年6月，当事者の堤康次郎が著した『苦闘三十年』（三康文化研究所刊）の最終章「箱根山」が，堤康次郎＝伊豆箱根鉄道側の立場に立った概説として基本的なものということができよう。他方，対立した小田急＝箱根登山鉄道側の立場に立ったものに，横溝光暉『箱根闘争史要』(1976年11月，私家版)がある。これは多くの資料を引用，紹介しながら論述したもので，本文542頁，別冊付録42頁の大著である。横溝は元内閣情報部長で，箱根紛争末期に小田急側の訴訟代理人に名を連ね，後に小田急監査役に就任しているから，小田急関係者と言ってよい。同書執筆に当たっても資料面で小田急側の多大な協力を得たようだが，内容も小田急の立場を全面的に擁護するものとなっている。但し同書は限定200部の非売品であったため，一般には入手できず，従って批評対象になることもなかった。これに対し，小田急電鉄株式会社社史編集事務局編『小田急五十年史』（1980年12月，同社）は，第五章第四節「箱根山戦争」を載せ，問題の経過を淡々と追いな

がら（年表が添付されている），小田急が取った対応策についても書いている。『小田急五十年史』は横溝の『箱根闘争史要』も援用している。現在のところ，この2文献を小田急側の基本的文献と見てよい。

近年においては由井常彦編書『堤康次郎』も第27章「箱根・湯河原・湘南および伊豆開発」でこの問題を要説している。全体的基調としては堤を評価しながらも，個々の問題については必ずしも堤側の言説をそのまま支持しているわけではない。もし経緯を更に辿り，何が真実であったかを論じるのであれば，一次資料を駆使して詳細に問題の過程を跡づけることが課題として残っていると言えようが，それをもってしても，何が真実なのかを争うことは，屋上屋を重ねることになろう。

また，堤康次郎は広尾分室に，この問題のみならず広くマスコミ資料を集めていた。ここで言うマスコミ資料とは，一般読者向けの雑誌，新聞，業界関係者向けの雑誌・新聞の類であるが，業界誌・紙が圧倒的に多いことと，56年7月の箱根登山鉄道バス乗入れ拒否事件から約5年後の61年に伊豆箱根鉄道専用自動車道路を神奈川県・静岡県に売却するまでの時期のものであることが特徴である。堤康次郎がどのような観点ないし基準からこうしたマスコミ資料を残したかは分からない。しかし，西武側に批判的なものもかなり含まれており，堤の指示で部下ないし支配下の企業関係者が関係資料として収集し，彼の手許に届けられたものであろう。

但し，ここに収められているのが箱根紛争に関するマスコミ資料の全部かと言えば，そうでない。例えば，前掲『堤康次郎』が紹介している青地晨「五島慶太と堤康次郎」（『中央公論』56年2月），三木陽之助「決戦箱根山」（同，57年8月）はここにないし，雑誌掲載記事を再編成した駒津恒治郎『五島・堤風雲録』（59年4月，財界通信社），朝日新聞に連載後単行本となった獅子文六の小説『箱根山』（62年1月，新潮社）などもここには収められていない。

これらマスコミ資料を見ていると，箱根紛争はマスコミによってどのように報じられ，どのように見られていたか，という問題が浮かび上がってくる。箱根紛争における事実は一つしかないが，それは語られることによって認識され，「真実」とされる。マスコミはどのように見，取り上げ，「真実だ」と主張していたのか。そこには立場，見方の違いから，認識の違い，ズレが存在する。私は，この違い，ズレに注目したい。本稿では，

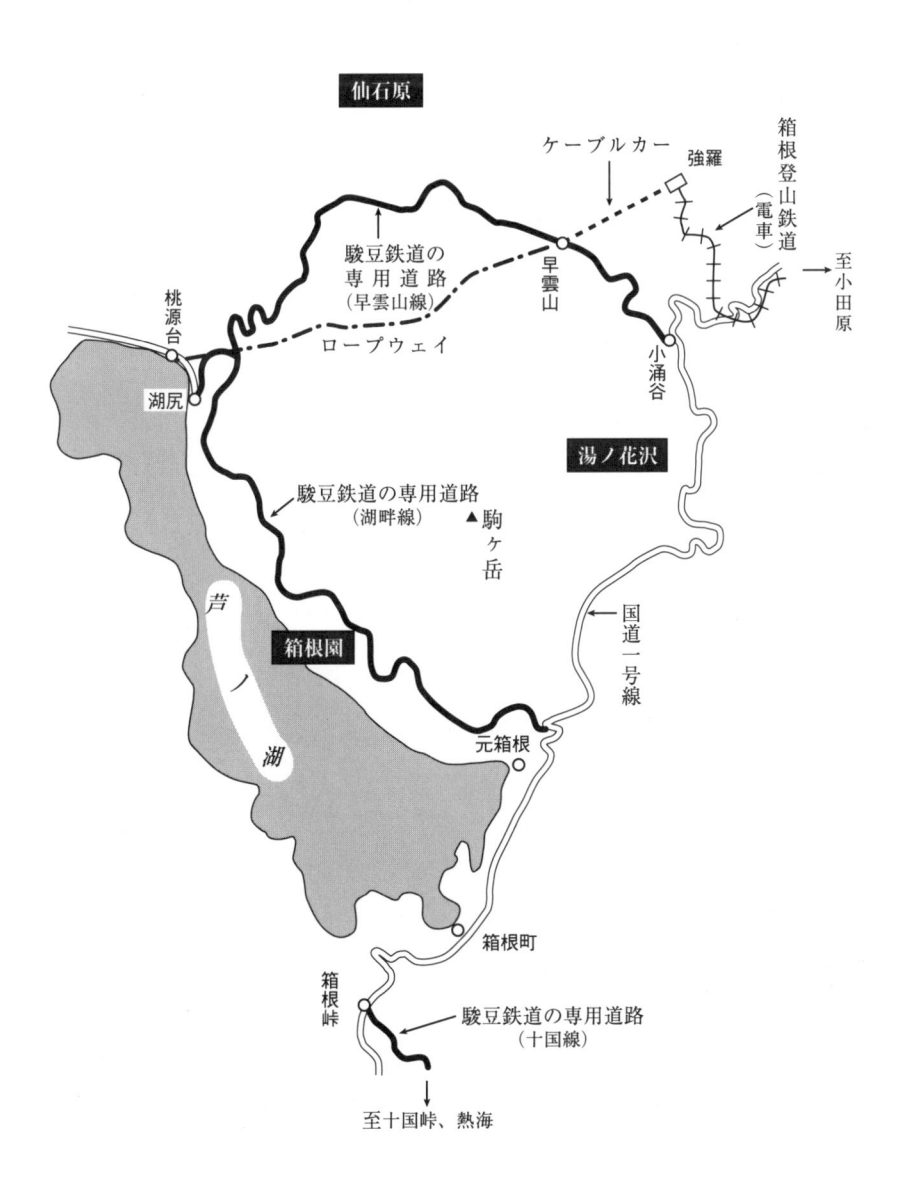

箱根紛争の関係図

- 仙石原
- ケーブルカー
- 強羅
- 箱根登山鉄道（電車）
- 駿豆鉄道の専用道路（早雲山線）
- 早雲山
- 至小田原
- 桃源台
- ロープウェイ
- 湖尻
- 小涌谷
- 湯ノ花沢
- 駿豆鉄道の専用道路（湖畔線）
- ▲駒ヶ岳
- 芦ノ湖
- 箱根園
- 国道一号線
- 元箱根
- 箱根町
- 箱根峠
- 駿豆鉄道の専用道路（十国線）
- 至十国峠、熱海

当時飛び交ったこの問題をめぐる言説（ディスクール）を検討し，主として堤康次郎側を支持する言説に依拠しながら，箱根紛争の意味を再検討してみたい。なお，箱根紛争の当時，西武資本と東急資本は，伊豆半島の伊東・下田間鉄道敷設問題，伊豆大島航路免許問題でも攻防を繰り広げ，箱根紛争にも間接的な影響を与えているが，本稿の主旨に照らすと，それへの言及は不要なので，取り上げないことにする。

I　箱根紛争の経過概要

箱根紛争について述べる前に，堤康次郎・西武資本と箱根開発の関係について，当初からの経緯を簡単に見ておこう[1]。堤康次郎が軽井沢に続いて箱根の開発を決意したのは，1918（大正7）年の冬，箱根を訪れ，その絶景に感動したことがきっかけという。翌年から土地の取得を開始し，20年3月，別荘地・住宅地の開発を目的に箱根土地株式会社を設立した（払込資本金500万円）。

　土地の買収は強羅の山林10万坪に始まり，仙石原，芦ノ湖畔の箱根町，元箱根，湯ノ花沢などの土地に及び，21年5月までに約296万坪の土地を買収している。これらの内最初の開発地となった強羅遊園地の宅地分譲は，20年11月から開始し，好成績を得た。前年には，小田急電鉄が経営する登山電車の終点として強羅駅が開業し，交通の便がよくなったばかりであった。強羅周辺は明治後期から小田急電鉄による土地開発が行われていたが，それは強羅駅から西方の早雲山にかけての地域であった。これに対して，堤康次郎の箱根土地は強羅駅の東方（宮城野村）を開発して販売したのである。その成功は，小田急電鉄の事業に便乗したことによっていると言うことができよう。

　箱根土地は，強羅方面よりも芦ノ湖畔の箱根町，元箱根周辺に多くの土地を取得した。そして，20年4月には箱根遊船株式会社を設立し，それまで芦ノ湖の湖上交通をめぐり対立・競争していた三つの渡船組合等を吸収

---

1) 以下，戦前の経緯に関しては，とくに断らない限り，由井常彦編著『堤康次郎』97頁以下による。

I　箱根紛争の経過概要

し，湖上交通の一本化を実現した。更に22年から23年にかけて，沼津・三島間，下土狩・大仁間に電車を走らせていた駿豆鉄道の株を大量に取得し，これも箱根土地株式会社の配下に置いた。34年12月丹那トンネルの開通によって東海道線は同トンネル経由に変わるが，駿豆鉄道は，既に着工していた熱海から十国峠を越えて箱根に至る9.9キロの自動車専用道路（十国線）を32年に完成させた。また，箱根遊船は，小涌谷～早雲山～湖尻間，湖尻～元箱根間の自動車専用道路も建設して，箱根観光開発を推進した。

この内小涌谷・早雲山・湖尻間の自動車専用道路（早雲山線）が戦後の箱根紛争の中心舞台となるのであるが，この道路建設に当たっては，31年，箱根登山鉄道株式会社が所有する土地約2,500坪が箱根遊船株式会社に無償提供された。但し，それには条件があり，箱根登山鉄道株式会社がこの道路を使用するときは無料とする，この権利は同社が合併等により営業権を他社に譲渡する場合，譲渡できないものとされている。のち箱根登山鉄道自動車部は富士屋自動車と合併し富士箱根自動車株式会社になったため，西武側としては同権利は消滅したとする[2]。

駿豆鉄道は1937年に箱根遊船株式会社を合併し，社名を駿豆鉄道箱根遊船株式会社に改めたが，戦時色が強まるなかで「遊船」が好ましくないとの批判が出たため，40年11月，再び駿豆鉄道と改称した。駿豆鉄道は41年5月小田原・大雄山間を結ぶ大雄山鉄道を合併し，更に43年7月には湯河原自動車を合併している。ちなみに，駿豆鉄道を実質的に支配する箱根土地株式会社は，39年に堤康次郎が経営していた東京土地会社を吸収合併するとともに，堤が経営していた不動産関係会社を吸収して，44年2月社名を国土計画興業株式会社と変更した。なお，駿豆鉄道が社名を伊豆箱根鉄道と変更するのは，箱根紛争の最中の57年6月のことである。

こうした箱根開発の努力は，戦時下では報われることがなかったが，戦後まもなく「観光立国」が叫ばれるようになり，やがて箱根観光は急速に脚光を浴びだした。終戦直後の康次郎のこの地域での事業は，国土計画興業が47年に長岡での三養荘を駿豆鉄道に賃貸して開業させた程度であるが，50年以降，国土計画興業と駿豆鉄道の事業展開は西武鉄道の資本を利用して活発となり，湯ノ花ホテル（旧館），湯ノ花ゴルフ場，駒ヶ岳ケーブル

---

[2]　「堤康次郎（西武）対五島慶太（東急）の一騎打ち」『交通タイムス』1956年8月。

カー，駒ヶ岳山頂におけるインドア・スケートリンク，大食堂の建設を行うとともに，駒ヶ岳から下った芦ノ湖畔の20万坪を開発し，箱根園キャンプ場，宇治平等院を模したホテル竜宮殿，ユネスコ村など大規模な観光施設を建設した。このほか，仙石原地区でも，仙石原温泉観光ホテル・仙石原ゴルフ場（後，大箱根カントリークラブ）を経営し，多くの内外客を集めるようになった[3]。以上が，50年から57年頃にかけての，西武資本による箱根観光開発の大要である。

　早雲山線（小涌谷・早雲山・湖尻間）は，前述のように駿豆鉄道の民営専用自動車道として建設され，のち一般の乗用車・タクシーについては通行料を取って利用（供用）を認める民営一般自動車道となっていた。そこに自社の乗合バスを運行したのは勿論である。この早雲山線に運輸省の圧力の下，小田急の子会社箱根登山鉄道の乗合バスが強引に乗り入れたことが問題の始まりであり，結局，早雲山線を民営から公営に切り替えることによって紛争は終結する。ここから窺えるように，民営一般自動車道が他社バスの利用を法律的に拒否することができるかどうか，という点に，箱根紛争の本質的問題があった。

　マスコミがこの問題を取り上げたのは56年が最初であることは前述したが，何故56年なのかと言えば，駿豆鉄道が箱根登山鉄道バスの早雲山線乗り入れ（早雲山・湖尻間）を認めてきた「協定書」を6月限り廃棄し，7月1日から乗り入れを実力で阻止したからである。駿豆鉄道が早雲山線の入り口に遮断機を設置し，箱根登山鉄道バスをストップさせ，社員同士が角突き合わせて言い合いしている写真とともに報道され，事件となった（ここでは仮に「協定書廃棄・実力遮断事件」と呼ぶ）。箱根紛争を時期区分すると，ここまでが第一期となろう。駿豆鉄道側が何故こうした挙に出たか，両者によって，その経緯がマスコミに向かって語られていくことになる。

　協定書の6月限り廃棄の通告は，それに先立つ3月に行われていたため，5月，箱根登山鉄道はその無効を横浜地裁小田原支部に提訴した。他方，駿豆鉄道も同月，箱根登山鉄道バスの早雲山線運行禁止仮処分を同支部に

---

[3] 1958年9月19日運輸審議会の旅客バス限定免許に関する公聴会における国土計画興業常務堤義明の公述による（「伊豆半島は斗争の活火山」『交通タイムス』1958年10月）。

I 箱根紛争の経過概要

申請したが，これに対し6月，箱根登山鉄道は運行妨害禁止の仮処分を同支部に申請した。この相対立する申請に対して，7月6日，同支部は駿豆鉄道の主張を認め，箱根登山鉄道の主張を却下したため，箱根登山鉄道は異議申し立てを行い本訴となり，以降，地裁，更に高裁で争っていくこととなる。

こうして早雲山線から箱根登山バスを締め出し，その是非をめぐって裁判が始まった。その56年7月から，箱根登山鉄道側の新たな攻勢が始まる。これより先の52年，箱根登山鉄道は，早雲山線について路線バス免許を申請し（52年に申請し，協定方式となったため一度取り下げたので，再申請となる），更に駿豆鉄道が経営する熱海峠・十国峠～箱根間の民営一般自動車道（十国線）に，箱根登山鉄道の乗合バスを運行する免許を運輸省に申請していたが，申請後長く棚上げにしてきた運輸省は，早雲山線乗り入れ協定廃棄の直後の56年8月29，30日関係者を集めて公聴会を開催した。ここに箱根紛争の第二幕が始まった。

公聴会を開催するということは免許を与えるために形だけ行うことが多い。しかし，堤＝駿豆鉄道側の強い抵抗，東京大学法学部教授田中二郎の駿豆鉄道支持の意見書などにより，運輸省は強引に事を運べなかった。他方，堤側は秘かに小田急株を買い占め，経営面から小田急に揺さぶりを掛けた。宮沢胤勇運輸相，河野一郎らの斡旋で，57年7月，箱根登山鉄道は早雲山線・十国線の路線バス免許申請を取り下げる，堤側は小田急株を小田急に売却することで，話し合いがついた。これで，ひとまず第二幕は閉じることになった。

しかし，箱根登山鉄道は裁判を取り下げなかった。のみならず，第二幕が閉じるや否や，道路所有者の免許問題という形で新たな攻防，第三幕が始まった。民営一般自動車道が有料道路として営業する場合，「供用約款」を作成して各地の陸運局長から認可してもらう必要があるが，この「供用約款」に，道路所有者が特定の自動車（具体的には自社と競合する他社の乗合バス，定期トラック等）の利用を拒絶することができる旨の条項を入れうるか否かということが問題となった。箱根紛争に直接絡んだ事案としては，59年9月，期限がきた「供用約款」の更新のため，伊豆箱根鉄道が所有する早雲山線等3線について「限定免許」を盛り込んだ申請を行ったことがある。これに対し，運輸省は60年7月，異例の聴聞会まで開いたが，

裁定を下さないまま時間が経過し，61年，民営道路の買収，公営化で問題は自然消滅となるのである。第三幕の主役は実に運輸省であり，運輸行政の是非が公然と問われたと言ってよかった。

　以上，箱根紛争の経過を大づかみで概観したが，それは大きく三つの段階に分けることができるであろう。本稿では，この内第一，三幕におけるディスクールを検討していくことにしたい。

II　協定書破棄・実力遮断事件

広尾分室で収集したマスコミ資料を見る限り，協定書廃棄・実力遮断事件を最初に報じたのは『週刊サンケイ』の1956年（昭和31年）7月29日号であった。事件から間もない頃に取材，報道されている。見開き二頁の記事で，7月1日の山開きの日に起きた「バス関所」騒ぎ，「醜態」，と揶揄しながらも，両者の言い分を紹介している。興味深い記事内容なので，紹介しよう。「激しい乗客の争奪戦」との小見出しが付いた記事は，次のようになっている。

　　「観光地箱根の醜態を天下にさらしたこの専用道路とは……これは駿豆鉄道が箱根に持っている三ツの専用道路のひとつ，小涌谷－早雲山－大涌谷－湖尻を結ぶ九・六キロの道路だ。わが国最初の専用道路箱根町－熱海を結ぶ十国線をつくったのが昭和七年，元箱根－湖尻の芦の湖線，問題の小涌谷－湖尻の早雲山線をつくったのが昭和十年のことだ。

　　　この道路を通るにはもちろん料金を取られる。大型バスは一台九百五十円，乗用車は一台二百円也を支払う。吉田ワンマンがここで通行料を取られて大いにムクれたという話もある。観光バスラッシュで三本の専用道路の通行量は年々増える一方。なかでも十国線はシーズンたけなわともなれば一日三千台以上の車が通るというから，その通行料は大変なものになるわけだ。

　　　さて，この早雲山線に登山定期バスが乗り入れたのは昭和二十五年七月一日，両社の協定は，同年四月十五日に結ばれた。一年更新，登山バスの運行は夏期は一日十往復，冬期五往復，料金は三十五人乗り

六百五十円（のち乗客一人当り三十円となる）の契約だった。運行回数こそ所有者の駿豆には遠く及ばないが、早雲山ケーブル駅から芦の湖に抜けるバス路線を持たない登山にして見れば、この契約成立は極めて意義が深かった。

　しかし紛争は直ぐにおこる。なにしろこの道路の終点、芦の湖畔の湖尻には駿豆、登山両社の遊覧船の桟橋がある。ここで激しい乗客の争奪戦が繰り返され、去る二十七年には静岡地裁沼津支部に提訴一件、二十八年には東京地裁に告訴一件と裁判沙汰にまで発展、そして今年初めから、登山が百二十トンの大型遊覧船「足柄丸」を新造しはじめたことから両社の対立は悪化の途を辿り、終に駿豆は三月十二日付内容証明で「契約廃棄」を登山につきつけたわけだ。」

このような文章に続き「提訴合戦の一幕」と題する小見出しの下、次の文章がある。

「廃棄通告を受けた登山では直ちに関東陸運局に調停を依頼するとともに横浜地裁小田原支部に『意思表示無効確認の訴え』を提訴、これに対して駿豆では『運行禁止の仮処分』を行い、登山でも負けずに『運行妨害排除の仮処分』で応しゅう、交通業界でも珍しい泥仕合に突入した。

　「駿豆一方的な契約廃棄には承服できない」と登山ではいう。「あの専用道路ができる時に登山では早雲山周辺の土地四千三百坪を駿豆に無償提供した。乗り入れはその時の条件だ。乗り入れ協定を結ぶ前の二十四年暮、駿豆は芦の湖畔から小涌谷までだったバス路線を小田原まで乗り入れ、登山が持っていた権益を侵している。道路は専用道路であったにしても公共性を持っている。まして運輸大臣の認可があって協定が成立したものだ」と一歩も譲らず、これに対して駿豆でも、「あの乗り入れ協定は時の自動車局長牛島辰彌氏が強制的に結ばせたものだ。牛島氏は駿豆が承知しなければ登山に本免許を与えると脅かした。このバス乗り入れと前後して登山は箱根観光船という法外船航路を芦ノ湖に設定、さらに足柄丸を建造して三十有余年にわたり維持してきた駿豆の権益を侵した」と強硬な態度で臨み、「両社長年の紛争を絶つため契約を廃棄した」といい、ついに七月一日を迎えたのである。」

私が敢えて長々と引用したのは，ここに堤康次郎が建設した3専用道路のこと，観光地としての箱根の状況，通行料金のことが書かれており，今日，私たちがこの問題を考える際に便利であるとともに，小田原通信部の広沢俊雄という記者が書いたこの文章に，問題への当初の一般的見方が反映されているのではないかと思うからである。即ち，以後の両社による宣伝や他のマスコミによって大問題となり，いろんな言説によって影響される前の原像がここにある。

　原像として第一に指摘したいのは，箱根登山鉄道側が，(1)駿豆鉄道専用道路には箱根登山鉄道が無償提供した土地が使用されていて，乗り入れはその時の条件だ，(2)駿豆鉄道のバスを小涌谷から小田原まで乗り入れ，箱根登山鉄道が持っていた権益を侵した，と言っていることである。

　(1)については，「乗り入れはその時の条件だ」という部分に全く法的ないし契約上の根拠がないため（この条件は，前記のように，経営権の譲渡により消滅していた），感情的には拭い切れなかったようだが，その後，声を大にして言うことはなくる。他方，(2)は，その後も執拗に繰り返され，「バーター論」として展開されていく。即ち，47年9月，箱根登山鉄道の独占事業であった小涌谷・小田原間に路線（定期）バス免許を駿豆鉄道が申請し，49年12月元箱根・小涌谷・小田原間のバス運行の免許が与えられたが（但し小涌谷・小田原間はノンストップが条件），これは箱根登山鉄道の権益を侵したので，それに対する反対給付＝見返りとして駿豆鉄道専用道路への箱根登山鉄道バス乗り入れが認められているのだ，しかも，それには運輸大臣の許可のお墨付きがあるのだ，というふうに。

　だが，この言い分は，小涌谷・小田原間が民営道路ではなく，国道一号線であり，国民の税金で建設・維持されている道路であることからすれば，個人・法人が建設・維持している道路を「公共性」の一言をもって同列に論じることはできないとも言える。また，「これは小涌谷・小田原間が国道一号線というのに箱根登山バスのみの運行で，旧態依然とした輸送力では到底，観光客の需要には応じきれないとされ，そこで地元民の要請によって伊豆箱根バスが申請を出し，それが当時の総司令部の指導方針（複数免許によるサービス競争）にも合致して免許を得たのだといわれている[4]」という指摘もある。とまれ，この問題は，やがて大きな争点となる「供用約款」特約や「限定免許」の問題に通じるものであった。

第二に，駿豆鉄道側の言い分であるが，牛島局長により脅迫があったことは，この後も一貫して主張されることで（牛島を告訴までしている），これも原像と言ってよい。

　第三に，ここで重要なのは，箱根登山鉄道側の言い分と駿豆鉄道側の言い分が並記され，一見公平のように見えるが，湖尻での対立に関する部分の記述は喧嘩両成敗的で，両社が悪いといったイメージしか読者に与えないことである。

　別掲の関係図にあるように，早雲山線乗り入れの協定書で定められた乗り入れ区間は小涌谷・早雲山・湖尻間であったが，箱根登山鉄道バスは湖尻を通過してその先の桃源台まで運行した。これは協定書が締結される少し前，と言うよりは免許申請の1か月前の50年2月，箱根登山鉄道が設立した箱根観光船の桟橋が桃源台にあったからである。箱根観光船は当初，当局の許可を要しない（記事では「法外船」と表現）20トン未満の小型船2隻を就航させ，元箱根・箱根町間の船を走らせた。箱根登山鉄道は，客を，小田原から同社の電車で終点の強羅に運び，強羅から同社経営のケーブルカーで早雲山に上げ，そこから駿豆鉄道の道路に乗り入れた同社バスに乗り，桃源台から芦ノ湖遊覧をさせる，という箱根観光の一貫ルートを作ろうとしていたのである。

　駿豆鉄道側は，協定書に書かれた運行回数を守っていないこととともに，湖尻を通過して桃源台まで客を運ぶことに対して強く抗議した。湖尻には駿豆鉄道が経営する元箱根行きの観光船が就航し，湖上交通を担っていたから，箱根登山鉄道バスの客も湖尻で降りて，湖上交通は駿豆鉄道側の船を利用することが想定されていたのであるが，箱根登山鉄道はそれに真っ向から挑んだのである。

　湖尻・桃源台間のバス運行は免許を得ていない違法なものであったから，駿豆鉄道は49年3月，箱根登山鉄道バスの湖尻・桃源台間の運行を禁止する仮処分を横浜地裁小田原支部に提訴，同年6月同支部はそれを認める決定を下した。箱根登山鉄道は異議申し立てで対抗する一方，この決定を踏まえて，乗客を湖尻で一旦降ろし，横に乗り付けた「サービスカー」とい

---

4) 「第一審で伊豆箱根鉄道が勝利／自動車道問題に裁定下る」（『交通経済』1959年5月1日号）。

う名の無料バスに乗り換えさせて桃源台まで運ぶ挙に出た。そして56年から120トン520人乗りの大型観光船「足柄丸」を就航させるなど、一歩も譲らなかった。駿豆鉄道が違約を理由に、56年3月、協定書の廃棄を通告、7月1日から早雲山線の入り口に遮断機を設置して箱根登山鉄道バスの進入を実力で阻止し始めたのには、こうした経緯があった。それを、『週刊サンケイ』の記事は、「なにしろこの道路の終点、芦ノ湖畔の湖尻には駿豆、登山両社の遊覧船の桟橋がある。ここで激しい乗客の争奪戦が繰り返され」云々と、違法運行問題には全く触れていない。また、その故、桃源台についての言及がない。こうして喧嘩両成敗、泥仕合的な見方が成立した。

駒津恒治郎が編集する雑誌『交通経済』は、中立的見地から箱根紛争を報道し続けた業界誌と言ってよいが、その『交通経済』にしても、上記第一の原像に関わる部分では、次のように小田急側の言い分を鵜呑みにしている。「そこでこの間いろいろ聴いたり調べたりしたんだが、この駿豆と登山の斗争は昭和二十三年の駿豆側が申請した小涌谷〜小田原間の定期バス免許から始まっているんだ。つまり、この区間は元々登山側の定期路線だったのが、そこに駿豆が免許になって割り込んだというところから始まっている。勿論登山側は猛反対したが、敗れて免許されてしまった。そこで登山の方は運輸省に運動して今の問題になっている駿豆側の方の専用道路（小涌谷〜湖尻間）に連結協定で乗り入れをしたわけだ[5]」。

このような言説は、その後、小田急側から一貫して流され、一般のマスコミもそれを受け入れたかのように、問題の発端を47年の駿豆鉄道バスの小田原乗り入れ申請（49年実現）に置いている。

しかし堤側は一貫してそれを否定し、問題の発端は50年の協定書締結、それが守られなかったことにあると主張する。例えば『交通タイムス』56年8月号の「箱根山はクモ助共の決戦場」という主表題をもつ記事は、堤の箱根開発の歴史、特に3本の専用道路の建設、維持に費やした堤側の苦労について紹介した後、50年3月16日駿豆鉄道本社に運輸省牛島自動車局長から呼び出し状が届き、大場朋世総務課長が出頭したところ、箱根登山鉄道から小涌谷・湖尻間の免許申請が出ている、協定書を結んではどうか、

---

[5]　「箱根合戦総まくり——実相とその見透し」（『交通経済』1956年10月15日）。

と言われ,驚いた大場が理由等を尋ねようとすると「うるさい。一々口返答するなら出ていけッ」と大喝され,しかたなく協定書を受け入れた,という趣旨の記事を載せている(同様の内容は,『経済新論』60年5月1日の「本誌記者」筆「箱根紛争の真相－横車を押す小田急」にも書かれている)。

以上のように,問題の発端をどこに求めるかということは,きわめて重要な争点であった。その背景には,国道ないし公道におけるバス免許と私費を投じて作った民営道路におけるバス免許のあり方をめぐる対立がある。もし,駿豆鉄道が協定書の締結にあくまで反対し,その結果,運輸省側が公聴会を開いて強引に箱根登山鉄道にバス免許を与えていたとしたら,恐らく堤は提訴し,裁判で争ったであろう。そして勝利したかも知れない。あるいは,第二幕として紹介したように,協定書廃棄・実力遮断事件後,箱根登山鉄道が申請した免許に関して公聴会が開かれたものの,堤の強い反撃で強引に免許を与えることができない状況が続いたことを考えると,協定書締結を拒否する方策もありえたであろうが,50年段階では,そうさせない政治的磁場が存在したようにも思える。この問題については後述したい。

III 「供用約款」,「限定免許」問題

「供用約款」とは,私設の専用道路を他の交通機関に料金を取って開放する(これを「供用」と言い,開放すると民営の「一般自動車道」となる)に当たり,道路運送法第62条により,供用のための料金等を定めた約款のことである。道路経営者はそうした供用約款を作成し,所轄の陸運局長に届け出,運輸大臣の認可を受けなければならない。実際の認可は同法施行令で陸運局長に委任されている。

1957年2月,高知県交通が高松陸運局に届け出た供用約款では,他社の定期バスを拒絶できる旨の条項があったが,3月,同局長により認可されていた。他方,堤康次郎が総帥である国土計画興業は,群馬県の石津・万座間の専用道路(万座線)を一般自動車道として開放するため,同年12月,東京陸運局長に一般自動車道の免許を申請し,58年2月免許を得た。そして供用約款もようやく6月7日認可されたが,その第2条第2項に「一般

乗合旅客自動車運送事業および一般路線貨物自動車運送事業に関してする供用契約は，別に特約による」という条項があり，「特約」なしでは他社の定期バス・トラックは道路使用ができないようになっていた。結果的には他社バス・トラックを拒否できることになる[6]。

こうした供用約款を運輸当局が認めたことは，係争中の箱根の早雲山乗り入れ問題にも関連し，裁判に影響が出る恐れが生じると見た運輸省の山内公猷自動車局長は，58年7月21日付で，部外秘として各地の陸運局長に対し，「自動車道事業の供用約款の取扱について」と題する通達を発し，「特定の供用申込者に対してする供用の拒絶又は拒絶を可能とする条項を有する約款は認可しないこと」と指示した[7]。

『経済新論』の記事（注6と同じ）によれば，そもそも国土計画興業が申請した万座線の供用約款が半年も遅れて認可されたのは，荒木茂久二運輸事務次官らから圧力がかかったためという。但し，権限を委任されている杉本行雄東京陸運局長は困って山内自動車局長に相談したところ，山内局長は「良識に任せる」と言ったという。山内局長にしてみれば，「良識」の下に却下せよ，とのつもりで言ったのだろう。だが，杉本東京陸運局長は，高知県交通の例を踏まえて認可してしまった。それが「良識」と判断したためである。予期しなかった事態にあわてた荒木次官は，国友業務部長・渋谷自動車課長に命じ，58年7月8日，次官名で内閣法制局に，供用拒絶が適法か否かを問い合わせた。その回答がないままに22日「山内通達」が発せられたのである。従って，「山内通達」は荒木次官も，財界から第二次岸信介内閣の運輸大臣に就任したばかりの永野護も知らない内に発せられていた。これには箱根紛争問題には中立の『交通経済』も「運輸行政」の乱れとして批判的論陣を張らざるをえず，また「山内通達の陰の人は小田急の安藤楢六社長と云われている」とも書かざるをえなかった[8]。この問題は，当然，民営の一般自動車道業者の利害にも関わる。それ故，業者で組織する全国自動車道協会は58年11月役員会を開き，「山内通達」の撤回を求め，国会，各政党に対して陳情活動を開始している[9]。

---

6) 「立ち上がった自動車道業者——偏つた運輸行政に憤激して」（『経済新論』1958年12月1日）。
7) 「山内通達の解剖／揺らぐ運輸行政」（『交通経済』1958年8月1日）。
8) 同上。

III 「供用約款」,「限定免許」問題　　　217

　59年4月になると，前年7月に荒木次官名で内閣法制局に問うたものと同じ内容の問い合わせが，高知県交通の供用約款認可の後の57年7月にあり，58年5月19日に法制局の回答がなされていたことが明るみに出た。運輸省当局が隠し続けてきた「五・一九回答」の存在を知り，ショックを受けた永野運輸大臣は，4月辞職する。

　「五・一九回答」は，バス免許は道路所有者の承諾を得ることなく行政庁（運輸省）の権限として与えることができるが，それは事業経営についての法的地位を与えるに過ぎず，免許を受けた者が実際にその道路を利用するに当たっては所有者から「その供用を得なければならない[10]」，即ち承諾が必要だ，というものであった。これによれば，実質上，道路所有者側に「供用」を与えるかどうかの権限があることになり，好ましくない者には与えなくてもよいことになる。万座線の認可は「五・一九回答」に沿ったものと言えるが，58年7月，荒木次官はそれを覆そうと更に法制局に照会し，山内局長は再度の照会に対する回答を待たずに一方的な通達を出したのであった。

　さて，58年7月の照会から1年以上経った59年9月8日，内閣法制局は，「拒否を条文に入れるのは違法と解釈できる」「拒絶に等しい無理な契約を求めるのは違法性が強いようだ」との回答を示した。これは「山内通達」を事実上追認するものであったが，他方で，「自動車道事業者に対して一社または数社に限って使用できるという「限定免許」をやってもよいか」との運輸省の照会については，「合理的理由があればよろしい」と回答したという[11]。これによれば，他社バスを締め出すことも可能となる。運輸省の面子を保ちつつ，堤や全国自動車道協会の要求にも応えた，いい加減な回答であった。なお，「限定免許」とは，道路運送法第47条3項の「自動車道事業の免許は，通行する自動車の範囲を限定して行うことができる」という規定に根拠を持つとされる[12]。

　時既に，辞職した永野に代わって楢橋渡が運輸大臣となっていた。堤の

---

9) 「政府・国会に陳情開始／運輸省，苦境に立つ」（『交通新報』1958年11月14日）。
10) 「許されぬ職権乱用／業界更に闘争体制固む」（『交通新報』1959年6月8日）。
11) 「車の乗入れ拒否は違法／自動車道事業で回答」（『朝日新聞』1959年9月9日）。
12) 菅沼伸五「十年ごしの箱根紛争――南新運輸大臣に要望」（『経済新論』1960年8月1日）。

『苦闘三十年』によれば，楢橋大臣は堤に対し，上記法制局回答に沿って妥協し，供用約款の「特約」条項の取り下げを要請した。堤側はそれを了承して取り下げ，「限定免許」の交付を期待したという（179頁）。堤はこれがどの専用道路についてのものかは書いていないが，万座線では，59年10月「特約」条項を削除して再申請が行われている[13]。また，箱根の3専用道路（民営一般自動車道）の免許が60年6月満了となることから，59年9月14日，伊豆箱根鉄道は「限定免許」への切り替えを申請した[14]。その申請書は「同有料道路を通行する定期バスは自分の会社だけに限ってほしい」という「限定免許」の条件を付けていた。前記59年9月の法制局回答に言う「合理的理由」に関しては，「道路建設にあたって貢献大なるものがある」と述べたという[15]。

これに対して箱根登山鉄道は，59年12月から翌年3月にかけて3度の上申書を提出し，それを認可しないように主張した。要点は，援用する民事法学者兼子一の説，「一般自動車道はもっぱら公開的な性格をもったものであるから，通行する自動車の範囲を限定する場合も，公開性に反する限定は許されない[16]」というに尽きる。そして箱根登山鉄道は60年2月17日，伊豆箱根鉄道の早雲山線に定期バス運行の免許を再申請した[17]。

こうした中で，楢橋運輸相は，60年3月28日伊豆箱根鉄道の代表を，4月8日箱根登山鉄道の代表を，それぞれ呼び，おのおのの言い分を聴取した。それから間もない4月15日，自民党政調会長の船田中から，楢橋運輸相・村上勇建設相に，限定免許は慎重に取り扱うようにとの要請があった。そこで楢橋運輸相は，安保条約改定問題で大揺れの政局の最中の7月9日，運輸省大会議室で大臣主催の聴聞会を開いた。この場で，堤康次郎は自ら熱弁を奮って東急・小田急側を激しく責め立てたが，方向性が示されないまま，第二回聴聞会を7月14日開くことにして散会となった。しかし，この7月14日，第三次岸信介内閣が総辞職したため，運輸大臣も代わり，結局，第二回聴聞会は開かれなかった。59年12月には，伊豆箱根鉄道が新設

---

13) 「横車を押す小田急－険悪化した西武と小田急，その原因は一体何か」（『経済新論』1960年2月1日）。
14) この月日は前掲『小田急五十年史』370頁の年表記事による。
15) 「風雲急を告げる箱根山」（『月刊時事』1960年4月号）。
16) 前掲『小田急五十年史』355頁。
17) 「箱根同席の実相（その二）」（『交通経済』1960年3月1日）。

した駒ヶ岳線（芦の湯・蛸川間）に対しては限定免許が下りていたが，早雲山線・湖畔線・十国線の限定免許は60年になっても下りないまま時間が推移していった。

IV 箱根紛争の終結とその歴史的意味

こうして限定免許問題が容易に決着しない中，内山岩太郎神奈川県知事から早雲山線・湖畔線の買収案が堤康次郎に示されたのを受け，堤は，伊豆箱根鉄道の幹部全員の反対を押し切って応じ，箱根紛争を終結させることにした，という。湖畔線は1961年4月に，早雲山線は同年10月，神奈川県に買収されていく。

買収譲渡に当たり，堤側は，「路線の大改修，完全舗装をした上で，価格の点についても忍び難きを忍んで，神奈川県よりの申出価格をそのまま鵜呑みにして同意をした」という。堤は，「最近，自動車専用道路の建設費は非常に高く」，「芦有自動車道」の場合，キロ当たり2億4,800万円という相場であるが，神奈川県にはキロ当たり6,500万円で有償譲渡した，ともいう[18]。早雲山線の買収価格は5億8,141万円余，湖畔線のそれは3億8,700万円，合計9億6,841万円余であった[19]。

堤康次郎・伊豆箱根鉄道側は，憲法第27条の財産権を根拠に，民営一般自動車道の供用に当たっては，他社バス等の利用を制限・拒否できるとし，小田急・箱根登山鉄道側は，一般自動車道は開放性を持つから，他社バスといえども利用制限・拒否はできない，と主張する。法の解釈としては，確かに難しい問題と言えよう。この問題が公道化によってしか決着できなかったことは故なしとしない。

終始中立的な立場を取り続けた『交通経済』主幹・社長の駒津恒治郎は，58年段階で，両社の協調は無理であるから，国または県で買い上げ公道化せよ，と明確に主張していた[20]。同誌はこの問題について，言論界58名，バス事業者66社に対してアンケート調査を行った結果も載せている。言論

---

18) 前掲『苦闘三十年』190-191頁。
19) 「無料開放は10月中旬／早雲山線道路争いは11年ぶり解決」（『東京新聞』1961年9月28日，神奈川版）。

界の有識者からは，専用道路に一方的に他社バスを通すのはよくない，所有者の「承諾」が必要である，という意見が圧倒的であり，バス業界でも圧倒的に駿豆鉄道を支持する意見が多かった，としている[21]。駒津はこうしたアンケート結果を踏まえて，買収，公道化を打ち出していた。

公道化については，次のような堤側の説も流れている。

「堤側が，早雲山線は，あくまで伊豆箱根鉄道の「私道」であり「専用道路」であると主張し続けたからである。これに，箱根登山のバスを通すことは，法律的にも経済的にも許されないと言うのである。だから，もしそれを強行するならば，国または県でこの専用道路を買上げ公道とすべきで，事実，運輸省もその方針で臨み，神奈川県も諒承，予算を組むまでになっていたのを小田急側が，この買上資金で，堤側に，あらたな競争力が加わることを恐れ，この計画を中途で破壊したというのである[22]。」

この文章から，堤康次郎は早い時期から買収，公道化を容認する考えを持っていたことが窺われよう。また，これが事実だとすれば，運輸省・神奈川県の意向を，小田急側の利害打算が潰したことになる。きわめて興味深い事実と言わねばならない。なお，この言説は，後述のように，必ずしも堤側に好意を持っていない三鬼陽之助のものである。

このことからも明らかなように，箱根紛争の主要な原因は，五島慶太を総帥とする東急グループと，それと癒着する運輸官僚が小田急・箱根登山鉄道側に有利な施策を強引に展開したことにある。「運輸省は東急の士官学校」とまで言われるように，東急グループが運輸官僚の天下りを受け入れ，故に現職官僚に影響力を行使できる構造が存在した。このことは周知のことであり，堤側も事あるごとに書き立てていた。

小田急・箱根登山鉄道には，自社資本による箱根観光客の一貫輸送体系の樹立が戦略としてあった。故に，56年，早雲山線への乗り入れが絶たれると，早雲山から箱根観光船の桟橋がある桃源台に直行するロープウェイの建設に取り掛かる。59年4月本格着工し，12月には早雲山・大涌谷間が開通し，60年9月には桃源台までの全線が開通した。これで伊豆箱根鉄道

---

20) 駒津恒治郎「箱根問題の結論」(『交通経済』1957年4月1日)。
21) 同前。
22) 三鬼陽之助「決戦箱根山」(『中央公論』1957年8月)。

の専用道路を利用しなくても箱根登山鉄道の終点強羅からケーブルカーで早雲山に客を上がらせ，それをロープウェイで桃源台に運び，箱根観光船の遊覧船に乗せるという一貫交通体系が完成した。ロープウェイ完成によって伊豆箱根鉄道の早雲山線を利用するバス客は大幅に減少したという[23]。堤康次郎が内山神奈川県知事の要請を容れ，早雲山線等の買収に応じた背景には，こうした現実があった。

　56年7月の箱根登山鉄道バスの乗り入れ禁止の措置は，仮処分決定の後，本訴となり，横浜地裁小田原支部で争われていたが，59年4月30日，伊豆箱根鉄道側の主張を認める判決が言い渡された[24]。箱根登山鉄道側は高裁に控訴したため，裁判は続くが，法廷闘争は堤側に有利に展開していたことは間違いない。また，限定免許問題でも小田急・箱根登山鉄道を追い詰めていた。しかし，箱根観光の主導権は，ロープウェイ完成を機として，小田急・箱根登山鉄道に移っていくことになる。

　10年余にわたる箱根紛争の過程で，実にさまざまな言説が飛び交ったが，一般には，醜悪なる泥仕合，と見られていた感が強い。獅子文六の小説『箱根山』は，60年7月運輸省大会議室で行われた限定免許に関する聴聞会の様子を描写する場面から始まるが，全体的に泥仕合を揶揄する視点から書かれている。その中に次のような一文がある。「一番，ズルイ男は篤川安之丞で，いいたいことは，散々，いってのけた後で，ヤジと怒号が高まってきたのを口実に，〔中略〕サツサと，退場してしまった[25]」。篤川安之丞は堤康次郎のことである。読者は，堤はズルイ奴という印象をもつことになろう。

　評論家の青地晨は「五島慶太と堤康次郎」（『中央公論』1956年2月）の中で次のように言っている。「箱根合戦を一言でいえば，攻める五島に守る堤である」，「堤康次郎という男は，たしかに五島よりも複雑で芸がこまかい。五島が東南アジア式の粗放経営の水田とすれば，堤は日本型の集約農業である。経営面積は少ないが，反当収入は何倍か上回っている」，「最後に蛇足を加えれば，筆者はどちらかといえば五島の方が好ましいが，株を買うなら堤の株である」。ここから読者は，堤を陰湿な性格と思うこと

---

23)　「箱根紛争の真相－横車を押す小田急」（『経済新論』1960年5月1日）。
24)　注4に同じ。
25)　獅子文六『箱根山』新潮社，1962年7月，18頁。

になろう。

　また前出の三鬼陽之助は前記「決戦箱根山」において、「五島と堤によって展開されている『決戦・箱根山』は、見方によって、有無相通ずべき天下の法則にたいする反逆事件である」、「世間一般の同情は深く、小田急－安藤に勝たしたいといったモラルサポートは強いようである」。堤はモラルが劣る、と言いたげである。

　更に『交通経済』主幹の駒津恒治郎は前掲『五島・堤風雲録』の「あとがき」で次のように述べている。

　　「五島さん、堤さんのようなえらい人は、もうこれからの時代には一寸出現しないかも知れない。時代も変つているし、このような二人は、到底ちよつと考えられないほどの優れたものがあるように思われる。
　　　しかし、ある雑誌で次の時代を狙う少年達に、「将来何になりたいか」とアンケートをとったところが「五島慶太さんのような人になりたい」という答が圧倒的に多かったと聞いて……」。

　これまでたびたび述べてきたように、『交通経済』および、その主幹の駒津恒治郎は中立的立場に立っている。その彼が、アンケート結果として五島慶太のような人物に憧れる少年が多いことを指摘しているのである。

　高級官僚の天下りが問題視され、規制緩和の必要が叫ばれる今日からすると、戦後間もない昭和40年代後半から50年代は、今日とだいぶ違う政治文化の中にあったことが浮かびあがってくる。東急グループと運輸官僚の癒着は半ば公然であった。東急グループの総帥五島慶太は戦時統制経済の下で「大東急」を率い、44年2月から約半年、運輸通信大臣を勤めた人物である。「大東急」は戦後、東急、小田急、京急、京王帝都に分割されるが、戦時体制下で作られた人脈は続いていた。そして戦時統制政治の中で確立した行政の政治的優位性＝官僚主導政治が戦後も無傷のまま持続していた。

　そして、一般の人々も、そうした政治のありかたを当然視して違和感を持たなかった。それが当時の政治文化なのであった。こうした政治空間、政治的力が作用する磁場の中で、箱根紛争が存在したことを看過してはならない。50年4月、駿豆鉄道が箱根登山鉄道バスの乗り入れを認める協定書をしぶしぶ締結せざるを得なかったのは、こうした政治的磁場があったからである。この政治的磁場に対抗したのが堤康次郎であった。その手法

は，訴訟とパンフレット等を作って世論に訴えることであった。勿論，堤の政財界における人脈を使ったさまざまな工作も行われたであろう。だが，戦前から続く東急－運輸省の人脈の強さは固かった。官僚主導政治の政治文化が戦後も根強く存在する中で，それに風穴をあけ，政治文化の改革を迫った戦後史の一駒として，今日，箱根紛争の意味を考えることができるのではなかろうか。

(阿部　恒久)

第9章

プリンスホテルの生成

―――――――

　1951年のサンフランシスコ講和以降,ホテル,宮家邸等の占領軍接収が解除され,収益の見込める駐留軍関係者と貴重な外貨をもたらす良客であるアメリカ人観光客を対象に,康次郎の都市ホテル事業は,宮家邸を利用しての高輪・赤坂・横浜プリンス開業から東京プリンス新築と続く。接収解除,駐留軍という経営環境を利用するとともに,政府のホテル助成策を活用している。国民宿舎創設に見られるような昭和30年代中葉からの観光・旅行熱を経営環境として利用するのが,リゾート地で経営する宿泊施設の拡充である。箱根・軽井沢での宿泊施設,スケート場,ゴルフ場,スキー場などのレジャー施設拡充は,経営地を一体としての観光開発であり,都市ホテル事業は,運輸,観光バス・貸切団体バスを中心とする自社バスを経営資源としての事業の広域展開とともに,西武グループを全国ブランドに押し上げるものであった。

I　プリンスホテル

　康次郎は,今東光との対談で次のように語っている。
　　「終戦直後,ホテルを十くらい,華族や宮さんがたの建物を利用して外人客のためだというて作ってみた……。そういうホテルがあったからみな土地が残ったんだ。ホテルがなかったら,土地を分けてみな売ってしもうとる。……いままでの損や建設費は,その土地の値上がりで十分カバーできる。ホテルをやろうと思って,芝公園の増上寺の横

へいま計画をたててます……[1]。」

ここで康次郎の念頭にあるのは，戦後西武鉄道が取得した旧皇族・華族の土地と邸宅であり，ここから後のプリンスホテル・ブランドの中核となる都市ホテル群が生まれた。初期の旅館・ホテル業は軽井沢・箱根での別荘地開発のための言わば付帯事業であったので，都市ホテル事業の展開はこれらとは別の新事業分野であった。

54年の国土計画興業職員録から，康次郎が経営する旅館・ホテルとその所有会社を一覧にすることができる。この内，1から13は，1952年7月の国土計画興業会社経歴概要で挙げられていたものであり，これが2年間で30となった。特筆すべきは，西武鉄道所有のものが豊島園の池畔亭を含めて11に挙がっていることであり，戦後の首都圏土地取得と康次郎が経営してきた従来の旅館・ホテル事業から都市ホテルへの展開にとって，経営地でのレジャー施設拡充の場合同様に，鉄道の資本が不可欠であったことを示している。国土が所有しているのは軽井沢・箱根が中心で，都内では，52年の概要にもある，グリーンホテル，旅館細川，旅館松平であった。品川と目白の細川は旧細川公爵邸で，910坪と8,418坪にあった屋敷を利用したものであり，この内目白は52年に国土所有であったが，54年には西武鉄道所有に移っている。旧松平公爵邸であった四谷信濃町の松平は，3,600坪に立つ850坪の御殿造りで外国人向けの豪華ホテルであったという[2]。

国土計画興業経営の旅館・ホテル

1	グリーンホテル，小石川	16	藤ホテル，麻布，（西武鉄道）
2	旅館細川，品川	17	プリンスホテル，高輪（西武鉄道）
3	旅館細川，目白（西武鉄道）	18	毛里ホテル，高輪（西武鉄道）
4	旅館松平，四谷	19	松濤ホテル，渋谷（西武鉄道）
5	三養荘，伊豆長岡	20	伊達ホテル，大井（西武鉄道）
6	大仁温泉ホテル，伊豆大仁	21	池畔亭，荻窪（西武鉄道）
7	滄浪閣，大磯	22	多摩湖ホテル，東村山（西武鉄道）
8	グリーンホテル，軽井沢	23	芙蓉亭，駒込（西武鉄道）
9	観翠楼，軽井沢	24	共承閣，東村山（西武鉄道）
10	晴山ホテル，軽井沢	25	池畔亭，豊島園（豊島園）
11	プリンスホテル，軽井沢	26	伊達ホテル，代官山（富士興業）
12	常磐屋，万座	27	湯の花ホテル，箱根（駿豆鉄道）

---

1) 堤康次郎『叱る』有紀書房，1964年，263頁。
2) 由井常彦『堤康次郎』エスピーエイチ，1996年，361頁。

13	大和屋，万座	28	八景園，横浜
14	大観楼，軽井沢（休業中）	29	ビーチホテル，二宮
15	押立ホテル，軽井沢（休業中）	30	鶴見ホテル，鶴見

出典：「国土計画興業会社経歴の概要」(1952年7月1日)，「国土計画興業職員録」(54年4月1日)，（　）内は土地所有者。

こうした旅館・ホテルについて，康次郎は次のように語っている。

「終戦後，外国人を泊めるホテルがないので，皇族や華族の大邸宅を改造し，ホテルを十数ヵ所造った。吉田茂さんは「堤さん，ホテルというものは，3代くらいでようやくものになる。そんな無茶なことをしてやっていけるものではない」と忠告してくれた。……吉田さんの忠告通り失敗であった。その後，これを全部取り壊して，鉄筋の新しいホテルを次々に造った[3]。」

都市ホテル事業を本格化するのは，西武鉄道所有地での53年の（高輪）プリンス，53年開業で56年に麻布プリンスと改称するホテル藤，54年の横浜プリンス，55年の赤坂プリンスと続き，60年に高輪，赤坂，横浜での新館建設，そして，オリンピックの64年に開業する東京プリンスでプリンスホテル・ブランドを確立する。この過程で，国土所有の旅館細川・松平や松濤・伊達ホテルなどの名前が消えてゆく。

本章の冒頭で康次郎が言う，ホテル経営の結果土地保有ができたのは，高輪別館（ニュー毛里），高輪，赤坂，横浜および東京プリンスホテルであり，これらの土地はいずれも旧皇族・華族邸を西武鉄道が土地取得している。高輪は51年と53年に竹田宮家と北白川宮家から，赤坂は54年に李王家から，東京は50年から数年間かけて徳川家から，横浜は54年に東伏見宮家から，それぞれ取得したものである。更に，81年に営業を終了する麻布は旧藤田邸（それ以前は鷹司邸）であり，戦後外務大臣・首相公邸として吉田茂が使用し，白金プリンス建設を計画するが住民の反対にあい，81年に東京都に売却する白金迎賓館は朝香宮邸であった。

プリンスホテルの名称は，国土計画興業が47年8月に取得した軽井沢町長倉（千ヶ滝）所在の朝香宮家千ヶ滝別邸に由来し，66年度版国土計画の社員読本においても，同社直接経営のプリンスホテルはここのみであり，

[3] 前掲『叱る』64頁。

客室は洋室7，和室2で，収容人員19名とされているが，一般営業をしていたか否かはこの読本では不明である。

　猪瀬直樹は，千ケ滝のプリンスホテルはホテル業として保健所登録をしていないことから，「ホテルと考えるからつじつまが合わないのであって，西武が皇太子に御用邸を提供し，その代わりにブランドを借用する，と解釈すればわかりやすい[4]」としている。この解釈に立つと，皇太子と軽井沢の関係は，家庭教師エリザベス・G・ヴァイニング夫人が49年の夏に皇太子と学友3人を借りていた三井の別荘に招いたことから始まり，皇太子が旧朝香宮別邸で夏を過ごすようになるのは翌年からであるから，プリンスホテルの呼称が可能となるのは50年以降となる。しかし，日本ホテル協会の正史とも言うべき『日本ホテル略史』に興味深い記載がある。48年3月として，「軽井沢千ケ滝所在旧朝香宮別邸旧箱根土地によりプリンス・ホテルとして改装さる。(昭和3年建築，敷地1万坪，延建坪225坪，鉄筋コンクリート2階建，洋室10[5])」。同じく，4月として，「運輸省観光課調査の進駐軍その他外人のホテル利用状況」が収録されており，軽井沢町についてみると，万平，三笠，パーク，グリーン，ニューグランドなど戦前からの主要なホテルは全て進駐軍利用対象となっている。グリーンホテルは言うまでもなく箱根土地以来の経営である。康次郎は，47年8月14日付で国土計画興業に名義変更した朝香宮別邸の土地と建物（千ケ滝）の有効利用を考えたのであり，終戦後の混乱期であるから別荘客を期待できない代わりに，近くのグリーンホテルと一体として経営することで進駐軍を顧客とする方策を採り，同時に，外人にアッピールする名称としてのプリンスであったと思われる。50年以降，皇太子が軽井沢で夏を過ごすようになると，主要なホテルは進駐軍関係者が押さえられており，旧朝香宮別邸が規模的にも宮内庁借上げに適していたのであろう。堤が借上げに対して料金を得ていたか否かは不明である。想定できるのは，無償提供したとすれば，53年の高輪でプリンスホテルの名称を千ケ滝以外で初めて使用することに何の躊躇も感じなかったであろうことである。旧竹田宮邸の洋館がそのままホテル施設として利用されるのであり，竹田宮家の菊マークが随所に刻

　　4）猪瀬直樹『ミカドの肖像』小学館，1991年，51頁。
　　5）『日本ホテル略史』1946年と『続日本ホテル略史』1949年は運輸省観光部刊行であるが，以降は日本ホテル協会刊行となる。

み込まれていることもプリンスホテルのイメージを高める効果があった[6]。そして，その後の一連のホテルでブランド名としてプリンスが使用されるようになる。68年には，亀倉雄策がデザインした菊のマークが共通ブランドマークとなる。

　プリンスホテルの名称を付け都内で営業開始する高輪・赤坂とも，土地取得直後からの営業となっている。旧宮家邸等の多くが進駐軍関係者の宿泊・娯楽施設として接収されていたのであり，51年9月8日のサンフランシスコ講和会議での平和条約締結以降，接収施設は逐次解除されるようになる。例えば帝国ホテルの接収解除は52年3月であったし，軽井沢のグリーンホテルが正規営業に戻るのもこの年の5月であった。他方，国土計画興業経営で49年11月に営業開始した晴山ホテルは，52年から駐留軍のレストホテルとなっている。康次郎は，接収解除を睨んで土地取得と名義変更を行ない，既存の建物をそのままホテルとして利用するのであるが，康次郎の異業種参入の事例から推測すれば，運営は進駐軍関係者の宿泊・娯楽施設時代からの従業員をそのまま引き継いだものと思われるし，外国人対象のホテル経営の経験は旅館細川や松平で十分に蓄積していた。更に，高輪・赤坂プリンスの経験が積み上げられてゆき，東京プリンス開業にあたり康次郎は，「ここの従業員も外部から引き抜きをしないで，全部内部の者ばかりにした。…考えてみると，シロウトの社長がシロウトの社員を集めて，よくやってきたと感慨無量であり，今昔の感に堪えない」と語っている[7]。

　旧皇族・華族の土地取得ないしは名義変更が，47年の朝香宮軽井沢別邸を除くと，50年以降の数年間に集中している。皇族・華族等が土地を手放すことになる契機として，46年5月23日「皇族の財産上の特権剝奪に関する5・21付覚書」と47年3月13日「華族世襲財産法の廃止」が挙げられているが，皇族・華族の納税対策として説明するには康次郎の土地所有権移転までに時間が開き過ぎていることから，何らかの形で予め手付があったのかも知れない。衆議院議員として，また，西武鉄道経営者として，進駐米軍の情報を入手しうる立場にあった康次郎にとって，51年の講和と講和

---

6) 前掲『ミカドの肖像』105頁。
7) 堤康次郎『叱る』65頁。

後の接収解除が視野に入ったことが，土地・建物買収，その後の駐留軍関係者対象のホテル営業に踏み切らせたのであろうし，また，後に芝公園地徳川家土地取得の例で触れるように，旧皇族・華族が納税のために重ねた負債を一緒に引き受けることで有利な地価で取得することができたのであろうと，想定できる。

顧客も以前から利用していた駐留軍関係者をはじめとする外国人であった。『日本のホテル小史』は，この間の事情を次のように述べている。「政府からの奨励策もあり，外国人用のホテルを造れば必ずもうかるといった状態にあることに民間企業が目をつけないはずはない。そのころから旧皇族や旧華族の邸を買収して，将来の不動産価値を見込むとともに，これをホテルに改造して営業する動きが民間企業の間に目立つようになった。このようないきさつで誕生したのが，「赤坂プリンス・ホテル」，「高輪プリンス・ホテル」などであった。しかし，こうしたホテルの利用は外国人だけに限られ，日本人には，まだホテルの門は固く閉ざされたままであった[8]」。

『日本ホテル略史』でプリンスホテルを辿ってみると，53年8月2日に帝国ホテルで開催された緊急臨時理事会で，議案第1号として「プリンス・ホテル，プリンス・ホテル別館，ホテルフジ，ホテル松涛，山ノ上ホテル，東京グランド・ホテル，博多日活ホテルの7ホテルより加入申入れの件」を決議し，入会承認可決している。即ち，プリンスホテルとはこの時点では高輪と高輪別館であり，ホテル藤と松濤を加え4ホテルの加盟申請をしたのである。更に，同年10月13日の第44回ホテル登録審査会が運輸省観光部長室で開かれ，プリンスホテルの政府登録国際観光ホテル登録申請が審議され，登録適格と議決し，10月18日付で登ホ第59号で登録された。プリンスホテル別館が登ホ第62号で登録されるのは55年3月14日である。この高輪プリンス別館は，この年ホテル・ニッポンと改名し，米軍と契約して軍専用ホテルとなっている。3番目の都市プリンスホテルとして赤坂が営業を開始するのもこの年の10月1日であり，12月27日付で登ホ67号として登録される。

53年のホテル協会加盟と政府登録申請は，康次郎のホテル事業展開にと

---

[8] 村岡實『日本のホテル小史』中央公論社，1981年，198頁。

Ⅰ　プリンスホテル

って転機であった。51年9月広尾分室に初めて康次郎を訪ね，秘書として勤務した後，53年10月の開業担当としてホテル藤に派遣される神田謹一は，その回顧録で，協会加入と政府登録を積極的に上申していたことを述べ，以下のように語っている。「大将に，これまでのことを申し上げると，一瞬お考えのご様子だったが，「よしやろう」，と決断された。但し，「うちの西武百貨店も百貨店協会には加盟してないんだよ」とも付け加えられた[9]」。これは康次郎が都市ホテル経営を独立した一つの事業分野とする覚悟を定めた瞬間でもあった。旅館細川や松平に見られように皇族・華族邸の一時的有効利用と土地の分譲売却から，高輪・赤坂など立地を生かし，土地の継続所有と施設充実のための投資へと方向転換したことを意味している。しかし，この経営方針の転換が神田の上申に始まると考えるよりは，堤の経営手法の一つであったと位置づけるべきであろう。近江鉄道の担当者が，昭和30年代初めに伊吹山開発を上申した際にも，「観光という事に今気がついたか。決して遅くない」と述べて担当者を褒めているように，観光開発が既定の方針であることを踏まえつつ，部下の発意を尊重するという形を取ったのであろう。

観光白書によると，昭和20年代後半から来訪外客延滞在日数は急激に上昇しており，登録ホテル様式客室数の伸びを大幅に上回っているし，国際観光ホテル整備法に基づくホテル優遇政策の一つとしての52年の日活ホテルに始まる日本開発銀行特別融資の推移を辿ってみても，特に56年以降急激に増加している[10]。市場と国策の動向を時流として逸早く把握し，事業展開に結び付けて行く康次郎の特徴が，ホテル事業においても発揮されているのである。

康次郎が当初から都市ホテル事業を一つの独立した事業分野として位置づけ，統一的に運営してきたわけでないことは，その運営会社形態からも見て取ることができる。本書第6章で扱っているように，昭和31年（1956年）上半期西武鉄道有価証券報告書の関係会社貸付明細表は，それぞれ独立した運営会社である松濤ホテル，ニュー毛里，伊豆ホテル，細川ホテル，（高輪）プリンスホテルを貸付先として挙げている。この中で，長岡の伊豆

---

9) 神田謹一『私の回顧録』2002年，61頁，非売品。および『おうみ』1965年5月号。
10) 総理府編『観光白書，昭和41年版』116頁。

ホテルはその後伊豆箱根鉄道の直接経営となるし，ニュー毛里は高輪プリンス別館となり，56年6月設立の株式会社プリンスホテルが高輪・赤坂・横浜を経営することになる。上記有価証券報告書の関係会社有価証券明細書からこれらの会社の内容が読み取れる。これらホテル運営会社はそれぞれ額面500円の株式で，松濤ホテルは1万株発行，ニュー毛里，伊豆，細川，プリンスそれぞれ4千株発行で，西武鉄道が全株式を所有していた[11]。

都市ホテルの運営が次第に株式会社プリンスホテルに統合されていく。この間の事情を先に触れた神田謹一の叙述に基づき要約すると次のようになる。神田はホテル藤に開業担当として53年から3年勤務し，短期間他のホテルに勤務してから西武鉄道に新設されたホテル観光課に移動するが，当初は総員5名の職場であったという。この部署がホテル事業部となり，更に，株式会社プリンスホテルとして独立したのである，と[12]。

ホテル協会と政府登録は，日本のホテル業発達史そのものであり，『ホテル産業史』が詳論している[13]。ホテルという名称と形態については，09年10月の奈良県警指示に，「外人向けにおいてはホテルの呼称を用い，或いは，欧文をもってこれを公示する者あるにより，外人向けにおいては欧米のホテルと同様なる諸設備と体裁をゆうするものと誤解して之に投宿したる後頗る不便を感ずる者あり」とあるように，設備と体裁が旅館と異なるものとの認識があった。他方において，同年6月に横浜グランド・ホテル社長の提唱で日本ホテル組合 Japan Hotel Association が発足するが，農商務省は「全国旅館総数の4分の3以上同意をえた組合であれば認めるが，ホテルなる特殊の業者のみの組合は之を認めず」と，ホテル業者独自の業界団体の結成を認可しなかった。組合は更に，「10室以上の客室を持ち，談話室等の設備あるものを「ホテル」と認められ，普通旅館より分離されたい」との陳情を行っているが，これも却下されたので，組合を協会に改称している。

外国人を受け入れるホテルの必要性については，観光立国による外貨獲得とともに，国政の場でもたびたび議論されるのであり，16年9月には大隈内閣経済調査会合同部会第4号提案として，「外客誘致に国としての方

---

11) 本書6章6-10表。
12) 前掲『私の回顧録』63頁。
13) 木村吾郎『ホテル産業史』近代文芸社，1994年，163頁。戦前の記述は同書による。

策を樹つべき」と政府機関として観光問題について最初の決議をするが，大隈内閣総辞職により具体化できなかった。27年4月，田中義一内閣官民合同経済審議会が設置され，金解禁と関連して国際収支改善のため観光事業推進を決議し，総理大臣に答申しているし，29年3月の第56回帝国議会では，貴・衆両院から外客誘致建議が提出され，賛成多数で可決している。内容は，観光事業・政策は国が主導し援助すべきこと，国際観光局の設置，鉄道大臣諮問機関として官民72名による国際観光委員会設置などであり，翌30年鉄道省に観光局と諮問機関が設置された。観光局は，観光の名を付けた最初の政府機関であり，観光事業とホテルを施策対象とした。

観光局は，「様式設備をゆうすること」を基準に全国のホテルにアンケート調査を実施する一方，ホテルも「宿屋営業取締規則」による旅人宿に包括されており，一部の例外を除き宿泊客以外への飲食兼業を認められていなかったので警視庁と交渉を始めた。30年10月，警視庁保安部長からの各警察署長宛の依命通牒発布は「規定のホテルの設備を有するものに飲食兼業を認める」こととした。規定の設備とは，耐火建造物，談話室，13㎡以上の客室30以上，椅子卓子食堂，そして専門の女給であった。ちなみに，飲食兼業を認められていた帝国ホテルの29年における営業収入内訳によると，客室18.6％，飲食71.7％，その他9.7％であった。

31年には，鉄道大臣の寄付を得て，「外客誘致を目的とし，対外宣伝に関する事業を行う」国際観光協会が設立され，37年以降一般会計予算から補助金が交付されるようになるのは，幻となった40年の東京オリンピック対策であった。国際観光局は，大蔵省に働き掛け，「県市町村の公共団体が新・改築するホテルに限り，大蔵省預金部資金局より低利な長期資金融通」を実現している。最初の認可が大阪市設置の「国際ホテル」であるが，その後国際観光局融資斡旋したホテルを区別し，「国際観光ホテル」という名称で統計に別途記載されるようになる。上記『ホテル産業史』には，40年における全国主要ホテル一覧がある。客室101室以上の大ホテルは，帝国，山王，丸の内，第一，ニューグランド，富士屋，都，新大阪であるが，51室以上の中級ホテルの一つとして，軽井沢グリーンホテル（60室）が記載されている。

戦後の48年，旅館業法が制定され，旅館業法による宿泊施設として，ホテル，旅館，簡易旅館，下宿の4種類に分類され，それぞれの基準設定に

応じて都道府県知事の認可対象となった。49年には国際観光ホテル整備法が制定され、同法が定める基準に適合するものが、外人客の宿泊に適当な設備基準を満たすものとして政府登録を受けることができ、助成対象となった。同法を適用して最初に建築されたのが、52年の日比谷日活ホテルであった。整備法が言う設備基準とは、シングル客室で、日本間の4畳半にあたる8.26㎡を居室とし、3畳(4.95㎡)のバスルーム、計14㎡弱という世界でも類を見ない小型客室であった。助成融資は、運輸省観光部の斡旋を経て、資本金1,000万円以上の会社に、日本開発銀行が行うものとした。資本金1,000万円以下について中小企業金融公庫が融資担当となるのは、東京オリンピックが目前となる62年からである。登録ホテルの90％以上が開銀融資を受けており、融資比率は建設資金の20－25％を占めた。新設ホテルは、平均して自己資本比率が10-15％と低かったので、市中銀行から融資を受ける前提条件として開銀融資が位置づけられていた。また、政府登録国際観光ホテルに対する地方自治体の固定資産税軽減措置があり、税率・税額・課税標準額の軽減で、課税軽減割合は殆どの地方自治体で50％に及んでいた。同様な措置が旅館に対しても行われるようになり、政府登録旅館の基準も定められた。国際観光振興と外客誘致を目的に、59年制定の日本観光協会法に基づき特殊法人日本観光協会が設立され、政府は62年に1億円の出資をしている[14]。

経済白書が「もはや戦後ではない」と謳う昭和30年以降の観光ブームは著しかった。旅館業法で簡易旅館に分類される公営国民宿舎が生まれる59年の国民宿舎宿泊客数は10万1,000人であったが、63年には89万5,000人に増加している。ホテル協会加盟ホテルでの日本人宿泊客数も61年の83万人から63年には158万人となっている。56年に3万5,000人であった外国人観光旅行者数も63年には15万8,000人であった。

64年の東京オリンピックを契機に登録ホテル数が激増し、60年の84から70年には183となっている。設立者の資本関係で分類すると、183ホテルの内、37％がホテル専業者、33％が運輸関係業者（電鉄23％、バス・タクシー7％、船・航空3％）、26％がその他としての新聞、金融機関であったが、電鉄系ホテルの8割がこの10年間に建設されたものであった。オリン

---

14) 総理府編『観光白書、昭和39年版』111頁、130頁。

ピック前後の東京地区における主要ホテルは以下の通りである。帝国（客室数811），第一（1245），パレス（409），ニュージャパン（511），東京ヒルトン（478），銀座東急（432），オークラ（491），東京プリンス（509），高輪プリンス（322），ニューオータニ（1047），夢のホテル（406）[15]。

　康次郎のホテル事業が業界で早くも確固たる地歩を築いているのが見て取れる。決定的なのが64年開業の東京プリンスホテルであることは言うまでもないが，その直前における62年時点での西武関係の登録ホテル・旅館を一覧すると以下の通りである。政府登録国際観光ホテル登録していたのは，高輪，高輪別館，麻布，赤坂，横浜の各プリンスホテル，更に，晴山，大磯，八景園の各ホテルである。政府登録国際観光旅館登録していたのは，湯ノ花ホテル・新館，西熱海ホテル，伊豆ホテル，グリーンホテル，観翠楼である。政府登録をしていないものとしては，白金迎賓館，豊島園ホテル，七里ガ浜ホテル，ホテル竜宮殿，仙石温泉ホテル，三養荘，大仁温泉ホテル，（千ケ滝）プリンスホテル，南軽井沢ホテル，万座温泉ホテル，万座観光ホテル，百泉園，伊吹山観光ホテルがあった。経営主体は土地所有と結びついており，株式会社プリンスホテルが経営する首都圏のプリンスホテルの土地は西武鉄道の所有であり，西熱海，仙石温泉，伊豆が伊豆箱根鉄道，伊吹山が近江鉄道であり，その他は国土計画興業の経営であった。リゾート地でのプリンスホテルの本格的展開は康次郎没後の義明の時代に入ってからであるが，ここでも国と地方自治体のホテル助成策を活用していると思われる。

II　芝公園地紛争

1956年7月16日の『毎日新聞』は，「国有財産の実態」を暴くシリーズの一環として，「増上寺の土地争い」と題し，以下の内容の記事を掲載した。
　「東京プリンスホテルが建設される芝公園地一帯は，明治3年12月の太政官布告により上地が命じられ国有地となるまで増上寺の寺領であった。翌4年9月，このうち徳川家墓地所のみが東京府告示によって

---

15)　運輸省観光部『ホテル業の現状と問題点』1970年，18頁。

徳川家に払下げられ，朱引図面添付のうえ27,080坪が私有地に変えられた。残余の国有地は，増上寺に無償貸与されている本堂がある境内も含めて，芝公園に指定され，東京都管理となっていた。昭和14年8月の「寺院等に無償にて貸与してある国有財産の処分に関する法律」（第1次処分法）に基づき，翌15年，境内地1，2，3号地22,678坪を公園地から除き，その後2号地にあたる部分を増上寺に無償譲与する予定となっていたが，戦時中のため手続き未了となった。22年4月の第二次処分法が制定されると，増上寺は翌23年4月改めて境内地28,631坪の無償譲与を申請し，当時の東京財務局は一部の公共施設用地などを除く27,651坪の譲与を許可した。この間，徳川家でも墓地20,233坪の保存登記をした。25年11月頃から以降数次に分けて徳川家から土地を買収する西武は，明治4年告示により徳川家の土地は27,080坪であり，このうち23,349坪を買い取ったと主張し，財務局および増上寺が主張する徳川家地所20,233坪との間に6,747坪の差異が生じる。財務局は増上寺への移転登記を保留する一方，増上寺は「所有権移転登記請求の訴え」を，西武は1号地に観光ホテルを建設すべく工事に着手するとともに「土地譲与処分無効の訴え」をそれぞれ国に対して起こしている。財務局がこれまで実測測量を行ってこなかったこと，また，明治4年の朱引図面原本の所在が確認できないことなどから，大蔵省の国有財産管理の無責任が明白である。」（原文は漢数字。以下同じ）

50年11月4日の不動産譲渡契約は，徳川家正を売主甲とし，国土計画興業を買主乙とし，それぞれ徳川家正代理安井正吾と国土計画興業常務取締役中島陟との間で取り結ばれている。安井は，『財政界』誌57年6月号によると，先代家達の時代から徳川家の家令を務める元陸軍中将であり，この時点で80歳となっている。譲渡契約の対象は，芝公園第一号地所在南御霊屋敷地5,550坪の内，台徳院殿墓所地を除く約3,000坪であり，乙が甲関係者による墓所への参拝に支障なくすることが条件となっている。土地は有姿のまま700万円で乙に譲渡し，実測の結果3,000坪を越える場合，坪3,500円の割合とした。土地の使用目的が契約書に定められており，第1条は「この土地は国際的ホテル建設の目的にて譲渡したるものなるをもって他の目的に使用せざるは勿論分譲等はなさざるものとす。尚ほその設計

には直ちに着手し6ケ月以内に工事を始むるものとす」としている。即ち，この土地は当初からホテル目的が不動産譲渡契約での条件となっていた。また，乙は契約成立と同時に代金全額700万円を甲に支払うが，第4条は，「所有権移転登記は乙の都合により乙又は乙の傍系会社名義になしうることを甲は承諾するものとす」と，資金調達の処理方法次第で登記名義を変更できるようにしてある。また，50年11月29日追加契約書が作成されており，実測による増加坪数を（坪3,500円）340坪とするとともに，台徳院墓所への参道敷地を900坪とし，坪当たり1,000円として計90万円を乙が甲に12月末までに支払うものとしている。

第三号地の譲渡契約が，同じく安井と中島の間で結ばれるのは51年4月30日付である。対象となったのは，御霊屋敷地11,875坪の内，墓所敷地を除く1万坪を有姿のまま2,500万円とし，実測による増加坪数については坪当たり2,500円とした。但し，前回の契約と異なるのは，第二条で「乙は譲渡代金を甲の請求に従い逐次支払うものとす」としたこと，また，第6条で「甲又は乙は，この土地の管理上，乙または乙の傍系会社の名義を必要とする場合には代金決済前においても所有権の移転登記手続を行うことを了承するものとす」としており，支払いが即金でなく，また，支払い完了前でも名義変更を可能とする契約内容であった。そして何よりも，第一号地の場合土地の使用目的を観光ホテルとしたのに対し，第三号地では対象が1万坪と大規模であったにも拘わらず，使用目的が契約に記載されていない。

同じく中島と安井の間で取り交わされた，52年12月26日の不動産譲渡契約によると，廟墓地4,788坪を坪当たり1,000円とするとともに，芝公園地内徳川家廟墓地内訳書が添付されている。これによると，東京府より徳川家に下渡された坪数を27,080坪とし，この内280坪が道路敷となっているほか，既に西武鉄道へ18,560坪，芝中学校へ386坪を譲渡しており，更に今回の契約で4,788坪が譲渡されるので，徳川家に残されるのは3,000坪余となっている。即ち，この時点までに中島と安井の間で譲渡契約された坪数は，端数を省略すれば23,348坪である。

徳川家の土地がどのように土地登記されてきたかを辿った記事を掲載しているのが，時代思潮社刊行の『大道無門』誌58年3月5日号であり，初めて登記されるのがいずれも52年11月24日で，徳川家正から西武鉄道への

売却となっている。第一号地2番の1の3,056坪67については日本興業銀行に2億円担保借入，第三号地2番の3，4，6の307坪，15,225坪96，6,446坪48については住友信託銀行2億円担保借入となっており，その後も断続的に57年8月6日まで登記が続き，合計15,494坪62が徳川家から西武鉄道へ名義書換されている，と伝えている。以上から確認できることは，譲渡契約当事者は国土計画興業であったが，西武鉄道の名義になっていること，西武鉄道の名義にすることにより銀行融資を受けていること，銀行融資額が52年までの譲渡契約にある金額を大幅に上回っていることである。差額は，ホテル建設資金を名目にしたのであろうが，東京プリンス着工は63年である。この間の事情を推測させるものとして，徳川家が芝の土地を担保に高利貸しから借財し，担保流れになりかかっている土地を引き取ったのが堤康次郎であった，と同誌は説明している。即ち，徳川家の土地は既に傷物であったのであり，負債分を含めて購入したことが第一号地，第三号地の箇所による価格差に反映していたと見ることができるのである。

また，この記事では触れられていないが，戦後墓所，増上寺境内及び関連施設に浮浪者が住み着き，防災・治安上問題となっていたこともあり，土地としては傷物であり，土地の管理とともに借財分を肩代わりすることにより買値を下げたと理解できよう。52年12月26日に小島正治郎と安井が取交している契約によると，西武鉄道が費用一切を負担し，徳川家所有の墓地の維持管理を受け持つことになっている。

増上寺との間に地割問題が生じるのは54年6月で，国際観光ホテル建設に先立ち，西武鉄道が，施設の一環として第三号地にモータープールを設置のための工事を開始すると，増上寺は占有地侵害であると仮処分を申請し，認可される。徳川家が売却したとする土地に払下げを受けた寺領が含まれているとの主張であり，以後訴訟合戦に発展する[16]。

この間，増上寺は所有する別の土地を売却するが，この土地が公園指定地であったことから指定解除を都庁関係者に働き掛け贈賄事件となり，増上寺大僧都で財務部長である稲田稔界と都建設局事務所長などが55年5月に逮捕される事件が起っている。芝公園地問題に一応の解決を見るのは，57年7月9日両者契約によってである。西武鉄道小島正治郎，徳川家正，

---

16) 岡野関治「芝公園地紛争問題の真理」，前掲『堤康次郎』360頁注1参照。

増上寺椎尾弁匡が和解契約書に調印し，これに渋沢敬三，河田烈，藤山愛一郎，堤康次郎が立ち会っている。12月27日には白金迎賓館で和解の宴が開かれた。52年9月26日付で基本財産1億1,670万4,300円をもって宗教法人「浄土宗」を設立した増上寺であるが，徳川家の菩提寺としての歴史から檀家が存在せず，顧問会，総代会という後援組織を持ち，渋沢以下がこれに当っていた。芝公園地の一部が徳川家に払い下げられた国有地時代から実測図がなく，徳川家への払下げ時の図面も紛失していたことから，国有地，徳川家所有地，徳川家から西武鉄道に譲渡された土地，増上寺への無償譲与地と錯綜しており，これらを交換分合することで地割問題を解決することとしたのである。そして，国有地払い下げの土地が含まれていることから，双方が懸案とする土地は文化施設として共同利用する方法が取られることとなった。この基本原則は，増上寺顧問会会長でもある芝中学校校長松本徳明の和解案であった。合意された具体案は，西武鉄道の土地を第一，第三号地に，増上寺の土地を第二号地に集約すること，西武鉄道は国際観光ホテルを造り，増上寺が大本山にふさわしい大伽藍を建立し，観光外人客に日本古来の伝統と仏教の真髄に触れさせ，共に国家のために貢献すること，そして，両者協力して三康文化会館と三康学園を創立する。このため，土地の使用権を増上寺が提供し，建設資金を西武鉄道が負担するとともに，新設する財団法人の理事数も両者から同数とする。財団法人及び学校法人設立寄付行為にあっては，宗教法人増上寺より無償にて使用権を本法人に提供する物件以外の基本財産および運用財産は西武鉄道株式会社が本法人に寄付するものとする，と西武鉄道の財政負担を明記している。56年12月24日付で設立要綱も作成されており，財団法人仮称三康文化研究所は，教授12名，研究員24名，事務員7名，雇人3名の職員から構成されるものとしており，学校法人三康学園（仮称）は，1年保育30名，2年保育20名の幼稚園と1クラス30名の2クラス，計60名を入学定員とする小学校を経営するものとした[17]。言うまでもなく，国立学園小学校経営を踏まえてのものである。

　土地の地割については上記の『大道無門』誌によると，国有地は増上寺に払い下げられた後，西武鉄道と交換分合し，徳川家所有地を含め3者の

---

17)「芝公園契約書」。

土地は47,923坪となり，この内西武の所有地を31,494坪97と確定し，交換分合されることとなった。

　58年1月21日付『毎日新聞』は，西武鉄道が観光ホテル建設の整地作業に着手したことに対し，地元民，区役所，区議会が芝公園緑地保存期成同盟（仮称）を作り，反対運動に乗り出したと報じている。事実，2月には芝公園会長を委員長，港区議会建設常任委員長を副委員長，各町会長を実行委員とする芝公園緑地保存期成同盟が結成されており，3月6日に港区役所3階芝公会堂で「芝公園緑地保存区民大会」が開催されている。上記の『大道無門』は，ホテル建設工事は第一号地で始まり，大樹を伐り，弁天池を埋めるまでに進むとともに，第二号地の増上寺の裏手に「三康文化研究所」という木造1階建ての建物を造ったこと，しかし，増上寺が財団法人認可申請をしないので建物はできたが仕事らしいものは一向に行われていない，と伝えている。更に，この反対運動の背後に，外相就任のため辞任した藤山愛一郎の代わり増上寺総代会会長に就任した東海汽船社長小川栄一がいるとの説を紹介している。この時点でのホテル建設計画の実態は不明であるが，西武鉄道の反対運動への対応は早く，第一号地での芝ゴルフ場の59年12月営業開始，第三号地での芝ゴルフコースの61年10月営業開始に見られるように，ホテル建設を一旦は引き退いている。

　和解に合意した西武鉄道と増上寺であるが，和解契約履行にあたり両者の相互不信は根強く，交換分合にあたっては相手の出方を見ながら互いに小出しの対応をしている。58年1月13日，小島は椎尾大僧正に宛て，所有権移転登記手続が済んでいるのは第三号地のみであること，第一号地でのホテル建設，研究所，学園創立の阻害要件となっていることを指摘するとともに，財団法人設立資金の一部を既に銀行預託にしていることを伝える。これに対する，1月17日付小島宛椎尾返書は，当寺が第三号地の土地を西武鉄道に移転登記済みであるにも拘わらず，第三号地での当寺宛移転登記が未済であること，第一号地での移転登記未済であるが西武鉄道の計画事業遂行に協力していること，財団法人・学校法人設立に当たっての西武鉄道の財政負担分があり，「各契約事項が全体的に相互関連をもって併行的に実現されて行く」ことになっている「紳士協定」であることを強調している。また，58年1月とのみの日付であり，発送されたか否かは不明であるが，椎尾宛小島文書の控えには，「昨年8月下旬東海汽船社長小川栄一

氏が西武鉄道の宮内常務に対し，大島・熱海間の航路の出願の取下げを強く要望された折，自分は増上寺の檀家総代であることを記憶してくれとの事でありました」，「小川栄一氏は，椎尾大僧正と極めてじっ魂の間柄であり，大僧正の強い要望によって檀家総代になられた由であります」などの文章が含まれている[18]。

　2月14日，椎尾は研究所と学園の設立・実施計画案を小島に提出する。これによると，58年3月1日に財団法人許可申請を行い，引き続き研究所図書等の充実にあたり，59年1月31日には学校法人設立準備着手とし，この一連の実施計画に伴う費用概算を付している。そして，添書を「費用を契約書記載事項に準拠して立案致しましたことを御賢察の上，金額支払期日，支払場所銀行御指定の貴社振出の約束手形を予め一括振出し交付なし置き下さいますよう」と結んでいるように，相互不信の深さはここでも見られる。更に，2月19日付小島書簡への返書である2月26日付椎尾書簡は，事業実施予定の細部について回答がないばかりか，支払方法への要求に対し「保証に関する事項は全く契約になき旨に止まっておりますことは誠に遺憾に存じます」と述べるとともに，「貴書面によれば土地の交換登記がなされて財団法人の発足を見るという御意見は甚だ遺憾であり，すべて併行的同時履行の意義をもつものと確信」している旨を改めて強調している[19]。

　財団法人申請は増上寺側の担当であり，研究所設立費用は西武鉄道側の担当となっており，両者が土地の交換分合で睨み合った状態にあったことから，ホテル建設工事着工の条件を整えるため法人申請前に研究所発足に踏み切り，既定事実を作ったのであろう。57年12月，芝公園第二号地増上寺内を住所として三康文化研究所設立準備会を発足させたのが，前記の木造1階建て「研究所」であった。ここで利用されたのが，1902年財団法人として発足した大橋図書館である。博文館初代館主大橋佐平の遺志を継ぎ後継者の大橋新太郎が麹町の自邸内に設置したものである。博文館は，康次郎最初の著作『日露財政比較論』の出版社である。戦後，運営難に陥り，

───────

[18]　「芝公園問題に関する西武鉄道の要望書，昭和33年1月13日」，「芝公園問題にかんする増上寺の回答書，昭和33年1月17日」。
[19]　「芝公園問題に関する増上寺の回答書，昭和33年2月14日」，「芝公園問題に関する増上寺の回答書，昭和33年2月26日」。

53年2月図書館解散となるが、その蔵書一切を引き取ったのが康次郎であり、豊島園に図書館を開設する計画だったとされている。名称を三康図書館とし、芝公園地の建物を三康文化会館としてここに収蔵した。ホテル建設計画が本格化するとともに、60年4月には40余坪・5階建1万棚の書庫を建設している[20]。

三康文化研究所が文部省から財団法人認可を得るのが、康次郎没後の64年6月30日で、11月13日に開所式を挙行している。これに先立ち、6月15日、三康図書館理事・評議員会を理事長筑井正義の司会で開催し、図書館解散を決議した後、9月1日付で残余財産を三康文化研究所に引き渡し、附属図書館となる[21]。66年創刊の『研究所年報』第一号で、初代研究所長椎尾辨匡は、「中国では儒道佛三教といい、日本では神儒佛といい、また三国仏教というところから、三康の名を定め、文化研究所の名も定まった」と述べている。一説では、三縁山増上寺と康次郎の組合せとも言われているが、名称は57年7月の和解合意の時点で定まっていた。東京大学文学部長中村元等が研究指導員となり、実際の研究にあたる在室研究員としては、大正大学助教授石上善応、同講師小野泰博、早稲田大学助教授・大正大学講師峰島旭雄の3名が任命されており、事務局長には岡野関治が就任した。

この間の経緯の中で、土地の交換分合がどのように解決したかは不明であるし、また、当初合意されていた三康学園設立計画についても同様である。康次郎の急死により研究所設立後進められるべき学園設立が頓挫したのかも不明であるが、64年開業の東京プリンスは当初計画の第一号地ではなく第三号地に建設されている。

III　東京プリンスホテル

当初芝プリンスホテルと称した計画が、東京プリンスホテルの名称になった経緯は不明であるが、オリンピック来客へのアッピールを考えたのであ

---

20)　三康文化研究所「大橋図書館について」。
21)　筑井は、『堤康次郎傳』の作者である。また、評議員に国立学園小学校校長山本丑蔵の名前がある。

ろう。増上寺との和解成立後，康次郎が最初の渡米で百貨店ロサンゼルス出店を決定した59年に，東京オリンピックを目標にホテル建設に踏み切ったのであり，また，西武百貨店が資金調達とインテリア関係，西武建設が設計・工事管理を担当し，竹中工務店の建築施行で63年4月着工，地下3階，地上11階建，スイートルームを含めて客室510室，国際会議場，宴会場，ショッピングアーケード，レストラン等を装備し，建設費30億円を要し，その大半を百貨店が銀行借入で調達したとされている。そして，建設推進母体を百貨店に新設されたホテル事業部とし，清二が兼務した。ホテル運営会社として，東京プリンスホテル株式会社（資本金600万円，社長堤操）を新たに設立した[22]。

中嶋忠三郎によると，堤は当初20階建てホテル設計を西武建設に命じたが，当時の建築基準法では31メートル8階以下しか許可が下りなかった。建築基準法の改正を働き掛けつつ，法改正直前に着工しており，法改正後生まれた日本における高層建築第1号であるという[23]。

ホテル建設にあたっては，国際観光ホテル建設助成制度の利点を十分に検討し，活用したものと思われる。整備法に基づく施設基準を満たし，政府登録した場合の利点を担当者は以下のように理解している[24]。

1) 外貨の割当てがあること
2) 遊興飲食税の免税措置があること
3) 融資斡旋があること
4) 固定資産税の軽減があること（約半額，目下6大都市は適用されていない）
5) 耐用年数の短縮があること（償却が余計できる）
6) 国家が認めた水準の高いホテルとなれること

64年9月開業の東京プリンスホテルの仕様を同規模で62年開業のホテルオークラと比較してみると以下のようになる。敷地面積ではプリンスが倍以上大きく，プリンスとオークラの収容人員数は1,018人と961人，客室数

---

22) 前掲『堤康次郎』363頁。
23) 中嶋忠三郎『西武王国』サンデー社，2004年，81頁。
24) 『国際観光旅館メモ』。

は，509と491でほぼ同じであるが，建物延べ面積は49,000㎡と57,800㎡でオークラが大きい[25]。延べ面積に対する宿泊関係部分面積比は，28.4％と32.0％となるし，パブリックスペース比率も40.1％と31.6％となって，プリンスの方が宴会，会議室，ショッピング・アーケードなどパブリックスペース重視のアメリカのホテルの形態に近く，客室以外に収入源を求める経営姿勢であったことが見て取れる[26]。

康次郎急死の直前，広尾の自宅に桃の花が咲く頃，操夫人に英字新聞のインタビューがあったとして，その内容が以下のように要約されている[27]。この要約によると，地下3階，地上11階のホテルは，クラウンプリンス1室，特別室4室，一般スイートルーム17室を含む510室をもって9月1日開業予定としている。オリンピック後の経営困難を予測し，当初から料金表の適切化を目指す方針で，以下のような宿泊料金設定を予定していること，また，この料金レベルで日本のホテルの順位を考えれば第5位に当たると想定している。予定料金表は以下の通りである。

一般ツインルーム	11.10-15.20ドル
スイートルーム	41.6ドル
スペシャルスイートルーム	55.50-97.20ドル
クラウンプリンススイートルーム	138.80ドル

大規模な国際会議場と宴会場，レストラン街，商品店舗の充実に特に力を入れており，ショッピングギャラリーを充実し，客がホテルから外出しないでも買物ができるようにすることを目指している，と語っている。また，アメリカに2名，ヨーロッパに3名の職員をホテル研究のために派遣し，その結果に基づき，新ホテルの特徴として，ヨーロッパ式のサービス

---

25) 前掲『ホテル業の現状と問題点』18頁でも東京プリンスの客室数を509としており，510室を予定していたが，開業にあたり以下に触れるスイートルームのいずれかを営業から外したと考えられる。

26) 作古貞義『ホテル事業論』柴田書店，1983年，132頁。

27) 「首都における豪華ホテルの中で最終的にできる東京プリンス」。この要約には日時が記されていないが，『週刊新潮』64年2月24日号に操夫人の「週刊日記」があり，木曜日午後1時，英文毎日のインタビューがあり，東京プリンスホテルの概要，サービスについての抱負，経営のゆめ，将来の方針などを語ったとあるから，これが該当するものと思われる。

に米国式の管理方法と気楽さ、それに日本的雰囲気とムードを取り入れることにした、としている。更に、西武の事業活動は海外にも広がっており、百貨店のロサンゼルス進出、パリ出張所、更に、ハワイにおける西武トラベルは観光客を日本の西武の施設に送込んでいるとも述べている。

　アメリカに向かった職員は主として市場調査とオリンピック後に向けての営業活動が課題であった。64年2月のニューヨークなど各地からの報告書は、オリンピック訪日の人々は既に予定が固まっていること、むしろ、現地の旅行業者の話として、アメリカには世界旅行を楽しむ豊かな資産生活者が多数存在し、業界用語で「良客」と呼ばれるこうした人々を従来受け入れてきたのはヨーロッパ各地の著名ホテルであり、日本についてはオリンピックのような混雑時の旅行は敬遠していることを伝えている。各地の日本領事館や日本観光協会出張所も歴訪しており、そこでパンフレット等が置かれ、推薦されているのは従来から名前の知られているホテルで、帝国、オークラ、パレスに限られており、プリンスの名前がでることはなく、個別ホテルの営業活動を見ると、アメリカ資本のヒルトンを別にすれば、オークラは2か月に1度の割合でセールスマンを派遣しており、従来の名声にあぐらをかいてきた帝国も、犬丸一郎が旅行業者に頭を下げて廻るようになったことが話題になっており、パレスホテルの支配人もヨーロッパ経由で訪米しているなど、セールスプロモーションの大切さを訴えている。限られた外貨割当であり、各地で昼間訪問を続け、移動は夕食のでる夕方の航空便を利用しているとも報告している。ロサンゼルスでは、百貨店のおかげで西武の名前が通っており、プリンスはこの西武の名前に便乗することが有利であること、東京の受け入れを整備し、西武トラベル本社の司令が徹底すれば急速に伸びる可能性があるとしている。

　アメリカ人観光客が良客として訪れるヨーロッパでは、各地の著名ホテルを対象に、エントランスホールのレイアウトをスケッチし、ホテル経営とホテル業務の実務を学んでいる。パリのグランド・ホテル、フランクフルトのインターコンチネンタル・ホテルでは、フロント業務の実習をしており、人員配置、書類作成、予約管理、伝言・郵便の取り扱い、会計方式などについて詳細な報告書を作成している。部屋は無料で食事は自費として受け入れてもらっていた。また、パリのナポレオン・ホテルにはコックが実習のため派遣されており、ホテルレストランの訓練を受けると共に、

マキシム等の一流レストランでの実習も行っている。こうしたヨーロッパでの研修のアレンジをしたのが，シャンゼリゼー102番地に事務所を置く西武百貨店出張所長邦子であった。

邦子自身も客の立場に立ってホテル情報を報告している。ルームサービスで取ったアイスクリームの器に蓋がついているスケッチを描き，「熱いものは熱く，冷たいものは冷たく出す。これが最高のサービス」，「サービス，それは，プロフェッショナルな訓練によって身についてくる」，「ノーの言い方を客の人格をいためない様に，その感情を傷つけない様に，いつまでも快いひびきをのこすノーを言える訓練をしたい」など，父親顔負けのコメント癖を発揮している[28]。

ここで見られるように，東京プリンスは，良客アメリカ人観光客をターゲットに，ヨーロッパ式サービスに和風を加え，アメリカ式管理とパブリックスペースを取り入れるという明白なコンセプトを持っての出発であった。こうしたコンセプトの立案は従来の康次郎の旅館・ホテル経営にはないものであり，百貨店の国際化を進めていた清二の発案であったとも考えられる。清二は，グループ分裂後ホテル事業に積極的に関わっていくからでもある。

従来から百貨店のグループの旅館・ホテルへの関わり方は深く，調度とインテリアを受け持っていた。東京プリンスについては，開業1年前に見積を作成しており，カーテン，絨毯，食器，毛布，家具，ベットの見積総計は2億400万円であった。担当者は見積合わせの基本原則を立てており，以下の4点を考慮して製品，業者の選定を行うとしている。

A 経済性。予算が非常にきついが，プリンスホテルのイメージを損なわないこと。
B 製造能力，実績，アフターサービス。接客サービスなので，補修等に迅速なこと。
C 顧客還元。ホテルに対して，宴会を年3000人廻してくれるなど。
D 西武百貨店としての仕入れの立場。

---

28) 「外国よりのレポート」，「海外のホテルのメモ」。

III 東京プリンスホテル 247

特に興味深いのは,仕入れを担当する百貨店が納品先ホテルとの関係の従来のあり方を整理する契機と今回の業務を捉えていることと,ホテルへの関与をグループ経営の一環と位置づける意識があったことから顧客還元として取引会社を取込む方針を明確にしていることである。取引高は巨額であり,1社との取引としては前例がない規模であることから,「ホテル側としても従来の如く支払については頬被り的感覚で済ませるとは考えていないと思われます。この際,条件的には不充分でも,百貨店と傍系会社との取引に新しい慣行を生み出す良い機会」として,担当者は以下の基本原則を提案している。

1 売価設定の際,百貨店は買込み期間に見合う金利は加算しない。諸経費のみを加算した価格で納品する。
2 ホテル側は,従来の如く成行き支払でなく支払期日支払方法を特定し,代金支払の際,開業日又は特定日起算実支払日迄の経過金利,日歩銭を加算して支払う。
以上の原則を双方で諒解確認の上,具体的諸条件につき協議策定する[29]。

グループ企業間取引のルールを提案しているのであり,従来康次郎が行ってきた,あらゆる経営資源を流動化し,会社組織の枠にとらわれないグループ一体経営の方針に疑問が付されているのである。康次郎は,百貨店とホテルの取引関係に限らず,土地分譲・仲介にあたっての国土計画興業と西武鉄道,土地・建物と信用保証での西武鉄道と百貨店,土地造成にあたっての復興社と西武運輸,箱根開発にあたっての国土計画興業と伊豆箱根鉄道,運輸・バス事業での広域展開など,個別会社の組織・財務の自立は考慮の対象としてこなかった。全ての事業を一体とした経営資源と考えている康次郎の企業グループ経営理念に真っ向から対立するものであり,互いに自立した関係会社間の取引に経済論理を立てる試みが,戦後の事業展開の中で最も成功した百貨店で育った社員から提起されたのであった。

東京プリンスホテルは,康次郎の没後の65年,グループ会社間での資産再配分が行われ,西武百貨店から西武鉄道所有に移された。百貨店が,ロ

---

29)「東京プリンスホテルとの取引意見書」。

サンゼルス支店の閉店による多額の負債を抱えていたことから清算されたものである。前記のインタビューで操夫人が熱意を込めて語ったショッピング・アーケードのみは，百貨店全額出資で資本金500万円のPISA (Prince International Shopping Arcade) とし，代表取締役に青山二郎が就任した[30]。

（大西　健夫）

---

30) 由井常彦編『セゾンの歴史　上』リブロポート，448頁。

第10章

西武グループの形成とその構造

　本章の目的は，戦後の西武グループの形成と，1960（昭和35）年以降を中心に堤康次郎時代のグループ構造を明らかにすることである。このように目的を設定すると，康次郎死後40年を経て起きた後継者堤義明の辞任・逮捕は，本章と無関係のように思われる。しかし義明は康次郎の経営手法を踏襲した人物であり，一連の株操作は康次郎時代からの継続でもあった。またこの間の動きの中で，「堤家之遺訓」と「家憲」なるものの具体的内容が明らかとなった。本来財閥解体と同時に消滅，死語となったはずのものが，幽霊のように生き返り，それなりの意味を持っていたようである。本章は終章でもあり，過去と現在との接点を考える意味でも，また康次郎の築いた西武グループの経営にも深く関わってくることでもあり，これらの点についても言及したい。

　そのため以下のような構成をとりたい。最初に第Ⅰ節で堤義明の辞任・逮捕に関して触れ，次いで第Ⅱ節で「堤家之遺訓」と「家憲」の内容を検討する。それから第Ⅲ節で67（昭和42）年当時の西武グループを『週刊ダイヤモンド』の記事から概観する。堤康次郎の死去は64年であるから，その直後のグループが望ましい。しかし適切な資料がないので，その3年後の67年の姿から康次郎が完成させた西武グループを考察する。次いで第Ⅳ節で，康次郎の経営方針を軸に，年表で戦後の事業展開を追跡したい。そして最後に西武鉄道の有価証券報告書から作成した各社相互の貸借関係から，グループ構造を明らかにする。グループ各社関連の資料は残っていない。そこで株式が公開されており，規模的にも大きく，有価証券報告書が存在する西武鉄道の動きから全体を類推することにしたい。

I 堤義明の辞任・逮捕と堤康次郎

　新聞等によると，事の発端は2004（平成16）年3月，総会屋への利益供与疑惑で西武鉄道専務等が逮捕されたことに始まる。株主総会の円滑化を目的に総会屋に子会社を通じて土地を安く提供し，8,800万円を供与したとして，同社役員6人と総会屋3人が逮捕された。このために4月，堤義明は同社の会長を辞任した。康次郎の死後40年を経過して堤一族の支配が終わろうとしているわけである。

　同年10月，西武鉄道は有価証券報告書虚偽記載を認め，コクド（旧国土計画）の持株比率を43.20％から64.80％に訂正して関東財務局に報告した。そしてこの虚偽記載の責任を取り，義明はコクド会長等グループ企業の全役職を辞任した。これを受ける形で諸井虔太平洋セメント相談役を会長に，西武グループ経営改革委員会が11月に発足した。

　翌05年3月，証券取引法違反（西武鉄道株虚偽記載・インサイダー取引容疑）で，義明は逮捕された。3月3日の『日本経済新聞』夕刊は，次のように報道している。

　「特捜部は，堤容疑者がコクド保有の西武鉄道株を市場外で大量売却したことがインサイダー取引に当たると判断したが，相対取引でのインサイダー規制適用は初めて。また，証取法には虚偽記載，インサイダー取引で法人を罰する規定があり，特捜部は法人としての西武鉄道，コクドの刑事責任も追及する。

　調べによると，堤容疑者は昨年6月，西武鉄道の小柳皓正前社長（自殺，当時64歳）らと共謀し，実際にはコクドが西武鉄道株の発行総数の64.83％を保有しているのに，一部を隠ぺい。保有比率を43.16％と過少記載した有価証券報告書を提出した疑い。

　当時，コクドやプリンスホテルなど大株主上位10社の実際の西武鉄道株の保有比率は88.57％に上り，東京証券取引所の上場廃止基準である80％を超えていた。

　また，堤容疑者は同9月9～28日，上場廃止を避けるため，西武鉄道が継続的に同報告書の虚偽記載をしてきたことを公表する前に，10

社に対してコクドは保有していた西武鉄道株計約千八百万株を計約二百十六億円で売却した疑い。

　　堤容疑者らは同 8 ～10月に，計72社に対してコクド保有株計約七千万株を約六百五十億円で売却している[1]。」

　ここで問題となるのは，西武鉄道に対するコクド保有株の虚偽記載は，康次郎時代からの継続であり，そして義明は父親の経営手法に忠実に従っていたと考えられることである。

　虚偽の記載問題は「名義株」(「借名株」あるいは「コクド管理株[2]」) の問題で，04年10月，西武鉄道は約1,200人，約 1 億株の個人名義である株式の実質的所有者は，コクドとプリンスホテルであることを明らかにした。そしてそれに対する国土交通省の聴聞に対して，「昭和39 (1964) 年からこの間，名義書換があっても継続的にコクドが保有していた。名義書換の指示もコクド側からあった。触れてはいけない案件として総務部株式係が慣例としてずっと処理してきた」と答えている[3]。そしてこの「名義株」は，1957 (昭和32) 年には既に存在し，64年まで，つまり康次郎存命の間は，コクドの広尾分室にあった「堤康次郎事務所」によって一括管理されていたという[4]。第 6 章表6-10, 11にあるように，56年上期突如国土計画が筆頭株主として登場するのは，この事実を示しているのであろう (180, 181頁参照)。

　それでは，なぜこのような株操作を行ったのであろうか。先に引用した『日本経済新聞』の記事によると，大株主上位10社の西武鉄道株の保有比率は88.57％に上るそうであるから，実際の市場流通量は極めて限られてしまい，当然株価は硬直化する。バブル後であれば，高値止まりとなる。東京証券取引所が西武鉄道株を「監理ポスト」に移したのは，04年10月14日であったが，その直前の株価純資産倍率を計算して鉄道各社と比較する

---

1) 『日本経済新聞』2005年 3 月 3 日夕刊。付言すると，同事件の有罪判決が2005年10月27日に言い渡された。
2) 「名義株」(「借名株」あるいは「コクド管理株」)に関しては七尾和晃『堤義明　闇の帝国』(05年 2 月，光文社) 第 5 章，6 章を参照。以下の記述はこの著作に依拠している。「借名株」とは，文字通り他人の名前を借りて実際の株主名を偽ることである。
3) 同上214頁。
4) 同上250頁。元資料は，小柳皓正前西武鉄道社長の会見の際，報道陣に配布された「コクド管理株の発生の原因・経過等について」である。

と，西武の10.1倍に対して同業他社中一番高い近鉄でも4.5倍，次が東急の3.6倍に過ぎない[5]。いかに高値で硬直化しているか，理解できよう。高い株価は含み資産を拡大し，借入金抵当を膨らませるから，1兆円ともいわれるグループ全体の銀行借入金のためには，必要不可欠であったと考えられる。この点に関しては，05年9月9日に行なわれた義明に対する論告求刑公判でも検察側は「健全な証券取引市場を真っ向から否定し，日本有数の企業グループが組織的に行なった例がない悪質重大な経済犯罪」，「西武鉄道株の上場維持を最優先し，市場ルールを破ることを顧みないという極めて自己中心的な犯行[6]」であると強調している。

康次郎からの継承の問題は，「俺が死んだら，10年間は動くな。10年たったらお前の考えでやれ[7]」という康次郎の遺言に象徴されている内容である。ここでは，義明自身の言葉を引用してそのことを明らかにしよう。『週刊ダイヤモンド』誌上で，経営プリンスプルはすべて父親から引継いだとして，義明は次のように発言している。

> 「私と父親のかかわり方は特殊です。だから，私の経営のやり方も特殊です。私が信念をもって経営できるのは，親父の思想でやっているからです。それでうまくいかなくてもどうってことはない。私独自の考えなら，そんなに強くは言えません。私の考えで失敗したら申し訳がたたない。親父の考えに沿ってやるべきです。だから，周りの意見を聞く気もない。親父は死ぬとき，あと10年は俺のいったとおりにやれ，その後は自分の考えでやっていいといって，事実そうしてきましたが，今も時代は変わっていませんね。親父たちの時代の人が考えた日本的経営のやり方が，いま世界でもいちばん成功している。資本主義の象徴であったアメリカの経営は完全に失敗したでしょう。
> 　だから，親父が生きていてもいまと同じような事業の展開をしたでしょう。けれども，事業規模はいまの10倍にはなっていたでしょう。(以下略)[8]」

---

5) 「西武王国大崩壊の危機」(週刊『アエラ』04年10月25日号)。
6) 『日本経済新聞』05年9月10日朝刊。
7) 立石泰則『ふたつの西武』日本経済新聞社，1997年8月，67, 68頁。
8) 「ザ・経営者　家産を守る抑制の人堤義明」(『週刊ダイヤモンド』1987年7月18日号)。

康次郎の教えに忠実に，彼の経営手法を踏襲して西武グループの舵を取ってきたことが，よく理解できる。但し，1972（昭和47）年の証券取引法の改正でディスクロージャーに関する法令が整備され，発言の翌88年には，証券取引法の改正でインサイダー取引は禁止された。康次郎の死後，時代を経るにつれて法令は大きく変わっていったわけで，義明は時代の動きを捉えられなかったことになる。時代の動きを無視して父親の事業経営方法を遵守した結果である。

II 「堤家之遺訓」と「家憲」

次に「堤家之遺訓」と「家憲」である。これらに関しては，存在は想定されていたものの具体的な内容は明らかではなかった。

最初に「堤家之遺訓」なるものから検討しよう[9]。次に全文を掲げる。

堤家之遺訓

 余が此世に生き永らへたるは祖父清左衛門殿の御蔭である
 祖父は余の父が四歳の時亡くなってからは全生活の凡てを打込んで余の成長に努力して呉れた
 村の公職も断り麻布の製造も止め農業も止めて只管余の成長を希ひ堤家永遠の繁栄を計る事に努力せられた
 「我身は一代御家は末代」と云ふ我国の精華である家族制度を身を以って実行せられた
 御馳走があると全部余に与へてお前は堤家を相続して堤家の繁栄を計らなければならぬ
 大事の身体であるから栄養を摂らなければならぬと云ひ聞せられた幼時を想ひ起せば祖父は堤家の念とする自愛の権化であった

---

 9) 「実弟が語る『兄・義明の虚像と実像』」（『週刊SPA』2005年3月8日号）。なお本文中に解説はない。おそらくインタビューに答えた堤康弘氏が提供したのであろうが，意味不明である。相続の際，操夫人と堤清二が必死で探したといわれている遺言のことであろうか。堤康弘氏が，兄義明を批判する場に，なぜこのようなものを出してきたのかも明らかではない。なお文章のつながりにおかしい所もあるが，原文のままである。

従て祖母も慈しみは並大抵ではなかった，只感謝の涙あるのみである
余は此祖父の精神を承けて今日まで血の出る様な苦心をした，国家のために貢献した
堤家の事業の基礎も出来るが余の亡き後は子孫は皆堤家永遠の繁栄を念とし自己を捨てて家の為に奉仕しなければならぬ
自己の為に兄弟親戚相争ふが如き事があってはならぬ
特に二代目三代目が大切である，堤家興隆の成否は二代三代で決する
兄弟全部親和を旨とし互に協心戮力堤家の為に努力せよ
余に取りては子等に対しての愛情は皆同様である
然し堤家永遠の計を慮り五代目の相続人を清二と定め事業の中心を清二に命じる
箱根土地会社の株式壱拾参萬八千五百参拾九株は拾五年六月参日清二に贈与の手続を完了した
然れども之は清二に私有財産として与へるものにあらず
堤家の事業の管理人と云ふ観念に外ならぬ
子供等には各自子孫の生活費に差支なき程度の財産を各自の行状能力に応じて与へる
六代目からの相続は清二の長子相続の制度を採るべし
恐れ多くも皇室は国民の模範である，故に皇室典範に倣って相続せしめよ
相続人なき場合の順序は皇室典範に従ふべきものなり
堤家の血統なき者には断じて相続せしむ可らず
堤家は本家の外に清，義明，康弘，邦子の四家を分家とし相続其他凡て本家の制度に準ずべし
将来之より分岐する多数の一族は皆親和を旨とし相争ふが如き事断じてあるべからず
紛争起らば親族会議にて決定し法律に訴へるべからず
一族の間に於て事業に失敗する事あるも事業上の援助をなすべからず（但し些少の援助にて復活する見込ある場合を除く）窮迫する時には低き家族の生活費と充分なる子女の教育費を本家の事業より補助して堤家の繁栄を計るべし
清二は事業の経営を永井，中島，小島の三元老及清の同意を得て何事

も実行すべし
清二一代は直接経営の術に当たり大に基礎を拡充すべし
次の代よりは直接術に当たらしむ可らず，之を行へば破滅する事あるべし
尚責任の地位にはなるべく永井，中島，小島の三元老及創業に功労ありし幹部社員の子孫をして当たらしむべし
此遺訓は時々変更追加する事あるべし，最終のものを絶対とすべし
必ず自筆すべく代筆する事なし
此遺訓は余の後嗣及子孫は永遠に遵守すべし
庶幾くは箱根神社の神霊及堤家祖先の霊堤家子孫の反省の為に永遠の加護を垂れ給はん事を祈願し奉る
　　　昭和一七年十二月八日　　　　　　堤　康次郎
　　　　　　〔署名部分の記載，一部省略〕
　　　　　　　　　堤　清
　　　　　　　　　堤　清二
　　　　　　　　　堤　操
　　　　　　　　　堤　淑子
　　　　　　　　　堤　邦子

　日付は1942（昭和17）年12月8日となっているから，太平洋戦争開始後1年という時期である。なぜこの時期に「遺訓」なのか明らかではないが，青山操，清二，邦子の3人に石塚恒子，義明，康弘，猶二の存在を明らかにし，義明1人が目黒の家に同居するのが前年の4月であり，青山操が堤操に改まるのがその後である。また長男清が結婚したのが同年であるから[10]，将来の方向性を明確化する必要があったと想像される。
　内容を見ていくと，先ず第一に，本家と分家を定め，支配している箱根土地会社の株式を本家に相続させるということで，財閥の相続と類似している。但し，各分家の持分は定まっていない。文中に「皇室典範に倣って相続せしめよ」とあるから，分家には所持金を分与することにしたのであ

---

[10] 立石泰則『淋しきカリスマ堤義明』講談社，2005年1月，71頁。なお前立腺肥大で発病するのは43年3月のことである。

ろうか。
　第二は，本家の五代目は清二が継承し，清，義明，康弘，邦子の四家は分家とされている点である。とすると，この内容は康次郎死去の際反故にされたということなのであろうか。「此遺訓は時々変更追加する事あるべし，最終のものを絶対とすべし」という文面もあるから，修正されたとも考えられる。実際長男清は後に廃嫡されているから，康次郎にとっては，この「遺訓」はそのまま有効ではなかったのであろう。相続の際，この「遺訓」がどの程度の比重を持ったのか，明らかではない。
　第三に「永井，中島，小島の三元老」という点で，戦後の「火曜会」における小島正治郎，森田重郎，宮内巌と同様，戦前から血縁と側近の経営であったことである。ここに述べられている「永井，中島，小島」は，昭和17年当時という時代を考慮すると，永井外吉，中島陟，小島正治郎だったと想像される。彼らは全て親戚であり，各社の重役を担当する番頭だった人々である[11]。親戚と血縁関係と番頭で経営を遂行するという方法は，ここで明確に表現されている。
　いずれにしても，この遺訓が実際の相続にどれほどの意味があったのか，明らかではない。実際，事業は清二だけに相続されたわけではないし，分家という概念が意味を持ったのかも不明である。現在の段階でいえることは，康次郎が自分の事業を財閥を真似て継承させようとしていた，ということだけであろう。
　次に「家憲」である。先ず各項目の表題を掲げよう[12]。
　　　　　　　家　　憲
　　一，物事に軽重の判断を誤るな
　　二，兄弟仲が良くて事業をつぶした例
　　三，兄弟仲が悪くて事業をつぶした例
　　四，事業がつぶれる原因
　　五，事業を永く続かせる心構え
　　六，危急に陥った場合の処置

　　11）　永井外吉，中島陟，小島正治郎に関しては，由井常彦編『堤康次郎』リブロポート，1996年4月，を参照。
　　12）　桐山秀樹『プリンスの墓標――堤義明　怨念の家系』新潮社，2005年4月，に付録として「家憲」の全文が掲載されている。

七，各会社個別的に独立の体制を取れ
　八，自分で会社の株を持とうと思うな
　九，心配になる会社
　十，女の入知恵に迷うな
　十一，祖父に対する愛情と責任
　十二，事業を永く続かせる組織
　十三，門外不出の家憲
　付言，金融機関との意志の交流

　この「家憲」は1961（昭和36）年6月24日，膀胱結石で入院した際，秘書に口述筆記させたとされている[13]。以下各項目ごとに，簡単に内容を要約する。

　「一」では，義明，清二の2人の息子が仕事にかまけて自分の見舞いに来ないことに憤慨し，東郷平八郎元帥まで引き合いに出して「物事の軽重を誤るな」と家族を戒めている。自分の身体のことを考え，「この先どうなっていくかという事が心配，自分が死んだ後に五名の最高幹部は結束が保っていけるか，康弘，猶次〔二の誤り〕も加えるとして，五名，七名の結束が保っていけるか，二代目は保って行けても三代目が保って行けるか仲々心配でたまらぬ」と書いている。病気で心細くなり，将来を案じて口述したことが理解できる文面である。

　「二」は神戸の小寺健吉一家を実例にして，将棋倒しにならないように注意を促している。なお文中では「義明，清二，康弘，猶次の四名の兄弟」という記述があり，死去する3年前の段階で，義明，清二の序列になっている。

　「三」は反対で，兄弟仲の悪さの事例として前山公平一家，山下亀三郎一家などを挙げている。

　「四」は事業がつぶれる原因として，役人の古手を連れて来るな，株買収で乗ッ取られるな，と書いている。特に「五島慶太の陰謀は計画遠大，到底普通の者では防ぎきれるものではない」として，株の買収に注意している。

　「五」でも事業の継続と関連して株の問題が出てくる。「自分は二十三歳

13）　前掲『週刊SPA』122頁。

のとき，小樽木材の清算人になってよく経験している。当時小樽木材は一株二〇〇円という花形株であった。処が社長の田中精一はタコ配しては増資増資と重ねて遂に収拾のつかぬ破目に陥り，とうとう清算人に任せることになった」として，増資を戒めている。康次郎が株式を非公開とする理由は明らかにはされてこなかったが，この文章通りであるとすれば，箱根土地会社等初期の事業会社の株式公開は，単に康次郎に創立資本金がなかっただけなのであろう。この記述通りだとすれば，同社創立の9年前の話である。

「六」は康次郎死後，志と違って事業が危急に陥った場合に関してで，「姉妹会社を渦中に引き入れず，自己の会社は独自の処置を取る決心でなければならぬ」としている。

「七」では「神のお告げと思ってよく頭にいれておいて貰いたい」として，「株を担保に入れぬことである。西武の事業は大別して五つあるが，互いに保証したり，株を担保に入れてはならぬ。各社それぞれ切離して独立の体制で進め。各社それぞれ独立の形態で増資をしないでいれば株価は段々と高くなる。そのよき例は西武鉄道である」としている。読み方次第では現在の「名義株」問題を推進していたと理解できる文章である。しかし，後述のように（第Ｖ節を参照）西武鉄道は多額の債務保証を西武百貨店等に行なっているが，それらとの関連は明らかではない。矛盾した文章である。

「八」では，「西武では株のカの字も頭に置いてはならないのが憲法である。西武は感謝と奉仕の精神で私心なく，自分で会社の株を持たないという考えで行かねばならぬ」と結んでいる。

「九」では心配になる会社として西武化学を挙げ，連帯保証による共倒れに注意を喚起している。

「十」は息子の嫁や嫁にやった娘について書いている。

「十一」では，「私が今日まで事業を築き上げたのは祖父清左衛門に対する限りなき愛情に対してその責任を感じているから」としている。「遺訓」にも祖父清左衛門のことがあり，康次郎にとっては，祖父は全てに優る存在であったと考えられる。

「十二」では事業の永続性の困難を指摘し，「五名の最高幹部が主体となって人智を集めて自我を捨ててやらねばならぬ。たとえば財団法人のよう

な組織にしてやることも考えられる。この経営方法は派手な事業は出来ないだろう。しかし事業を永続するために組織を作っておくことは一つの方法である」と結んでいる。持株会社に代わる存在として「財団法人」を考えていたと想像されるが、そのような組織を考案できなかったために、「名義株」などということを考えたのであろうか。

「十三」では、以上述べてきた内容は「私の天命を終えたその瞬間から子孫、代々、世々に伝うべき門外不出の家憲にして厳粛なる憲法とせねばならぬ」としている。そして最後に家憲の「要約」と金融機関に対する「附言」が付いている。「要約」の内容は、

　　一、物事に軽重の判断を誤らぬこと、
　　二、傘下各会社それぞれ独立の体制で進み、保証或は株式担保等により禍を他の会社に及ぼさぬこと、
　　三、傘下各会社は堅実を旨とし、増資による放漫政策を慎む事、
　　四、感謝奉仕の精神を以って自己の会社の株式を所有せぬ事、
　　五、財団法人　堤財団はその傘下各会社の株式を保管する事、

となっている。また「附言」には、「融資を受ける場合の為に金融機関にだけは意志の交流を図っておかねばならぬ」としている。

以上が「家憲」の内容であるが、死後への不安が大きかったのであろうか、経営上の鉄則を箇条書きとした三井家の家憲等とは程遠い内容である。西武グループの存続のために、兄弟関係からの倒産、株式を通した乗っ取り、1会社の不振からの共倒れ、女性の経営への口出し、等さまざまな注意を、息子たちへの繰言や繰り返しの多い表現で述べている。特に注意を引くのは株式に関してで、極力堤一族外からの経営干渉を避けるために所有どころか、増資まで避けようとしていることである。五島慶太による乗っ取り事件が骨身に沁みたのか、財団法人まで出してきて組織的に株式所有と経営とを区分しようとしている。近代企業にあっては株式の所有を無視して企業の所有は語れないので、康次郎の真意を測りかねるが、グループ各社が過小資本であった理由は理解できよう。

「附言」に関しては、堤義明の「親父が死んだとき、銀行の信用だけは得なきゃだめだというんで、私は銀行の方ばっかり一〇年間向いていましたよ。どうやったら、銀行の人に信用してもらえるか、と[14]」という発言と照らし合わせてみると、彼が如何に父親の教えに忠実であったか、が理

解できる。

「堤家之遺訓」、「家憲」と検討してきたが、康次郎および義明が行った経営なるものは、解体された財閥に類似したものを標榜しようとしたと考えられる[15]。財閥は財産を守るために持株会社を創り、一族で閉鎖的に所有した。その際一族が従うべき原則が家憲であった。しかし戦時下の重化学工業化過程で大規模設備投資が求められるに至った時、三井、三菱等は株式の公開に努め、社会的資金の集中に邁進し、一族による閉鎖的所有形態は終焉していった。そして戦後の財閥解体で持株会社の存続そのものが禁止されるに至った。だが康次郎は、旧来の財閥に近い所有形態を追求したことになる。財閥解体から10余年、一種のアナクロニズムである。当然こうした経営に関する認識は、西武グループの構造に影響を及ぼしたと想像される。これらを前提にグループの形成に目を転じていこう。

III 1967年の西武グループ

先ず康次郎死後の西武グループについて概観しよう。『週刊ダイヤモンド』の「西武グループ[16]」によれば、西武グループには親会社がなく、中核を形成する国土計画、西武鉄道、西武百貨店、西武化学工業の4社と、準中核会社と呼ばれるべき伊豆箱根鉄道、西武自動車、近江鉄道、西武建設、西武運輸の5社を中心に合計88社で形成されているとしている[17]（表10-1を参照）。

---

14) 前掲『淋しきカリスマ堤義明』120頁。
15) 康次郎は滋賀県の出身であり、近江商人の影響を無視できないが、1900（明治33）年の三井家の家憲制定が全国の資産家に与えた影響は多大であり、その意味で、ここでは財閥や企業集団を念頭において分析している。
16) 「新企業集団18　西武グループ——強力な遺産を軸に戦線の再拡大へ」『週刊ダイヤモンド』67年8月7日号）。
17) 前掲『ふたつの西武』では、65年頃として、国土計画、西武鉄道、西武百貨店、西武化学、西武自動車、西武運輸、西武建設、西武ゴム化学、伊豆箱根鉄道、近江鉄道、豊島園、西友ストアーの12社を直系企業と呼んでいる（64頁以下）。しかし西武ゴム化学は西武化学の、豊島園は西武鉄道の、西友ストアーは西武百貨店の明らかな子会社であるから、『週刊ダイヤモンド』の記述に依拠して、9社として分析を進める。
18) 前掲『週刊ダイヤモンド』。

表10-1 1967(昭和42)年段階の西武グループ主要9社

4 中核会社

国土計画［社長＝堤義明・資本金7,497万円・主要事業＝不動産,観光,ホテル］
　直営設備＝ホテル［晴山,軽井沢プリンス,万座観光ホテル等］,スキー場［万座,越後中里等］,娯楽［池袋・品川スケートセンター,芝・杉田ゴルフ場等］,有料道路［浅間線（19.7キロ）,万座線（16.1キロ）］
　○子会社＝なし
西武鉄道［社長＝小島正治郎・資本金48.1億円・主要事業＝鉄道,不動産,観光,ホテル］
　直営設備＝ホテル［東京,赤坂,麻布,横浜各プリンスホテル,迎賓館等］,賃貸業［西武百貨店ビル,高輪プリンスホテル,池袋・品川スケートセンター等］
　○子会社＝㈱プリンスホテル（200）・㈱豊島園（200）等5社
西武百貨店［社長＝堤清二・資本金6,000万円・主要事業＝デパート］
　○子会社＝西友ストアー（8,200）・マイマート（5,000）・西武自動車販売（1億円）・朝日ヘリコプター（3億円）・西和産業（6,000）等18社
西武化学［社長＝盛田重郎・資本金5.26億円・主要事業＝肥料,飼料,不動産］
　○子会社＝上武鉄道（6,000）・三笠コカコーラ（5,000）・西武ゴム化学（2億円）等9社

5 準中核会社

伊豆箱根鉄道［社長＝堤義明・資本金3.2億円・主要事業＝鉄道,自動車,船舶,不動産］
　○子会社＝伊豆下田バス（1,400）・遠州自動車運送（5,000）等11社
西武自動車［社長＝宮内巌・資本金1億円・主要事業＝バス,貸切バス,タクシー］
　○子会社＝上越タクシー（250）1社
近江鉄道［社長＝森田重郎・資本金1.2億円・主要事業＝鉄道,自動車,不動産］
　○子会社＝日産サニー滋賀販売（6,000）等19社
西武建設［社長＝堤義明・資本金1.7億円・主要事業＝土木建設,砂利販売,車輌製造］
　○子会社＝荻島石材工業（5,200）・太洋生コン（1,200）等14社
西武運輸［社長＝堤義明・資本金6,000万円・主要事業＝自動車運送］
　○子会社＝西武自動車教習所（1,000）等2社

資料）前掲『週刊ダイヤモンド』。
注）子会社名の後の数字は資本金（単位：万円）。

グループの特徴を前掲記事からまとめて列記すれば，以下の5点であった[18]。

1) 親会社がないが，グループの歴史的な発展過程や基本的な性格，人的側面，命令系統的側面から判断すると，中心会社は国土計画である。しかし66年の国土計画の年間売上高は50億円で，西武鉄道（売上高236億円）や西武百貨店（450億円），西武化学（152億円）に比べて小規模である。
2) 先代の時代から引継がれてきた「火曜会」が意思決定機関であって，堤義明，堤清二，小島正治郎（娘婿，長老），森田重郎（娘婿），宮内巌（大番頭）の5人によって構成されている。
3) 過小資本と多額の借入金が特徴である。その理由は，増資よりも借入金の方が資金コストが安いためである。
4) 土地経営が事業の基本である。
5) グループ独自の社風があり，それは少数精鋭主義，年功序列や学閥意識なし，学歴無用の能力主義，家族的団結，経営集中力の強さ，労使協調的体制等で特徴づけられる。

以上の特徴から何が窺えるか，考えてみよう。

先ず1）から窺えるグループの組織構造である。親会社がないという記述が誤っていることは，第Ⅰ節の内容から明らかである。つまり，株式の所有上国土計画が親会社である。なぜ誤ったかと言えば，前掲のように持株数が正確に開示されていなかったこと，及び親会社は子会社より取引規模は大きいものであるという戦後の電鉄各グループの姿から類推したためであろう。

これと同様の事例は，戦前の財閥や企業集団にまで遡れば，浅野財閥や森コンツェルン等に同じ内容を発見できる。41（昭和16）年当時，浅野財閥の持株会社である浅野同族会社の資本金は3,500万円であったが，子会社である浅野セメントの資本金は7,574万円，日本鋼管は1億4,335万円で

---

19) 浅野財閥に関しては，拙著『稼ぐに追いつく貧乏なし――浅野総一郎と浅野財閥』東洋経済新報社，98年1月。森コンツェルンに関しては，宇田川勝『新興財閥』日本経済新聞社，84年7月，を参照。

III　1967年の西武グループ

あったし，37年当時の森コンツェルンの場合，持株会社の森興業の資本金は1,000万円だったのに対して，子会社の日本電気工業は3,250万円，昭和肥料は2,250万円であった[19]。しかも浅野同族会社も森興業も株式は公開されておらず，一族による閉鎖的な所有であった。財閥ということであれば，三井や三菱，住友等代表的財閥の親会社の株式も戦時期に至るまで公開されておらず，全て一族によって閉鎖的に所有されていた。親会社の株式が公開されるのは，戦時体制下の重化学工業化の進展に伴い，資金調達の必要上からであった。つまり，時間的な差異を無視して戦前の財閥の親会社と比較すると，西武グループは決して異例ではなかったのである。

　2）は，グループの意思決定に関する内容である。最高意思決定機関は，康次郎の時代から「火曜会」であって，堤清二，堤義明，小島正治郎，森田重郎，宮内巖の5人とで形成されていたとされている[20]。小島正治郎，森田重郎は康次郎の娘婿であるから，親族4人と大番頭の構成である。前掲表10-1によれば，各社の社長はこの5人によって占められている。但し康次郎生存時代は社長制を導入しておらず，康次郎の独裁的意思決定によってグループはワンマン経営されていた[21]。

　独裁的な意思決定と1）の組織構造から類推できるのは，前述した浅野総一郎の浅野財閥や森矗昶の森コンツェルンに加えて，久原房之助の久原財閥（後の日産コンツェルン），大河内正敏の理研コンツェルンといった企業集団との類似性である[22]。共通している点は，創業者の経営独裁力が

　20）「『火曜会』の原型となる幹部会は康次郎が存命中から開かれており，その頃は彼が主だった幹部を直接指導し，教育するための"場"であった。康次郎の死後は，義明を中心にグループ企業の最高幹部が集まって協議する場に変わった。そのため，マスコミなどからは火曜会は西武グループの『最高意思決定機関』と看做されたものだが，義明自身は『西武グループの調整機関』と説明していた。」（前掲『ふたつの西武』64頁）。

　21）康次郎時代の大番頭，中嶋忠三郎によると，康次郎時代の「火曜会」出席者は康次郎，操夫人，義明，清二，その下座に小島，森田，宮内という順番で，その反対側に，メンバーではなかったが，義明の弟康弘，中嶋忠三郎，山本（弁護士）という順番であったという（中嶋忠三郎『西武王国――その炎と影』サンデー社，2004年11月，52-53頁）。つまり，康次郎時代は7人で構成されていたことになる。ただし火曜会という会議の場は，「本来の意味の会議ではなかった。堤（康次郎－筆者注）がこういうことを始めたいと発言した場合でも，意見を言うものはあまりいなかったし，例え意見を述べたとしても，形式的であった。議事の内容は，堤が前々から構想を練っていて，決めていて発表するのだから，会議というよりは発表の儀式であった」（同上，53頁）。つまり康次郎の独裁制だったのである。

　22）久原財閥に関しては，前掲『新興財閥』を，大河内正敏と理研コンツェルンに関しては，拙著『新興コンツェルン理研の研究』時潮社，1987年1月，を参照。

強く，かつ短期間に事業を拡張し，急速に成長したグループだということである。それぞれグループを形成していった時代は，明治末（浅野），第一次大戦中（久原），1930年代（森，理研）と異なっているから，時代環境やグループの事業内容よりも創業者の人格が，構造上重要だということである。創業者の意思決定力が強く，彼が意義を認めた事業に次々と進出して子会社を創立していく。その結果傘下に多数の子会社を抱えるが，グループ組織の形成が子会社創立のスピードに追いつかず，創業者のカリスマ性によってのみグループ機能が維持されるに至る。つまり，これらのカリスマ的経営者と康次郎は酷似している。

　3）の過小資本と多額の借入金という特徴は，資金調達上の問題である。67年当時，東京急行の資本金は105億円，同じく伊勢丹は20億円であったのに比較して，西武鉄道は48億円，西武百貨店は6,000万円であった。西武鉄道は東京急行の約半分，西武百貨店は伊勢丹の3％に過ぎない。また中核4社の借入金額を示してそれぞれの資本金と比較すると，国土計画（資本金7,497万円，借入金84億7,200万円，借入金は資本金の11倍），西武鉄道（48億1,400万円，552億4,700万円，11倍），西武百貨店（6,000万円，167億6,200万円，279倍），西武化学工業（5億2,600万円，90億9,900万円，17倍）となる[23]。このような借入金依存経営の理由は，低廉な資金コストだとされているが，それにしても常識外の数値ではある。

　一般に直接金融ではなく間接金融に依存するのは，戦時中から戦後にかけての日本企業の特徴だと言えるが，西武グループの場合は異常である。戦前約60％あった日本企業全体の自己資本比率は，高度成長期約20％前後と3分の1まで減少した[24]。それに対して西武主要各社のそれは10％前後，百貨店に至っては数％（第Ⅳ節で明らかにするように6％以下）である。セゾングループの解体や現在の西武鉄道グループの弱体化が，その体質の異常さを証明したとも言えるが，銀行に対する最大の担保物権であり続けた土地を大量に保有していたからできた経営であった。また第Ⅱ節で触れた「家憲」の考え方が生きていたとも言えよう。

　以上1），2），3）の検討から明らかになったこと，つまり親会社・子

　23）　前掲『週刊ダイヤモンド』93頁。
　24）　中村隆英『昭和経済史』岩波書店，1986年2月，232頁。65年段階で，全産業の自己資本比率が20％弱，製造業が20％強であった。

会社関係の不明瞭さ，堤康次郎のワンマン経営とカリスマ性，異常な借入金体質は，先に述べた浅野財閥や久原財閥，森コンツェルン，理研コンツェルン等にも共通する内容である。浅野総一郎を事例にあげると，事業狂であった彼は可能な限り借入金をし，また関連各社の余裕資金をかき集めて新設会社の資本金や設備投資資金に回した。資金計画が杜撰で，事業の拡張を資金計画よりも優先した結果であった。そのため浅野財閥では，総一郎の死後，息子達は協力して財閥組織を再編成しなければならなかった。同様に久原財閥は鮎川義介の手で再建されねばならず，森も森矗昶の死によって解体局面に入り，理研もまた日本興業銀行の手で再編成されねばならなかった。西武グループもまた，堤清二の流通グループと，堤義明の鉄道グループに組織が分裂していく内因を持っていたことになる。浅野財閥のように相続人が長男を中心に団結できなかったこと等が，その後の相違となったと考えられる[25]。

　4）の土地経営が事業の基本だということは，よく知られた事実である。西武グループは，土地会社が鉄道事業に進出した数少ない例だと指摘されてもいる[26]。国土計画，西武鉄道は，共に1,000万坪以上の土地を保有し，グループ全体では4,560万坪以上の土地を保有している。前掲表10-1によれば，国土計画，西武鉄道，西武化学，伊豆箱根鉄道，近江鉄道の5社が主要事業として不動産事業を兼営している。土地の集積と借入金との関係が問われるわけである。

　5）には，西武グループの組織や経営上の問題と堤康次郎の経営理念上の問題とが分かちがたく混在している。団結力が強い企業集団であるとか，トップの決断が早く，末端までの経営集中力が強いといったことは前者の問題であり，実益主義的であるとか，年功序列や学閥意識がないこと，学歴無用の能力主義であること，グループが家族的団結を堅く守っていること，労使協調体制であること等は，後者の問題である。一般に同族経営は，組織上トップの決断は早いし，経営が良好な時は団結力の強い企業集団である。また独裁的な経営者の場合，人事も彼の判断に依存するから，それ

---

25) 浅野財閥の再編成に関しては，前掲『稼ぐに追いつく貧乏なし――浅野総一郎と浅野財閥』，第7章「浅野財閥の再編成」を参照。
26) 野田正穂「西武コンツェルンの形成について」(『鉄道史学』第2号，26頁，1985年8月)を参照。

が公平な時には年功序列や学閥意識がなく，学歴無用の能力主義として結果する。それが制度的なものかは，踏み込んだ分析が求められるが，本章の目的から離れるので，ここでは除外する。

以上『週刊ダイヤモンド』誌上で指摘された西武グループの特徴を検討してきた。独裁的経営者の創った戦前の財閥や企業集団との類似性が認められたが，これらを念頭に，堤康次郎の戦後の事業活動を追っていこう。

IV 戦後グループの形成

表10-2は，西武グループの中核，準中核9社の創立年次を中心に康次郎の死までを書き出した表である。これによると，1920（大正9）年の国土計画に始まり，50年代までに各社の創立を終えていることが理解できる。以下詳細は第3章，第5章に譲り，簡単な沿革のみ跡づける。

9社のうち，伊豆箱根鉄道と近江鉄道は戦前傘下に取り込んだ会社であり，西武百貨店，西武化学，西武自動車，西武建設，西武運輸の5社は，創立は戦時中であるが，活動の中心は戦後と考えられる。これらのうち西

表10-2 西武各社の創立

年　月	
1920.3	箱根土地設立（資本金2,000万円）→44.2国土計画興業
〃	高田農商銀行を支配
23.12	駿豆鉄道を支配→伊豆箱根鉄道
40.3	武蔵野鉄道，池袋菊屋を買収して，武蔵野デパート設立→49.4西武百貨店
41.11	東京耐火建材設立→46.4復興社→61.10西武建設
43.5	堤康次郎，近江鉄道を買収して社長就任
44.2	国土計画興業，大磯土地ほか22社を合併
44.6	食糧増産を設立
45.9	武蔵野鉄道，西武鉄道，食糧増産を合併，西武農業鉄道となる→46.11西武鉄道
45.12	国土計画興業，郡是工業の尼崎肥料工場を買収→西武化学
46.4	武蔵野自動車を設立→西武自動車
50.4	池袋通運の経営に参加→伊豆運送，湖東陸運と合併，西武運輸設立
60.8	Seibu Stores Inc.［米国西武百貨店］設立
61.3	ロサンジェルス店開店→64.3小売部門休業，67.6レストラン閉鎖，68.1店舗売却
62.3	株式会社東京プリンスホテル設立
64.4	堤康次郎，心筋梗塞で死去

武自動車は，西武鉄道のバス，タクシーなど鉄道を除く旅客部門の独立であり，同じく西武運輸は，鉄道を除く貨物部門の独立と考えられるから，言わば西武鉄道の多角化として位置づけられる。

それに対して西武百貨店，西武化学，西武建設は，戦時下から戦後復興期にかけての食糧増産や配給，建設が大きな意味を持った。西武百貨店の源流は，40（昭和15）年3月，菊屋デパートを買収して武蔵野デパートを開業した時に始まるが，43年武蔵野食糧と改称，更に49年，買収した帝都百貨店を合併して西武百貨店が誕生した。西武建設は，41年東京耐火建材として設立され，46年復興社と改称，61年再度改称されて西武建設となった。これらの動きと，45年武蔵野鉄道が西武鉄道・食糧増産を合併して西武農業鉄道となり，翌年西武鉄道と改称した動向とを重ね合わせると，当時の康次郎の経営方針が明らかとなる。つまり，食料不足の時期に何かしら食糧を生産し，運送し，そして販売することこそが，康次郎にとって最大の事業チャンスとだと考えられたのである。

西武化学の歴史も同根である。食糧不足に対応して肥料製造は，鉄鋼や石炭等と同様戦後の重点産業であり，化学肥料（工業）は復興金融金庫の重点的貸出先であった[27]。国土計画は，終戦時の45年に郡是工業の尼崎肥料工場を買収して肥料に進出し，その会社が55年に朝日化学工業，60年に西武化学工業と改称して，今日に至っている。

しかし50年の朝鮮戦争，さらに55年から始まる高度経済成長を契機に，食糧不足の時代から消費の時代へ，さらには都市化と東京集中の時代へと改まっていった。そこで康次郎は再度事業の転換を図り，改めて不動産事業をグループの核にすえるとともに，大型消費景気の下で百貨店の拡大やスーパー等消費の多様化に対応していった。これが戦後西武グループ発展の理由であった。但しデパートからスーパー，さらには洋酒や自動車といった消費の高度化に対応して販路を拡げていったのは，康次郎ではなく堤清二であった。

---

27) 戦後復興期の肥料に関しては，正村公宏『図説戦後史』（ちくま学芸文庫，1993年8月）中「7 傾斜生産と産業復興」を参照。

28) 西武鉄道株式会社「有価証券報告書」による。以下断りのない限り西武鉄道の分析には「有価証券報告書」各年度版を用いる。63年度まではガリ版刷り，64年度からは印刷となっている。

このような時代の転換に伴う経営方針の転換は，西武鉄道の「会社の目的」を見れば明らかである。第3章の分析に倣い同社の64年度下期の会社定款における「会社の目的」を見ると，以下の通りであった[28]。

　　　　会社の目的
1．地方鉄道法，<u>軌道法索道規則及び道路運送法</u>による一般運輸営業
2．<u>一般貨物の運送営業</u>
3．鉄道車両，自動車その他工作，土木，建設，鉱山，運搬，遊戯用各種機械及び部品の製造販売並びに修理
4．観光事業及び娯楽機関その他旅客誘致に必要な事業
5．旅館業及び飲食店並びに喫茶店の経営並びに煙草の販売業
6．土地建物及び営造物の所有，売買，賃貸及び<u>土地，建物を抵当とする金銭貸付</u>，住宅地の経営並びに埋立事業，<u>倉庫業</u>
7．物品陳列販売業（百貨店），<u>輸出入業</u>，卸売業，<u>広告業</u>，<u>写真業，医療品及び医薬部外品，化粧品の製造販売又は請負販売業，度量衡器及び計量器販売業並びに以上の業務に不随する製造工業</u>
8．<u>各種菓子</u>，パン麺類及び各種飲料水の製造販売
9．<u>農業</u>，<u>牧畜業</u>，<u>水産業及び農畜水産物の製造</u>，<u>加工販売</u>
10．<u>小麦その他農産物を原料とする物品の製造販売並びに原料製品の売買</u>
11．<u>石灰石，硅石，砕石，砂利及び砂の採取販売業</u>
12．<u>電燈電力供給事業</u>
13．<u>営業診療所の経営</u>
14．<u>肥料の製造及び販売業</u>
15．<u>東京都屎尿処理に関する事業</u>
16．その他前各号に付随する事業

前項の事業を遂行するために必要又は有益であると認めたときは他と共同して之を営み他会社の株式を所有し，他会社に投資をなし又は担保を貸与することができる。

この内「アンダーラインの部分の事業は現在行っていない」と注釈があるから，事業内容が大きく変化していることを証明している。やめてしまった目的を見ると，1の「道路運送法」の内容はバスやタクシーの兼営であったろうから，西武自動車となって独立したと考えられるし，2は西武

IV　戦後グループの形成　　　　　　　　　　269

運輸の一部となっていったのであろう。

　6の「土地，建物を抵当とする金銭貸付」は，戦後旧華族や財閥一族から土地を購入する際，金銭を貸付けたといわれているが，それを指すのであろうか。

　7は，西武百貨店として分離・独立する。

　8，9，10は，食糧増産を合併して西武農業鉄道となった過去の歴史を物語っている。これらの事業の兼営は50年代中頃まで続いていて，54年度下期の有価証券報告書の付帯事業欄には，「1．食品加工　港区麻布桜田町63番地所在の工場でパン菓子ジャム及びマーマレードの製造販売を行っている　2．食料部　池袋線秋津駅前の精麦工場において精麦事業を営み，また所沢駅前及び秋津駅前の製粉工場において小麦粉の製造販売を行っている」と記載されている。

　11は後に砂利会社を傘下に持つことと関連しており，12や13の余剰電力の販売や診療所の所有は，当時の大会社にはよく見られた形態であった。副産物や余剰物の販売，病院等社会的施設の不足を物語っている。

　14は15と関連を持っている。都内の屎尿を郊外に運び，それを肥料に戦時下の食糧増産を，という動きに対応して，44（昭和19）年6月，康次郎は資本金3,000万円の食糧増産会社を設立，約2,000ヘクタールの土地を多摩湖周辺に買収して野菜生産を開始する一方，都内で排出された糞尿を鉄道輸送した[29]。また肥料の販売とあるのは，西武化学工業の前身である尼崎肥料工場製品の販売だったと考えられる。

　こうして「会社の目的」16項目のうち10項目が消え，6項目だけ残ることになった。その結果64年度下期の事業の内容は，以下のように改まった。

　事業の内容

　　A鉄道業〔池袋線等の路線は省略〕

　　B付帯事業

　　　(a)　遊園地その他

　　　　沿線には西武園，豊島園の二大遊園地を有し，石神井公園，武蔵関公園にはボート場，東伏見にはテニスコート，プールを経営し，又埼玉県の正丸峠にはガーデンハウス及びバンガローを経営して

---

29)　前掲『堤康次郎』290頁以下を参照。

いる。一方箱根芦ノ湖湖畔には世界各地のモデルハウスを紹介する国際村を経営している。
  (b) ホテル業
    東京都内に東京プリンスホテル，赤坂プリンスホテル，麻布プリンスホテル，迎賓館を，鎌倉市腰越に七里ヶ浜ホテルと，大磯には滄浪閣および大磯ロングビーチホテルを，又箱根には湯ノ花ホテル及びホテル竜宮殿をそれぞれ経営している。
  (c) 不動産業
    当社の沿線その他において土地，建物の分譲および建物その他の営造物の賃貸を行っている。

特に(c)が重要な意味を占める。表10-3は西武鉄道収入の内容である[30]。これによれば，60年3月に17%であった不動産事業（「土地建物貸付」と「不動産」の合計）収入は，康次郎が亡くなる直前の64年3月には33%，更に65年3月には39%に増加している。また鉄道収入と付帯事業収入が61年3月に50%で並び，その後は付帯事業の収入比率が圧倒していく。65年3月に至ると，不動産事業からの収入だけで鉄道収入を凌駕している。60年3月から65年3月に至る伸長率を見ても，それが明らかである。既に第6章で分析された50年代の西武鉄道の動向が更に明白となっており，康次郎の経営方針転換が，如実に現れている数値であるといえよう。

表10-3 西武鉄道収入区分及伸長率　　　　（単位：100万円，%）

	1960.3		61.3		63.3		64.3		65.3		伸長率(倍)
収入合計	3,039		4,194		5,745		6,870		9,410		3.1
鉄道	1,954	64%	2,098	50%	2,575	45%	2,978	43%	3,341	36%	1.7
付帯事業	1,085	36%	2,096	50%	3,170	55%	3,892	57%	6,069	64%	5.6
旅館業	317	10%	435	10%	688	12%	889	13%	1,776	19%	5.6
旅客誘致施設	230	8%	295	7%	545	9%	639	9%	640	7%	2.8
土地建物貸付	128	4%	149	4%	574	10%	843	12%	1,138	12%	8.9
不動産	410	13%	1,217	29%	1,363	24%	1,458	21%	2,515	27%	6.1

注）伸長率は，65年3月期の数値を60年3月期の数値で除したもの。以下同じ。

---

30) 各年度「有価証券報告書」より作成。表中の収入は，損益計算前の文字通りの収入額を示している。62年度の「有価証券報告書」は数値が不鮮明なために省略した。以下の諸表も同様である。

以上康次郎の経営方針を軸に西武グループの展開を追ってきたが、次に西武鉄道資金の流れを分析して、グループ相互間の構造を更に検討していきたい。

V　西武グループの構造

西武鉄道自体の経営に関しては第6章に譲り、ここでは同社の資金の流れに注目する。時期的には1960年から康次郎の死後までを対象とする。

先ず表10-4から西武鉄道全体を概観しよう。資産中では流動資産の伸びが大きく、資本・負債中では固定負債が増大し、資本金[31]が比率を下げている。第II節で戦後日本企業の自己資本率の減少を指摘したが、西武鉄道の場合18％から11％まで低下している。日本企業の平均よりもかなり低い。この時期、必要資金を増資に依存しなかったことは明確で、先に述べた「家憲」に忠実な経営だと言えそうである。

表10-5は、西武鉄道に対する資金の出入を見るために作成した[32]。先ず資産に属する未収収益、有価証券投資、貸付金から検討しよう。

未収収益は、既に外部に役務を提供したが、その対価を受取っていない場合に生ずるもので、未収利息、未収地代、未収家賃、未収使用料等が含

表10-4　西武鉄道主要勘定及伸長率　　　　　　　　（単位：100万円、％）

	1960.3		61.3		63.3		64.3		65.3		伸長率(倍)
流動資産	4,094	21%	4,351	18%	7,961	22%	11,932	25%	16,024	26%	3.9
固定資産	15,110	79%	20,110	82%	27,479	77%	36,037	75%	44,994	74%	3.0
総資産	19,240	100%	24,498	100%	35,476	100%	47,996	100%	61,055	100%	3.2
流動負債	7,523	39%	8,949	37%	14,922	42%	20,920	44%	23,316	38%	3.1
固定負債	8,331	43%	11,925	49%	14,831	42%	20,233	42%	29,018	48%	3.5
資本金	3,386	18%	3,625	15%	5,724	16%	6,074	13%	6,487	11%	1.9
(利益金)	422	2%	249	1%	398	1%	513	1%	534	1%	1.3
資本負債合計	19,240	100%	24,498	100%	35,476	100%	47,996	100%	61,055	100%	3.2

---

31)　ここでいう資本金は、資本勘定のことであって、払込資本金ではない。
32)　資金の動きを見るためには、表10-5に表示した科目以外にも分析する必要がありそうであるが、短期貸付金や支払手形等には関係会社は現れないか、現れても極めて少ない金額、かつ短期的であるので、ここでは除外した。

表10-5 西武鉄道グループ関連貸借及社債,借入金,債務保証

(単位:100万円,%)

	1960.3	61.3	63.3	64.3	65.3	伸長率(倍)
未収収益	125	379	557	858	1,670	13.4
総資産中比率	1%	2%	2%	2%	3%	
関係会社有価証券	438	993	1,096	1,396	1,447	3.3
総資産中比率	2%	4%	3%	3%	2%	
関係会社貸付金	991	1,124	2,385	2,546	2,313	2.3
総資産中比率	5%	5%	7%	5%	4%	
社債	2,347	2,872	3,672	4,170	4,525	1.9
鉄道財団抵当借入金	4,091	5,089	5,504	6,556	2,731	0.7
借入金	7,549	8,997	13,134	17,156	22,813	3.0
合計	13,987	16,958	22,310	27,882	30,069	2.1
資本・負債合計中比率	73%	69%	63%	58%	49%	
関係会社借入金	—	292	266	1,834	3,391	
資本・負債合計中比率		1%	1%	4%	6%	
債務保証(銀行保証)	3,256	4,583	7,821	12,456	15,514	4.8
西武百貨店	2,117	3,055	6,391	10,728	12,841	6.1
伊豆箱根鉄道	1,139	1,528	1,430	1,728	2,673	2.3

まれるとされる[33]。金額的には著しく増加しおり,流動資産増加の一因でもある。65年3月の16億7,000万円の詳細は,国土計画13億円,伊豆箱根鉄道2億7,000万円,近江鉄道1億円となっており,その他の時期も国土計画を中心としたグループ会社だけである。66年当時売上高が50億円の国土計画にとっては,その1年前である65年3月期の13億円は無視できない金額である。これらの具体的内容は明らかではないが,短期的ではあれ,これら3社は西武鉄道の信用供与に依存していることになり,特に国土計画の場合は事業活動に不可欠であったと想像できる。

次に有価証券投資である。同社の有価証券報告書では「関係会社有価証券」と「投資有価証券」とに区別されているが,時間の経過とともに前社から後者へ,あるいは後者から前者に移された企業もあるので,ここでは銀行等金融機関と債権投資を除外した残り全社を一覧表にした。表10-6がそれである。

まず表10-5からその金額を見ると,絶対額は確実に増加しているが,資

---

33) 木村重義編『体系会計学事典』ダイヤモンド社,1969年4月,307頁。

V 西武グループの構造

表10-6 関係会社所有有価証券　　　(単位：1,000円)

	1960.3	61.3	63.3	64.3	65.3
西武百貨店	3,000	6,000	6,000	15,000	15,000
西武運輸	15,500	15,848	17,720	32,220	32,220
西武自動車	15,661	15,000	19,910	39,820	39,820
西武建設	12,750	12,750	12,750	12,750	12,750
伊豆箱根鉄道	110,761	110,761	110,761	110,761	110,761
プリンスホテル	2,000	2,000	2,000	2,000	2,000
近江鉄道	7,000	7,000	7,000	10,500	21,000
西武コーポレーション	90,200	300,010	360,010	360,010	360,010
西武東京プリンスホテル				50,000	
日本ニッケル（上武鉄道）	5,300	3,191	3,191	5,704	5,704
西武化学工業	6,000	6,000	6,000	6,000	6,000
静岡砂利	32,500	32,500	32,500	32,500	32,500
多摩川砂利木材鉄道	1,200	1,200	1,200	1,200	1,200
京三製作所	2,280	2,280	5,280	5,280	7,980
荻島石材工業	8,000	8,000	12,000	12,000	16,800
所沢ガス	1,000	1,500	1,500	1,500	1,500
東京ゴルフ	2,000				
ツバメ自動車	53,684	53,684	53,684	53,684	53,684
清水谷観光	53,000	53,000	53,000		
中村遊船	15,000	15,000	15,000	15,000	15,000
池袋地下道駐車場		2,500	25,000	50,000	100,000
六鹿証券		1,500	1,500	3,000	3,000
新町砂利		31,150	31,150	31,150	31,150
新興熱海土地		233,617	233,622	233,626	233,626
西武鉱業		10,000	10,000	10,000	10,000
大沼ヘルスセンター		10,000			
函館観光事業		5,000	10,000	10,000	10,000
湘南開発		52,000	52,200		
鎌倉グリーンハイツ			4,000		
千代田開発			5,000		
淀橋清運			2,627	2,627	2,627
西武瓦斯				1,000	1,000
池袋交通センター				100,000	100,000
小倉川砂利				8,000	8,000
秩父砂利				2,000	2,000
多摩川寒天				60,000	60,000
福用砕石					6,750
日本国内航空					25,000
群馬運輸				1,000	
その他	1,205	1,551	1,641	118,115	118,979
合　　計	438,041	993,042	1,096,346	1,396,447	1,446,061

産中の比率は61年3月の4％を最高に2％まで低下している。

　次に表10-6から内容を検討すると，最初に西武グループ各社の名前が並ぶ。ここでは金額で表示したので株数は明らかではないが，64年3月期を例にとると，西武自動車，西武建設，プリンスホテルの100％（西武自動車は99％）を，また西武運輸，伊豆箱根鉄道の約50％を所有している。それに対して西武百貨店（25％），近江鉄道（18％），西武化学工業（16％）といった会社は，過半数を大きく下回っている。西武コーポレーション（1株100ドルの外資企業。西武百貨店がアメリカへ進出する際創立）の全体に占める比率は不明である。これら以外の会社中にも日本ニッケル（西武化学工業の子会社），静岡砂利（西武鉄道の子会社），ツバメ自動車（伊豆箱根鉄道の子会社），新町砂利（西武建設の子会社），池袋地下駐車場（西武百貨店の子会社）等が含まれており，また新興熱海土地のような土地買収機関も見えるから，表10-6中の多くの会社は，関連会社であったと考えられる。つまり，西武鉄道に直接関連しないグループ企業の株も所有し，株を持ち合うことで設立資金を工面している。その意味でもグループ内に占める西武鉄道の比重は大きかった。

　最後は関係会社貸付金である。表10-5中のそれは長期と短期の合計額であるが，2.3倍と未収収益等と比べると伸び率は低い。詳細を65年3月期で見ると，長期貸付金5,650万円（国土計画50万円，西武百貨店5,600万円），短期貸付金23億1,300万円（国土計画14億900万円，伊豆箱根鉄道9億400万円）となっていて，この傾向は各年度に共通であった。使用欄には，両社とも設備及び運転資金とあるが，具体的な使途は不明である。

　65年3月末西武鉄道は，未収収益と貸付金合計で約40億円の信用を関係会社に供与していたことになる。そのうち国土計画は約27億円，伊豆箱根鉄道は約12億円を占めており，西武鉄道なしには，両社の経営は成立たなかったと想像される。

　目を転じて，負債中に占める社債，鉄道財団抵当借入金，長・短期借入金を検討しよう。表10-5によれば，これら合計額の負債・資本合計額に占める比率は年々低下して，73％から49％まで下がっている。伸長率も借入金の3.0倍が最高で，特に鉄道財団抵当借入金は，0.7倍まで低下している。つまり，社債等への依存度は著しく低下したように見える。

　しかし関係会社借入金が61年3月に現れ，その資本・負債合計に占める

比率は1％から4％, 6％と膨張している。社債, 鉄道財団抵当借入金, 借入金の合計比率低減を, 関係会社借入金がある程度補っていることになる。関係会社借入金を加えた比率は, 64年3月期62％, 65年3月期55％となっているからである。別の視点から言えば, 資金調達の目的が鉄道関係事業から不動産事業へ移っていることを証明していると言えよう。鉄道会社が鉄道以外の目的のために社債を発行したり, 鉄道財団抵当借入金をすることは, 容認されがたかったからである。

関係会社借入金が64年3月期から急膨張する理由は, この年から長期借入金が現れるからで, その詳細は, 64年3月西武百貨店14億1,200万円, 西武建設1億1,600万円, 西武運輸3億600万円, 65年3月西武百貨店31億5,600万円, 西武建設1,100万円, 西武運輸2億2,400万円となっており, グループ各社から金をかき集めた観がある。いずれも使途は設備資金である。その具体的内容は明らかではないが, 64年3月期の建設仮勘定が28億円から56億円へと増加し, その要因として付帯事業の16億円から37億円への増加（「東京プリンスホテル新築工事外」と説明されている）も重要な一因と考えられる。

問題は関係会社から長期借入金をすることで, それも西武百貨店からの多額の借入金である。なぜならば, 西武鉄道は百貨店に対して多額の銀行債務保証を行っていたからである。表10-5には債務保証（銀行保証）という欄があって, 西武百貨店と伊豆箱根鉄道に対する銀行債務保証額が記載されている。特に西武百貨店のそれは大きく, 64年3月期には100億円を超えている。債務保証とは連帯保証人になるようなものであるから, 西武百貨店の経営に支障がない限りは何の問題ともならないが, 問題が起れば直に借入金へと改まる。つまり「家憲」で禁じていたことを, 生前自ら行なっていたことになる。

表10-7には, 西武百貨店の簡単な資産・負債の動向を示した（由井常彦編『セゾンの歴史』91年6月, リブロポート, から作成）。これによると, 自己資本率は常に6％以下であり, 逆に借入金の比率は平均して60％を超えているから, 文字通りの借金経営であった。決算期が異なっているので対照は難しいが, 64年7月期の百貨店の借入金合計が167億円, それに対して64年3月期における西武鉄道の債務保証額は107億円であるから（表10-5を参照）, 約60％は西武鉄道の保証によって借入れていることになる。

表10-7 西武百貨店資産・

	資産合計		流動資産		固定資産		流動負債		固定負債	
1955下	785	100%	578	74%	207	26%	755	96%	—	—
56下	908	100%	676	74%	232	26%	855	94%	—	—
57下	1,251	100%	846	68%	402	32%	1,173	94%	—	—
58下	2,186	100%	1,614	74%	571	26%	2,062	94%	6	0%
59下	3,309	100%	2,073	63%	1,236	37%	3,103	94%	10	0%
60下	6,630	100%	4,161	63%	2,524	38%	5,593	84%	680	10%
61下	9,710	100%	6,155	63%	3,555	37%	7,487	77%	1,625	17%
62下	12,888	100%	7,572	59%	5,317	41%	9,596	74%	2,598	20%
63上	15,779	100%	9,245	59%	6,535	41%	11,244	71%	3,813	24%
64/7	23,625	100%	13,740	58%	9,884	42%	13,133	56%	9,780	41%

　つまり西武百貨店は，資産規模で10年間に約30倍（表10-7の資産から計算）に成長できたのは，西武鉄道の債務保証あってのことであった。勿論この借入金の背景には，康次郎の無謀なロサンゼルス店の開店，閉鎖があったが，何よりも堤清二の膨張政策が原因であった。

　関係会社借入金にもどると，このような自転車操業に等しい百貨店から長期借入金を行い，西武鉄道は資金を工面していたわけである。

　以上の複雑な資金の流れをまとめてみよう。西武鉄道は親会社の国土計画に未収収益や貸付金等で信用を供与する一方，関連会社や子会社に対しては，株式を所有し，未収収益や貸付金等で信用を供与し，更には銀行に対して債務保証を行って資金繰りを助けた。しかしその一方で，債務保証をしている西武百貨店から長期資金を借入れ，設備投資に向けてもいた。

　こうした複雑な資金の流れから想像できることは，法人として各社の独立が維持されておらず，康次郎にとっては，西武グループ各社は法人組織である以前に彼の所有財産の一部であったということであろう。西武鉄道が債務保証をして西武百貨店が銀行から借入金をしても，彼の所有する西武と外部の銀行との貸借だと考えれば，その金を西武鉄道の設備投資へ向けても少しもおかしくはない。「金庫番」であった宮内巌は，「火曜会」の席上で康次郎の企画を聞かされてから金の工面を考えたそうであるが[34]，余裕のある会社から資金を出させて土地買収や設備投資等康次郎の企画を実行して行ったのである。従って，土地投資から利益が出るとなれば，各

---

34) 前掲『西武王国――その炎と影』53頁。

負債の推移及比率　　　　　　　　　　　　　　　　　　　　　　　　（単位：1,000万円，%）

負債合計		資本金		剰余金		（短期借入）		（長期借入）		（借入合計）	
755	96%	2	0%	28	4%	540	69%	—	—	540	69%
855	94%	2	0%	51	6%	526	58%	—	—	526	58%
1,173	94%	6	0%	72	6%	807	65%	—	—	807	65%
2,068	95%	6	0%	112	5%	1,597	73%	—	—	1,597	73%
3,114	94%	12	0%	184	6%	2,127	64%	—	—	2,127	64%
6,273	95%	24	0%	333	5%	3,255	49%	665	10%	3,920	59%
9,112	94%	24	0%	575	6%	3,808	39%	1,509	16%	5,317	55%
12,194	95%	24	0%	670	5%	5,216	40%	2,378	18%	7,594	59%
15,057	95%	24	0%	698	4%	6,013	38%	3,689	23%	9,702	61%
22,913	97%	60	0%	651	3%	7,026	30%	9,692	41%	16,718	71%

社に不動産投資をさせる。表10-1に示したように，中核・準中核9社の内5社が不動産事業を主要事業とし，不動産会社を別組織として独立させるか，あるいは1社に集中させるわけではない。西武全体として土地の集積が実現できればいいのである。

　西武グループは，親（持株）会社を頂点に子会社が存在するピラミッド構造になっているわけではなくて，堤康次郎（と「火曜会」）という意思決定機関があって，それに従わせるために各社の株が所有され，また各社の役員が決定されるという構造であった。親会社と思われる国土計画は，株を所有して西武鉄道等を支配する機関であり，不動産を売買し，スキー場やホテルを経営する会社ではあったが，全体を統括する機関ではなかった。組織構造が分りづらいのは，このためであった。

　前述した「家憲」の「要約」には，「二，傘下各会社それぞれ独立の体制で進み，保証或は株式担保等により禍を他の会社に及ぼさぬこと，三，傘下各会社は堅実を旨とし，増資による放漫政策を慎む事」とあったが，実際は独立の体制など維持されていなかったことになる。

　こうした構造は，戦前の財閥やコンツェルン等の中にも類似性が見られたものもあった。しかし，それらの企業集団はすべて再編成され，より近代的な組織へと生れ変わらなければならなかった。西武は，遅れて現在，その時期を迎えたということなのであろう。

おわりに

　以上を簡単にまとめよう。堤義明は、証券取引法違反（西武鉄道株虚偽記載・インサイダー取引容疑）で逮捕され、それとの関連で西武グループ企業の全役職を辞任するに至ったが、そのうち西武鉄道株虚偽記載は康次郎時代からの継続であり、父親から継承したのは経営手法だけではなかった。ただその間には40年間の時の流れがあり、法的な意味も含めて経営環境の変化に対応できていなかった。

　「堤家之遺訓」は1942（昭和17）年段階の内容で、精神的な面を除けば実際の経営には意味があったとは考えられない。それに対して「家憲」は、西武鉄道や近江鉄道を除いて関連会社の株を公開しないこと、銀行融資優先の経営を行ったこと等、義明の経営に大きな意味を持ったと想像される。但し、連帯保証等矛盾する内容が含まれているし、いわゆる「名義株」の問題も、康次郎にとっては株価操作よりも乗っ取り阻止に重点があったようである。

　西武グループの特徴は、親会社・子会社関係の不明瞭さ、堤康次郎のワンマン経営とカリスマ性、異常な借入金体質、不動産事業が基本の事業だった、とまとめることができる。不動産事業が事業の基本であることを除けば、諸特徴は急膨張した戦前の財閥や企業集団に酷似していた。そしてそれら企業集団が再編成の憂き目にあったように、西武グループもまた義明（鉄道グループ）と清二（流通グループ）に分裂する因子を内包し、また今日の問題の要因であった。

　不動産事業が事業の基本であったといっても、その土地は別荘地に、食糧増産を目的に、そして宅地にと、環境の変化に対応して利用されていった。その意味では、康次郎の時代を見る経営観は確かであった。

　グループ経営は、右肩上がりに上昇する土地価格を担保に、銀行からの借入金に依存して行われたが、グループ各社は経営的に独立が維持されていたとは言いがたく、全体は康次郎の所有財産の一部として機能していた。これがグループの構造をわかりづらくしていた要因である。

　康次郎は、土地の日本経済に占める位置や経営環境の変化を鋭敏に読み

取る嗅覚の鋭い経営者であったが，経営組織や戦略も時代に伴って変化しなければならないことを理解できなかった。別言すれば，彼が築き上げ，残そうとしたのは，彼が育て上げた財産だったということであろう。これが一応の結論である。

（齋藤　憲）

後　書

　首都圏経営地での宿泊・レジャー施設，鉄道付帯事業から群生した関係会社，そして，関西経営地との連携による事業の広域化と，経営を一身に集約して企業グループにまで育て上げた康次郎の事業展開は多面的であり，個々の事業の相関性と事業展開の過程を十全に明らかにするには，我々の能力とともに資料の限界は大きく，結果から推論せざる部分が多々残った。特に，戦後の国土計画興業の営業報告書を利用できなかったのは残念であり，今後の課題として後日を期したい。それゆえ，不明な箇所を埋めるために，康次郎に関する著作や西武グループに言及している新聞や雑誌を含め，それこそゾッキ本に至るまで可能な限り集め，検討した。特に，本書にまとめる作業に入ってからは，ひたすら，それを続けた。

　堤康次郎の経営者としての，また，政治との関わりを含めた全体像を描き切れなかったとの悔いが残る。例えば，西武グループ発展の鍵である康次郎の土地への執着は難関であった。土地集積に邁進した明治時代の地主とは意図は異なるが，大正時代以降，康次郎は一貫して最も土地に関心を示した人物である。土地に執着する百姓の出身だとか，永井柳太郎に土地購入を勧められたからだとか，多くの事業に失敗し残ったのが土地だけだったとか，様々な解釈がなされているが，しかし，それらすべては後知恵のような気がする。康次郎における事業と政治の関連も鮮明に描き出すことができなかった。彼の意識の下では，軸足が政治にあったのか，それとも企業グループの経営にあったのか，という問題である。我々は，日露戦争以後の立身出世主義の現れと理解し，それが時には政治家として，また，経営者として表現され，彼の中では，混沌としたものであり，一体であったと考えた。人間は，自分より単純な人間は理解できるが，より複雑な人間は理解できない，とも言われる。堤康次郎は我々より遥かに大物であった。これが偽らざる現在の心境である。

　本書は，2001年度から2年間にわたり早稲田大学の研究助成を受けた堤

後　書

康次郎研究会の成果である。また，本書の刊行にあたり早稲田大学より学術出版補助金を受けている。研究の過程において，西武鉄道，近江鉄道，さらに，旧セゾングループ出身の方々のご協力をいただいたことをここに記し，感謝の意を表したい。

　堤康次郎および西武グループの研究に学界での研究蓄積が十分にあるとはいえない中で，康次郎の事業展開を研究関心の核に据えた我々の問題意識と研究方法を深めるにあたり，康次郎研究の先達者たる由井常彦文京学院大学教授からは直接お話を伺うことができたし，同じく野田正穂法政大学名誉教授ならびに及川慶喜立教大学教授には研究会で教えを受け，また，資料をお借りすることが出来たことは幸いであった。心からの感謝をここに記す次第である。

　本書は，研究会での分担に従いその成果をまとめたものである。言うまでもなく，各章の内容はそれぞれ執筆者の責任で書き下ろしたものであるが，一部編者の判断で加筆していることをお断りしておく。

　出版事情が困難なこの時期，予定の分量を大幅に超過したにもかかわらず，学術書としての出版を引き受けてくださった知泉書館の小山光夫社長には，出版人としての敬意とともに感謝を捧げたい。

　2005年10月

　　　　　　　　　　　　　　　　　　　　　　　　編　者

堤康次郎事業年表

西暦	年齢	元号	事　　項
1889	0	明治22	父猶治郎，母みを，の長男として，滋賀県愛知郡下八木村（現秦荘町）で誕生（3.7）。
94	5	27	八木荘小学校入学（4）。母と生別。弟淳二郎は広田屋の養子となる。
98	9	31	八木荘小学校尋常科から高等科へ進学（4）。
1902	13	35	同高等科を卒業（3）。
3	14	36	祖父とともに肥料商を試みたり，彦根に出て米相場に手を出したりしたが，失敗。
4	15	37	二毛作のために土地改良と耕地整理に努力，八木荘村の評議員となる。
6	17	39	京都の海軍兵学校のための予備校入学（4）。
7	18	40	同予備校を卒業，郡役所の雇いとなる（4）。
9	20	42	西沢コトとの間に長女淑子誕生（1）。早稲田大学高等予科に入学（3），雄弁会，柔道部に入る。早稲田鶴巻町・下落合に下宿。西沢コトとの婚姻届（10）。
10	21	43	同高等科修了，大学部政治経済学科へ進学（7）。後藤毛織の株主総会に出席して，後藤社長の窮地を救う（11）。
11	22	44	日本橋蠣殻町の三等郵便局長となる（3）。
12	23	大正1	渋谷で鉄工所を経営するが失敗。
13	24	2	桂太郎の立憲同志会の創立運動に参画（1）。妻コトと協議離婚（1）。岩崎そのとの間に長男清誕生（6）。早稲田大学大学部政治経済学科を卒業，卒業後大隈重信の依頼で，雑誌『新日本』を経営（7）。桂太郎の紹介で，後藤新平を，後藤の紹介で藤田謙一（後の東京商工会議所会頭）を知る。
14	25	3	政治パンフレット『公民同盟叢書』を編集（11〜）。『日露財政比較論』を執筆・出版（12）。下落合で最初の土地を買付ける。
15	26	4	大隈重信伯爵後援会で，各地を遊説（2〜3）。
16	27	5	川崎文との婚姻届（5）。藤田謙一の勧めで株を買い，千代田護謨㈱の専務就任（7）。冨山房社長と雑誌『新日本』に関して覚書調印（10）。
17	28	6	新日本社の社長に就任（1）。病気で入院（1）。藤田謙一，千代田護謨を辞任し（4），東京護謨㈱を設立，社長に就

西暦	年齢	元号	事　項
			任 (12)，康次郎も行動を共にする。永井柳太郎，早稲田騒動で早稲田大学を解雇，『新日本』主筆を辞任 (9)。長野県東長倉村で60万坪を（実測80万坪）を購入 (12)。沓掛遊園地㈱を設立 (12)。
18	29	7	長野県沓掛の開発に着手 (1)。雑誌『新日本』廃刊 (12)。
19	30	8	箱根開発に着手（強羅で10万坪を初購入，以後仙石原，箱根町で土地購入を継続）(4)。沓掛別荘地の分譲を開始 (11)。
20	31	9	箱根土地㈱設立 (3)。高田農商銀行㈱を支配 (3)。箱根遊船㈱設立 (4)。第14回衆議院総選挙で永井柳太郎の選挙参謀として支援活動 (4〜5)。鬼押出し80万坪を購入 (11)。西長倉村発地126万坪を購入契約 (11)。嬬恋村で232万坪買収 (11)
21	32	10	強羅土地㈱を設立 (12)。湯川発電所を建設，沓掛別荘地への送電開始。観翠楼開業。湯河原，三島，伊豆半島で土地を購入，開発を開始。
22	33	11	箱根土地，グリーンホテル㈱を合併 (3)。箱根土地本社を多摩郡落合村から東京都麹町区有楽町に移転。「千ヶ滝文化別荘」の販売開始。市内邸宅及び目白不動園（後の目白第一文化村）の分譲開始。
23	34	12	南軽井沢の開発に着手 (8)。軽井沢グリーンホテル開業 (8)。駿豆鉄道㈱の経営権を獲得 (12)。
24	35	13	武蔵野鉄道に東大泉（現・大泉学園）駅舎を寄付し，大泉学園都市の分譲を開始 (11)。渋谷百軒店開発に着手。
25	36	14	小平学園都市の分譲を開始 (1)。箱根土地，強羅土地を吸収合併 (4)。駿豆鉄道の増資新株を購入，永井外吉を専務に就任させる (6)。箱根峠・熱海峠間の自動車道路（十国線）を申請 (6)。箱根土地，東京商大（現・一橋大学）と土地交換契約締結 (9)。国分寺・村山貯水池間の鉄道敷設権を取得 (10)。
26	37	昭和1	永井柳太郎の紹介で，憲政会に入党 (1)。新宿園の売却を開始 (1)。青山操との間に次男清二誕生 (3)。箱根土地の経営悪化，社債償還不能で事実上の倒産。国立駅舎を鉄道省に寄付，国立大学町の分譲を開始。
28	39	3	多摩湖鉄道㈱を設立 (1)。青山操との間に次女邦子誕生 (2)。
29	40	4	軽井沢で高級別荘を販売，貸別荘を経営。

西暦	年齢	元号	事　項
30	41	5	立憲民政党党務部長に就任（2）。日本温泉土地㈱を設立（5）。山名義高を武蔵野鉄道㈱の取締役に就任させる（7）。箱根十国線道路建設を着工。
31	42	6	民政党評議員会の会長に就任（1）。箱根土地の社債償還問題は，日本興業銀行の手で解決（5）。万座・草津間の有料自動車専用道路の開設認可（6）。武蔵野鉄道失権株を競落（7）。軽井沢，箱根で別荘地を販売，貸別荘を経営。
32	43	7	武蔵野鉄道の経営権を掌握（1）。齋藤内閣の永井拓務相の下，拓務政務次官に就任（6）。箱根自動車道十国線完成（8）。駿豆鉄道，箱根・熱海間乗合自動車営業開始（8）。武蔵野鉄道，東浦自動車を買収（12）。
33	44	8	軽井沢・三原間の有料自動車専用道路の供用開始（7）。
34	45	9	石塚恒子との間に三男義明誕生（5）。拓務政務次官を辞任，民政党顧問に就任（7）。武蔵野鉄道，鉄道財団の強制管理下へ（9）。
35	46	10	武蔵野鉄道，破産申告（10）。箱根湖尻・元箱根間自動車道路（湖畔線）完成。南軽井沢二十間道路完成。
36	47	11	早雲山・元箱根間の自動車専用道路（早雲山線）開通（1）。武蔵野鉄道，債権者との強制和議成立（7）。
37	48	12	武蔵野鉄道，強制和議に基づく減資（7）。
38	49	13	箱根土地，未払込株金の払込みを断念，500万円に減資（1）。駿豆鉄道，箱根遊船を合併（4）。箱根土地，日本温泉土地を合併（4）。駿豆鉄道，大仁分譲地の開発に着手（4）。武蔵野鉄道増資，整理を完了（9）。
39	50	14	箱根土地，東京土地㈱を合併（6）。
40	51	15	池袋の菊屋を買収して武蔵野デパートを設立（3）。武蔵野鉄道，多摩湖鉄道を合併（3）。永井柳太郎と政策をめぐり訣別（7）。千ケ滝バス，軽井沢地区バス路線を統合して軽井沢高原バス合資会社となる。
41	52	16	帝都高速度交通営団設立委員に就任（5）。駿豆鉄道，大雄山鉄道㈱を合併（5）。武蔵野鉄道，豊島園，東浦自動車，秩父自動車を合併（11）。東京耐火建材㈱設立（11）。
42	53	19	第21回総選挙で翼賛政治体制協議会の推薦を受け（4），46年の公職追放の原因となる。
43	54	18	武蔵野デパートの商号を武蔵野食糧㈱と変更（店舗名は変更なし）（3）。前立腺肥大で発病（3）。近江鉄道㈱を

西暦	年齢	元号	事　項
			買収，社長に就任 (5)。旧西武鉄道㈱の株を取得，社長に就任 (6)。駿豆鉄道，湯河原自動車を合併 (7)。武蔵野食糧，帝都百貨店を買収 (12)。
44	55	19	箱根土地，国土計画興業㈱と改称，同社は大磯土地㈱など22社を吸収・合併 (2)。近江鉄道，八日市鉄道をはじめ地域の交通企業を買収 (2)。食糧増産対策委員会理事に就任 (5)。食糧増産㈱を設立 (6)。戦時食糧増産推進本部参与に就任 (6)。東京都の屎尿処理を引受ける (〜53年3月) (6)。永井柳太郎死去 (12)。
45	56	20	武蔵野鉄道，旧西武鉄道，食糧増産を合併，西武農業鉄道㈱と改称 (9)。日本進歩党滋賀県支部長に就任 (12)。国土計画興業，郡是工業㈱の尼ケ崎肥料工場を買収 (12)。
46	57	21	公職追放を受ける (51年5月に解除) (1)。東京耐火建材，復興社㈱と改称 (4)。西武農業鉄道，自動車部門を分離・独立させ，武蔵野自動車㈱を設立 (6)。国土計画興業，会社経理応急措置法による「特別経理会社」となる (9)。西武農業鉄道，西武鉄道に改称 (11)。池袋根津山1万2千坪を含めて合計1万6千坪を買収，その後西武百貨店用地6千坪を残して売却。
47	58	22	武蔵野食糧，武蔵野デパートと改称 (3)。日本ニッケル㈱の経営を引受ける (5)。修養団練成道場を買収して，東村山文華園と命名 (10)。武蔵野自動車，西武自動車㈱と改称 (11)。千ケ滝プリンスホテル営業開始 (12)。武蔵野デパート，帝都百貨店を合併 (12)。
48	59	23	東村山文華園開業 (10)。過度経済力集中排除法の指定を受けていた国土計画興業は，解除される。
49	60	24	武蔵野デパート，西武百貨店㈱と改称 (4)。西武鉄道，東京証券取引所に上場 (5)。国土計画興業，尼ヶ崎肥料工場部門を分離し，尼ヶ崎肥料㈱を設立 (12)。国土計画興業，企業再建整備法の認可を受ける。軽井沢グリーンホテル・峰の茶屋間自動車専用道路を国道として譲渡。
50	61	25	西武鉄道，資産再評価を実施 (1)。西武鉄道，池袋通運㈱を買収 (3)。駿豆鉄道，早雲山乗入バスに関して箱根登山鉄道と運輸協定 (4)。尼ヶ崎肥料，尼崎肥料と改称 (8)。西武百貨店池袋店，第Ⅰ期工事に着手 (11)。千ケ滝にスケートリンク完成 (11)。国土計画興業，徳川家と芝公園地の最初の譲渡契約 (11)。駿豆鉄道のバス路

西暦	年齢	元号	事　項
51	62	26	線延長に免許（12）。西武鉄道，新宿・荻窪間軌道を東京都に委譲。鬼押出園開業（7）。ユネスコ村完成，東村山文華園を西武園と改称（9）。西武百貨店池袋店，第Ⅰ期工事完成（12）。
52	63	27	改進党の顧問に就任（2）。西武鉄道新宿線，高田馬場・新宿間開通（3）。前立腺の大手術を行ない，全快する（6）。国土計画興業，高原バスを吸収し，直接経営とする。
53	64	28	西武青果綜合食品㈱（後の西武フーズ）設立（6）。衆議院議長に就任（5）。
54	65	29	国土計画興業，一般貸切旅客自動車行に進出（3）。駿豆鉄道，伊豆海運汽船を合併，西伊豆航路を継承（4）。伊豆半島西海岸の開発に着手（4）。万座口・万座温泉間バスの運行開始（4）。川崎文と離婚，青山操との婚姻届を提出（7）。衆議院議長を退任，新党同志会に加入（12）。
55	66	30	尼崎肥料，朝日化学肥料㈱と改称（3）。朝日ヘリコプター㈱設立（7）。堤清二，西武百貨店取締役店長に就任（12）。
56	67	31	駿豆鉄道，箱根登山鉄道との運輸協定を破棄（3）。駿豆鉄道，箱根園をはじめとする湖尻開発を開始（3）。プリンスホテル㈱設立（6）。西武ストアー㈱（現・西友）設立（11）。日ソ国交回復宣言に反対して衆議院議員の辞表を提出，慰留される（11）。軽井沢スケートセンター開設。
57	68	32	駒ケ岳スケートセンター完成（2）。駿豆鉄道，伊豆箱根鉄道と改称（6）。ホテル竜宮殿，大磯ロングビーチプール，営業開始（7）。堤義明，国土計画興業代表取締役に就任（10）。駒ケ岳ケーブルカー開通（11）。伊吹山スキー場営業開始（12）。万座温泉スキー場営業開始（12）。
58	69	33	自由民主党顧問に就任（3）。国土計画興業，旅客自動車部門を西武自動車に委譲（5）。万座有料道路供用開始（5）。
59	70	34	初の渡米，アイゼンハウアー大統領，ニクソン副大統領，マッカーサー元帥等と会談（1）。伊豆箱根鉄道，沼津貨物を子会社化，伊豆運送㈱とする（2）。池袋通運，伊豆運送，湖東陸運㈱，3社は合併，西武運輸㈱となる（4）。Seibu Corporation（米国西武）を開店予定のロサン

西暦	年齢	元号	事　　項
60	71	35	ゼルス西武百貨店を管理し，不動産を保有するために設立（7）。狭山及び中里スキー場営業開始（12）。伊豆箱根鉄道，限定免許取得で首都圏経営地と業務提携開始。箱根早雲山自動車専用道路をめぐって聴聞会（7）。Seibu Store Inc.（米国西武百貨店）設立（8）。朝日化学肥料，西武化学肥料㈱と改称（9）。東洋航空事業㈱設立（10）。㈶高輪美術館（現・セゾン現代美術館）設立（10）。近江鉄道，新幹線問題起こる。
61	72	36	西武鉄道秩父線の建設計画認可（2）。箱根早雲山自動車専用道路バス乗入協定裁判に勝訴確定（3）［→同道路を神奈川県に譲渡（9）］。堤清二，西武百貨店の代表取締役に就任（3）。箱根自動車湖畔線を神奈川県に譲渡（4）。復興社，西武建設㈱と改称（10）。苗場国際スキー場開業（12）。
62	73	37	日本ニッケル，上武鉄道㈱と改称（1）。西武百貨店ロサンゼルス店開店（3）。東京プリンスホテル㈱設立（7）。三笠飲料㈱（現三笠コカコーラボトリング）設立（12）。滋賀函館山スキー場，品川スケートセンター営業開始（12）。
63	74	38	西武ストアーを西友ストアーと改称（4）。マイマート㈱設立（5）。西武百貨店池袋店火災（8）。西武日産販売㈱設立（9）。八ヶ岳観光開発委員会発足（11）。
64	75	39	西武百貨店ロサンゼルス店閉店（3）。東京駅において脳溢血で倒れ，国立東京第一病院に入院，心筋梗塞で死去（4.26）。東京プリンスホテル開業（9）。伊豆箱根鉄道，十国線自動車専用道路を静岡県に譲渡するとともに，湯河原自動車専用道路共用開始（12）。

注1）　（　）は事項の起こった月を示す。月の記述のない場合は，不明ないし不確実を示す。
注2）　年齢は，満年齢で示す。
資料）　油井常彦編著『堤康次郎』（1996年，エスピーエイチ），同編著『セゾンの歴史』（1991年，リブロポート），コクド『会社の年表』，西武鉄道『会社要覧』，同『会長の生涯』，その他。

堤康次郎家系図

(本書に直接関わる人物のみを掲載)

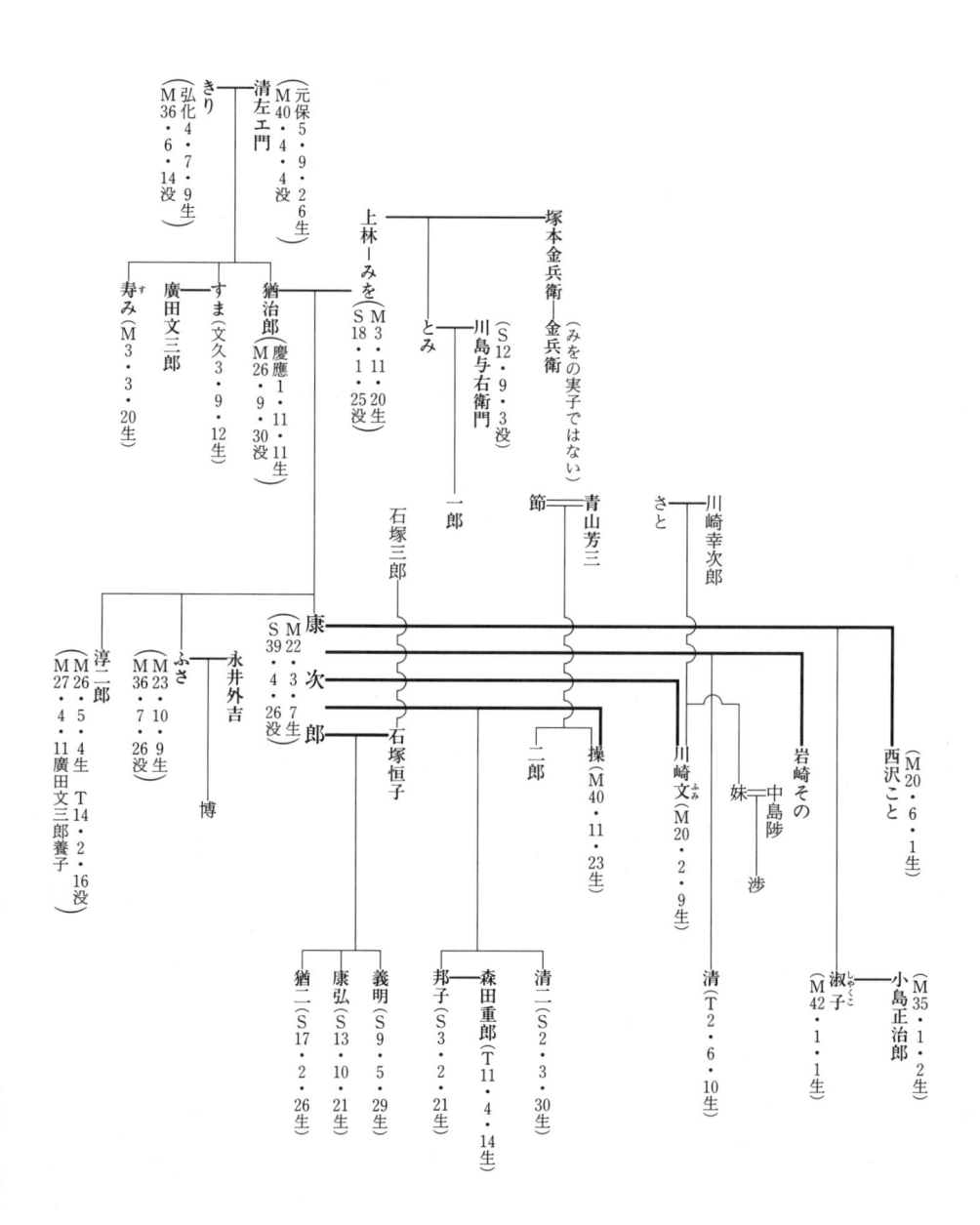

堤家系

- **清左エ門**(元保5·9·26生／M40·4·4没) ― **きり**
  - **猶治郎**(M26·9·30没／慶應1·11·11生)
  - **すま**(文久3·9·12生)― **廣田文三郎**
    - **寿み**(M3·3·20生)
  - **弘化4·6·14没**(M36·7·9生)

- **塚本金兵衛 ― 金兵衛**
  - **とみ**
  - **上林 ― みを**(S18·1·25没／M3·11·20生)
    - **一郎**
    - **川島与右衛門**(S12·9·3没)
    - (みをの実子ではない)

- **猶治郎 ― みを**
  - **ふさ**(M36·7·26没／M23·10·9生)― **永井外吉**
    - **博**
  - **淳二郎**(M27·4·11生／M26·5·4生／T14·2·16没／廣田文三郎養子)
  - **康次郎**(S39·4·26没／M22·3·7生)
    - 石塚三郎 ― **石塚恒子**
      - **猶二**(S17·2·26生)
      - **康弘**(S13·10·21生)
      - **義明**(S9·5·29生)
    - **節 ― 青山芳三**
      - **操**(M40·11·23生)― **森田重郎**(T11·4·14生)
        - **邦子**(S3·2·21生)
      - **二郎**
      - **清二**(S2·3·30生)
    - **さと ― 川崎幸次郎**
      - **川崎文**(M20·2·9生)
        - **清**(T2·6·10生)
      - **妹 ― 中島陟**
        - **岩崎その**
          - **渉**
    - **西沢こと**(M20·6·1生)
      - **小島正治郎**(M35·1·2生)
        - **淑子**(M42·1·1生)

首都圏における

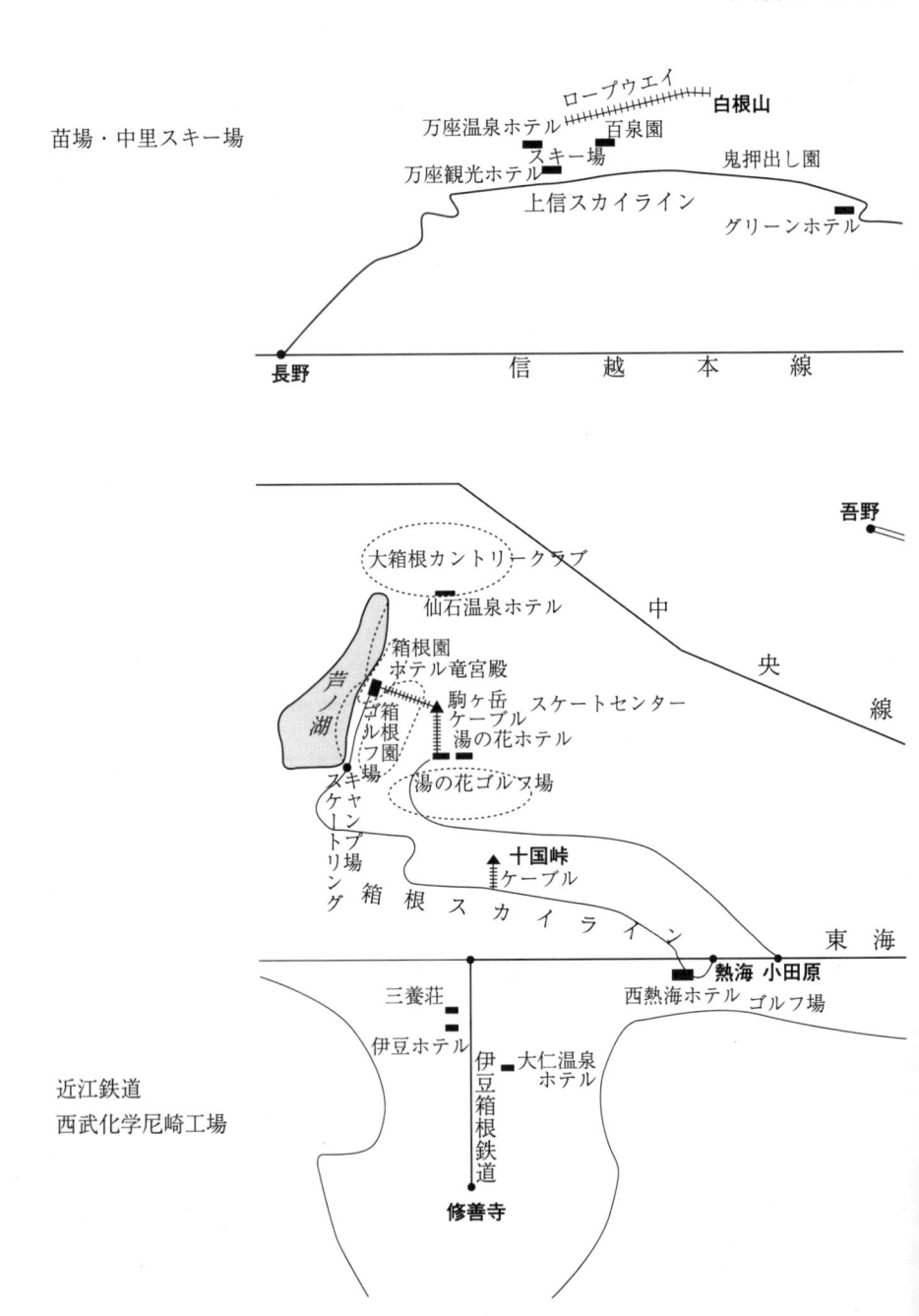

苗場・中里スキー場

ロープウエイ
万座温泉ホテル　百泉園　白根山
万座観光ホテル　スキー場
　　　　　　　　　　　鬼押出し園
　　　　　上信スカイライン
　　　　　　　　　　　グリーンホテル

長野　　信　越　本　線

吾野

大箱根カントリークラブ
仙石温泉ホテル
箱根園
ホテル竜宮殿
駒ヶ岳　スケートセンター
芦ノ湖　箱根ケーブル
　　　ゴルフ場　湯の花ホテル
　　　　　　湯の花ゴルフ場
スキャンプ
トリ場
ング　箱根スカイライン
　　　　　十国峠
　　　　　ケーブル

中央線

東　海
熱海　小田原
西熱海ホテル　ゴルフ場

三養荘
伊豆ホテル
　　　　　大仁温泉
　　　　　ホテル
伊豆箱根鉄道

近江鉄道
西武化学尼崎工場

修善寺

西武経営地の概略　1960年代中葉

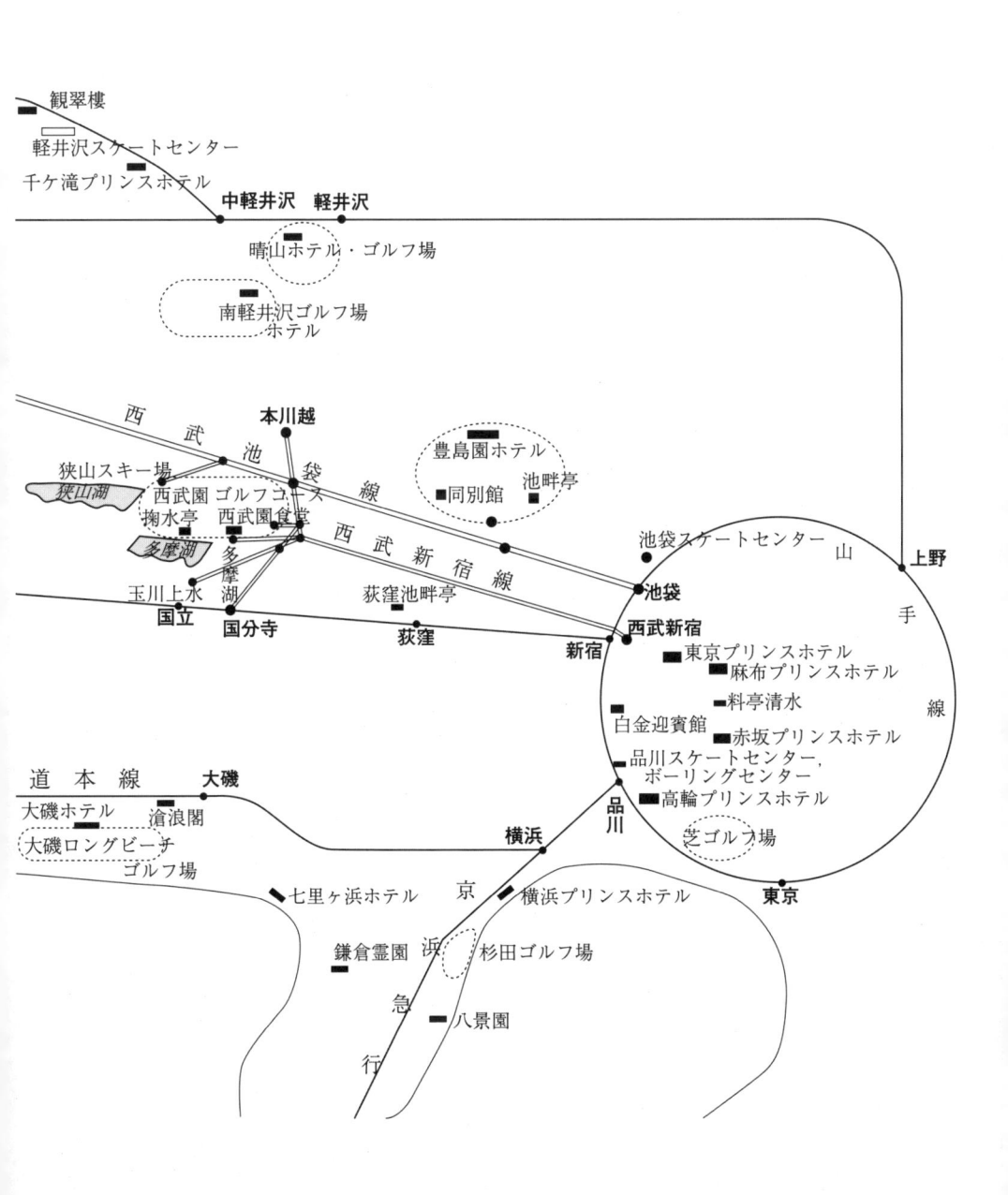

- 観翠樓
- 軽井沢スケートセンター
- 千ヶ滝プリンスホテル
- 中軽井沢　軽井沢
- 晴山ホテル・ゴルフ場
- 南軽井沢ゴルフ場ホテル
- 狭山スキー場
- 狭山湖
- 西武園ゴルフコース
- 掬水亭
- 西武園食堂
- 多摩湖
- 本川越
- 池袋線
- 豊島園ホテル
- 同別館
- 池畔亭
- 池袋スケートセンター
- 山手線
- 上野
- 玉川上水
- 国立
- 国分寺
- 西武新宿線
- 荻窪池畔亭
- 荻窪
- 新宿
- 池袋
- 西武新宿
- 東京プリンスホテル
- 麻布プリンスホテル
- 料亭清水
- 白金迎賓館
- 赤坂プリンスホテル
- 品川スケートセンター、ボーリングセンター
- 高輪プリンスホテル
- 芝ゴルフ場
- 東京
- 東海道本線
- 大磯
- 大磯ホテル
- 滄浪閣
- 大磯ロングビーチゴルフ場
- 七里ヶ浜ホテル
- 横浜
- 横浜プリンスホテル
- 品川
- 鎌倉霊園
- 杉田ゴルフ場
- 八景園
- 京浜急行

索 引

あ 行

朝日化学　141,142,267
青山二郎　128,130,248
青山操　堤操を見よ
青山芳三　69,111
浅間山北麓　185,186,198
尼崎肥料（工場）　124,140-42,267,269
天野為之（派）　12,56
遺訓　堤家之遺訓を見よ
池田勇人（内閣）　27,28,196
池袋　19,87,92,127,128,136
石垣恒子　157,255
石田正為　129,134,159
伊豆箱根（鉄道）　85,130,137-39,141,147,148,155,161,202-04,207,212,218-21,231,235,247,260,265,266,271,274,275
犬養毅　23
岩崎その　46,63,69,98
近江鉄道　76,94,95,135-38,140,141,145-50,156,202,231,235,260,265,266,274,278
大隈（重信）（内閣）　11,12,21,22,37,43-45,48-50,52-57,63-65,78,233
大隈伯後援会　50,51
大場金太郎　67,87,138,148
大場（朋世）　87,138,214,215
岡野関治　69,70,74,129,138,159,242
小高義一　69,70,84-86,88,89,92,95,97,98,123,134
小田急（電鉄）　177,203,204,206,208,209,214,215,218-22

小田原電気鉄道　70,80,81
小野田耕作　69,71,97,98

か 行

改進党　34
化学　西武化学（工業）を見よ
学園都市　1,17,18,70
家憲　249,253,256,257,259,260,264,271,275,278
桂太郎　13,43,44,46,64,192
加藤高明　13,21,78,186
鎌倉霊園　151,159
火曜会　155,158,159,256,262,263,276,277
軽井沢　1,14,16,18,19,57,58,66,67,72,73,78,81,83,98,113,127,134-37,144,145,153,185-87,191-99,206,225-29
川崎文　65,69,70,98,141
川島喜晴　128,133,157
川島（与右衛門）　69-71,88,98,143,145
感謝と奉仕　1,29-33,61,66,152,153,156,158
神田謹一　134,152,153,155,231,232
上林国男（家）　5,69,71,97,98
菊屋（デパート）　90,91,96,267
岸信介（内閣）　27,28,216,218
供用約款　209,215
清　堤清を見よ
草軽（電気）鉄道　144,185-87,190,192-99
草津　185-87,191-95,198,199
草津軽便鉄道　192,193
草津電気鉄道　186,187,190,192-99

索引

沓掛遊園地（株式会社） 67,72,77
国立学園小学校 18,70,74,142,143,239
憲政会 21-23,78
限定免許 139,209,212,217-19
公職追放 21,23,24,95,139,154
公民同盟会 48,49,51,52,61
公民同盟叢書 11,49,51
強羅土地（株式会社） 71,72,80,98
コクド 14,143,250,251
国土（計画）（興業） 70,80,96,104,124,128,129,132,135-39,141,143-45,147,150-52,156,158-61,180-85,188-91,195-201,207,215,216,226-29,235,236,247,250,260,262,264-67,271-77
小島淑子 46,65,85,255
小島（正治郎） 75,77,85,86,88,92,95,115,123,135,148,153-55,180,238,240,241,254-56,262,263
固定貸し 106,107
五島（慶太） 89,91,185,194,196,198,200,202,204,220-22,257,259
後藤新平 12,44,47-49,55,62,64,66,73,78,83

さ 行

債権譲渡 109-11
斎藤実 23
債務保証 129,180,258,275,276
三康文化研究所 239,241,242
芝公園（地） 131,230,235,236,238,240,242
下落合 9,14,58,61,62,65,67,68,72,73,77,78,81,82,97,98
淑子（しゃく子） 小島淑子を見よ
衆議院議長（堤） 1,25,128,130,136,141,146
柔道部（早稲田大学） 38
自由民主党 25
淳二郎 廣田淳二郎を見よ

食糧増産（株式会社） 20,77,93,94,129,138,166,267,269
新幹線問題 136,141,145-47
新党同志会 25
『新日本』 45,46,50,52-56,58,61,64-66,80
駿豆（鉄道） 67,68,72,74,80,84-87,96-98,129,134,138,181,197,202,207-15,220,222
清二 堤清二を見よ
西武運輸 137,138,150,247,260,266,268,274,275
西武化学（工業） 135,141,142,149,151,156,158,258,260,262,264-67,269,274
西武家政学院 129
西武グループ 97,123,128,131,132,151,158,161,162,179,182,225,249,253,259,260,264-66,271,274,276-78
西武建設 124,137,138,161,243,260,266,267,272,275
西武コーポレーション 274
西武自動車 124,136,140,191,192,198,199,260,266,268,272
西武ストアー 129
西武青果綜合食品 129,132
西武鉄道 1,2,19,20,27,29,69,76,77,92-94,96,123-28,134,135,137,138,140,143,148-52,156,159,161,162,164-69,172,175,177-82,191,199,207,226-28,231,232,235,237-41,247,249-52,258,260,262,270-72,257-78
西武トラベル 137,138,245
西武農業鉄道 77,93,94,123,124,136,166,267,269
西武百貨店 19,127-32,135,137,138,141,142,150-52,155,157,158,162,177,179,180,181,231,243,246-48,256,258,260,262,264,266,267,269,274-76

西武フーズ　129
政務次官　拓務政務次官を見よ
西友ストアー　129,132,142
セゾングループ　264
千ケ滝　14,58,79,81,123,186,187,191,196,227,228

　　　　　た　行

耐火建材　93,123,265
高田早苗（派）　12,42,45,52,56,58
高田農商銀行　2,15,67,69,74,76,82,84,97-99,101-16,118-20,122
拓務政務次官　23,76
多摩湖鉄道　74,76,83,89,90,96
塚本（金兵衛）　72,97,98,104,105,133,140,143
塚本家　9,62,68,69
堤清　46,63,65,95,124,139,140,254-56
堤きり　4
堤邦子　森田邦子を見よ
堤家之遺訓　249,253,256,259,278
堤合名会社　71,105
堤淑子　小島淑子を見よ
堤淳二郎　廣田淳二郎を見よ
堤清左衛門　4,35,253,258
堤清二　124,129-31,139,141,143,148,155,158,159,180,182,243,246,254-57,262,263,265,267,275,278
堤猶次郎　3,69
堤ふさ　永井ふさを見よ
堤ます　69
堤操　69,128,141,154,155,158,244,247,253,255
堤みを　3
堤康弘　143,150,155,254-57
堤猶二　255,257
堤義明　131,134,135,155-59,180,182,188,191,200,235,249-57,259,262,263,265,277,278
鉄道財団　88,172,173,179,274,275

鉄道グループ　158,180,278
寺内正毅（内閣）　47,53,54
東京オリンピック　33,131,144,146,227,233,234,242,244,245
東京急行電鉄　125,139,164-66,168,169,172,182,185,194-200,202,203,206,218
東京耐火建材　耐火建材を見よ
東京プリンスホテル　227,235,238,242,243,246,250,251,269,275
東武（鉄道）　76,92,164-66,168,169,172,199

　　　　　な　行

苗場　185,199,200
永井外吉　65,68,69,77,85,92,97,98,124,254-56
永井博　124,134,159
永井ふさ　4,5,65,124
永井柳太郎　12,22,23,43,45-55,63-66,74,76,91
中里　185,199
中嶋忠三郎　126,128,133,136,141,145,147,155,157,158,243
中島渉　70,134,135
中島陟　69,70,77,85,89,92,95,97,123,133,136,143,236,237,254-56
中橋徳五郎　15,43,63,95
西沢こと　35
『日露財政比較論』　10,46,49,64,241
新渡戸稲造　48,53,65
日本進歩党　24
日本ニッケル　142,274

　　　　　は　行

博文館　46,241
箱根　14,16,18,19,57,67,72-75,78,80,81,83,86,127,134,135,144,145,153,155,188,198,203,204,206,207,210,212,213,216,218,221,225,226,

296　索　引

247
箱根登山（鉄道）　144, 197, 203, 204, 207-15, 217-22
箱根土地（株式会社）　14, 15, 18, 67-72, 74, 79, 80, 82-84, 90, 92, 95, 97-99, 101, 105-10, 112-14, 118, 132, 143, 152, 186, 187, 194, 206, 207, 228, 254, 255, 258
箱根紛争　145, 148, 197, 198, 202-04, 206-10, 214-16, 219-23
箱根遊船（株式会社）　67, 87, 110, 111, 206, 207
鳩山一郎（内閣）　25-27
浜口雄幸（内閣）　22, 23
原敬　21, 53
原哲朗　128, 155, 156
百貨店　西武百貨店を見よ
広尾分室　128, 129, 133, 134, 152, 154, 156, 204, 210, 230, 249
廣田家　5, 69, 140
廣田淳二郎　4, 98
廣中（光次郎）　69, 97, 98, 133
福室郷次　72, 73, 97, 98, 105, 106
藤田謙一　58, 64, 66, 68, 72, 74, 75, 84, 142
復興社　93, 124, 126, 127, 138, 141, 146, 150, 247, 265
文　川崎文を見よ
プリンスホテル株式会社　180, 232, 235, 250, 272

ま　行

前川（太兵衛）　68, 69, 71, 72, 98, 104, 105
前田留吉　69, 70, 133, 139, 140, 141, 152
万座　185-93, 199
操　堤操を見よ
宮内巌　76, 125, 131, 155, 158, 240, 256, 262, 263, 276

民政党　立憲民政党を見よ
武蔵野自動車　136
武蔵野食糧　127, 267
武蔵野鉄道　19, 20, 70, 73, 75-77, 83, 84, 86-93, 95-98, 128, 166, 267
武蔵野デパート　19, 91, 127, 267
名義株　98, 156, 158, 251, 258, 259, 278
目白不動園　17, 73, 82
目白文化村　17, 18, 82
森田邦子　141, 143, 246, 254-56
森田重郎　131, 133, 141, 149-51, 155, 254, 256, 260, 261, 262, 263

や〜わ　行

八木荘村　3, 4, 6-9, 28, 33
山名（義高）　69, 71, 76, 85-89, 92, 97, 98
山根（定）　84, 97, 98, 105
山本（広治）　136, 140, 141, 146, 149, 154, 155
雄弁会（早稲田大学）　12, 38-40, 42, 45, 44, 50, 61, 63, 66, 78
翼賛政治体制協議会　24, 94
義明　堤義明を見よ
吉田茂　25, 27, 227

立憲同志会　13, 22, 43, 44, 48, 49, 53, 64
立憲民政党　22-24, 27, 28
流通グループ　159, 180, 278

若槻礼次郎　23
早稲田実業会　44, 45, 47
早稲田騒動　12, 56, 58, 65, 67, 73
早稲田大学　8-12, 15, 18, 22, 35-37, 39, 44-47, 50, 56, 57, 63, 69, 70, 82, 85, 124, 135, 138, 142, 158, 242
ワンマン（経営）　33, 96, 97, 99, 263, 278

執筆者紹介
(執筆順)

川口　浩（かわぐち・ひろし／第1章）
1951年生れ。早稲田大学教授。『日本経済の二千年（改訂版）』（共著）勁草書房，2006年。『日本の経済思想世界——十九世紀の企業者，政策者，知識人』（編著）日本経済評論社，2004年。『大学の社会経済史——日本におけるビジネスエリート養成』（編著）創文社，2000年。

内海　孝（うつみ・たかし／第2章）
1949年生れ。東京外国語大学教授。『経済人の転機と記憶（仮題）』御茶の水書房，2006年（近刊）。『横浜経済の語り部たち』（編著）同刊行会，2002年。『横浜疫病史』（編著）横浜市役所，1988年。

大西健夫（おおにし・たけお／第3，5，9章）
1941年生れ。早稲田大学教授。『私立大学の源流』（編著）学文社，2006年。『中国の経済』（編著）早稲田大学出版部，2002年。『EU統合の系譜』（編著）早稲田大学出版部，1995年。

藤原洋二（ふじわら・ようじ／第4章）
1955年生れ。早稲田大学教授。『金融入門新版』（編著）昭和堂，2003年。『新しい金融ビジネスモデルの構築』早稲田商学第406号，2005年。『フランスの経済と中小企業』国民金融公庫「調査季報」，2005年5月号。

片岡　豊（かたおか・ゆたか／第6章）
1953年生れ。白鷗大学教授。『生産と流通の近代像』（共著）日本評論社，2004年。『日本経済の2000年』（共著）日本評論社，1996年。『戦前期日本の貿易と組織間関係』（共著）新評論，1996年。

松本和明（まつもと・かずあき／第7章）
1970年生れ。長岡大学助教授。『長岡市制100年のあゆみ』（共著）長岡市，近刊。『都市と娯楽－開港期～1930年代』（共著），日本経済評論社，2004年。『東京近郊私鉄会社の経営戦略と企業成長の研究』経営評論第45巻2・3・4号，1998年。

阿部恒久（あべ・つねひさ／第8章）
1948年生れ。共立女子大学教授。『通史と史料－近現代日本女性史』（共著）芙蓉書房出版，2000年。『裏日本はいかにつくられたか』日本経済評論社，1997年。『近代日本地方政党史論』芙蓉書房出版，1996年。

齋藤　憲（さいとう・けん／第10章）
1947年生れ。専修大学教授。『稼ぐに追いつく貧乏なし——浅野総一郎と浅野財閥』東洋経済新報社，1998年。『新興コンツェルン理研の研究』時潮社，1987年。『財閥金融構造の比較研究』（共著），御茶の水書房，1987年。

〔堤康次郎と西武グループ〕

2006年3月25日　第1刷印刷
2006年3月30日　第1刷発行

ISBN4-901654-68-3

編者	健夫　西　健夫 大齋川　藤　憲 　　口　　　浩

発行者　小山光夫

印刷者　向井哲男

発行所　〒113-0033　東京都文京区本郷1-13-2
　　　　電話03(3814)6161振替00120-6-117170
　　　　http://www.chisen.co.jp
　　　　株式会社　知泉書館

Printed in Japan

印刷・製本／藤原印刷

Seibu Group of Enterprises

by Tutsumi Yasujiro

Edited by

Takeo Ohnishi, Hiroshi Kawaguchi and Satoshi Saito

Chisen Shokan, Tokyo

2006

Contents

Chap. 1 Life of Yasujiro Hiroshi Kawaguchi 3

Chap. 2 Yasujiro at the Waseda Takashi Utsumi 35

Chap. 3 Land Development to Rail Road Business
 Takeo Ohnishi 61

Chap. 4 Takada Nosho Bank Yoji Fujiwara 101

Chap. 5 Emerging of the Group of Enterprises and its Management
 Takeo Ohnishi 123

Chap. 6 Seibu Rail Road as Core of the Group
 Yutaka Kataoka 161

Chap. 7 Development of Jou-Shinetsu Area
 Kazuaki Matsumoto 185

Chap. 8 Issues at the Hakone Area Tsunehisa Abe 201

Chap. 9 Hotel Business Takeo Ohnishi 225

Chap. 10 Formation and Structure of the Seibu Group
 Satoshi Saito 247